中国城市群低碳发展的过程
差异与影响机制研究

王雅楠　著

本书研究获以下项目资助：

国家自然科学基金面上项目"高质量发展下工业用地利用转型：
演化机制、环境效应与协同优化研究"（项目编号：72074181）

国家社会科学基金青年项目"经济集聚促进区域节能减排的影响
机理与协同政策研究"（项目编号：20CJY023）

科 学 出 版 社

北 京

内 容 简 介

在当代中国的经济与社会发展脉络中，城市群的兴起与扩张无疑是一幕引人注目的盛景。未来，中国约一半的人口将汇聚在城市群，这不仅是一个数量上的变化，更是城市发展和区域经济战略的生动展现。然而，快速的发展使得城市群成为人口最密集、碳排放最集中的地方，因此城市群也成为实现"双碳"目标、建设美丽中国的主战场。本书综合运用面板数据模型、空间计量模型和情景模拟等经济学、管理学的基本理论与研究方法，尝试对中国城市群的低碳发展现状、影响机制、实现路径进行系统研究，以期为中国城市群低碳发展的理论和实践提供科学依据与决策支撑。

本书可供城市经济学、经济地理学、区域经济学、资源与环境经济学、管理学等相关领域的研究人员、高等院校师生阅读参考，对政府决策部门、企业界、投资者及社会公众也具有极高的参考价值。

审图号：GS 京 (2024) 1443 号

图书在版编目 (CIP) 数据

中国城市群低碳发展的过程差异与影响机制研究/王雅楠著 . —北京：科学出版社，2024.12. ––ISBN 978-7-03-079205-1

Ⅰ. F299.21

中国国家版本馆 CIP 数据核字第 2024N78T97 号

责任编辑：林　剑／责任校对：樊雅琼
责任印制：吴兆东／封面设计：无极书装

科学出版社 出版
北京东黄城根北街 16 号
邮政编码：100717
http://www.sciencep.com
北京厚诚则铭印刷科技有限公司印刷
科学出版社发行　各地新华书店经销
*
2024 年 12 月第 一 版　开本：787×1092　1/16
2025 年 5 月第三次印刷　印张：17 3/4
字数：350 000
定价：258.00 元
(如有印装质量问题，我社负责调换)

目　　录

第 1 章 | 绪 论

1.1 研究背景与意义

1.1.1 研究背景

1.1.1.1 气候变化与能源危机

近百年来，随着经济的迅猛发展，以及人类对化石燃料依赖的不断加大，大气中二氧化碳等温室气体的含量和浓度逐渐增加，温室效应（Greenhouse Effect）不断增强，引发全球关注。全球气候变化带来的问题逐年增多，如生态系统恶化、生物多样性减少、海平面上升和极端天气增加等。为了应对全球变暖的挑战，联合国于 1992 年制定了《联合国气候变化框架公约》（以下简称《公约》），旨在要求发达国家在 2000 年之前降低其所释放的二氧化碳至 1990 年时的水平。同时，世界各国政府于 1997 年 12 月通过了作为《公约》补充条款的《京都议定书》，通过限制各国温室气体的排放来改善全球气候问题。尽管各国承诺要履行自己的减排义务，但当减排工作与本国利益存在冲突时，各国又会首选本国的利益，条约沦为"一纸空谈"。按照《公约》的要求，越是工业发达的国家，越是要控制其碳排放，这便威胁到了以美国为首的西方发达国家的利益。2001 年，美国以"该减排举措影响美国经济发展"和"发展中国家也应承担减排义务"为由，宣布退出《京都议定书》，加拿大等国家紧随其后也宣布退出。2015 年 12 月，第 21 届联合国气候变化大会通过了《巴黎协定》，它是已到期的《京都议定书》的后续，旨在通过全球减排行动，将全球平均气温较前工业化时期上升幅度控制在 2 摄氏度以内，并努力将温度上升幅度限制在 1.5 摄氏度以内。2020 年 11 月 4 日，美国以"损害美国经济"和"对美国不公平"为理由宣布退出《巴黎协定》。由此可见，全球温室气体减排之路艰巨且长远。

除了气候变化，能源危机也是一项日益严峻的全球问题。随着工业革命的推进，化石燃料不断被开采。作为不可再生资源，化石燃料正面临着枯竭的危机。

与此同时，这些化学燃料的使用会产生大量的 CO_2、SO_2、N_2O 等气体，不仅严重破坏地球的生态环境，也对人类的生存与发展造成巨大的威胁。由于化石能源生长速度远慢于消耗速度，现有的能源储量已经无法满足快速的能源消耗，这导致能源供需总体紧张。以石油消费为例，虽然世界石油供需总体上保持平衡，但这种平衡是极其脆弱的。当发生局部战争、社会动荡或自然灾害等重大事件时，这种平衡就会被打破，导致一些国家和地区出现石油短缺现象。因此，世界各国都需要在新能源和可再生能源的开发与利用上取得新的突破，以缓解能源危机。

中国化石能源储量丰富，但由于人口基数大，人均能源拥有量仍然很低。此外，分布不均衡、优质能源储量不足、开发难度较大以及能源利用率低等因素所导致的一系列问题。现阶段中国经济的快速发展与化石能源的利用密不可分，使得中国的能源压力越来越大。

1.1.1.2 国际减排压力增加

作为世界上最大的发展中国家，中国的工业化、城镇化进程在近些年不断加快，温室气体尤其是二氧化碳气体排放不断增加，使得整个国家和全体人民面临着巨大的环境挑战，环境问题越发成为制约中国经济和社会发展的重要因素。从现状来看，中国二氧化碳排放量自 2002 年以来年均增长率达到 9%，增长幅度十分明显，至 2012 年，中国二氧化碳排放量已经超过美国和印度，成为世界上最大的二氧化碳排放国。2019～2022 年，受新冠疫情影响，全球二氧化碳排放量呈现出明显的先降后升的"V"字形变化趋势。[①] 根据《全球逐日二氧化碳排放报告 2023》，2022 年全球二氧化碳排放量约为 360.6 亿吨，其中来自中国的排放量为 114.8 亿吨，约占排放总量的 31.8%，居世界第一；美国排名第二，约占排放总量的 14%；再次是欧盟、印度和俄罗斯，分别约占排放总量的 8.4%、7.3% 和 5.1%。这些事实都表明，在世界各国普遍减排的背景下，中国碳减排压力将越来越大。

为了承担起大国责任和本国更长远的发展，中国在碳减排方面作出了一系列的努力。以 2005 年为基准期，中国政府承诺到 2020 年碳强度要降低 40%～45%，非化石能源在一次能源消费中的占比要提高到 15% 左右，森林蓄积量增加 13 亿立方米。[②] 同时，"十二五"规划已经明确提出，在"十二五"期间，单位国内生产总值能耗降低 16%，单位国内生产总值二氧化碳排放量降低 17%，并

---

① https://ourworldindata.org/co2-emissions。
② https://www.gov.cn/wszb/zhibo409/content_1712489.htm。

对此提出了统计、监测与考核办法。[①] 2014 年，中国发布了《国家应对气候变化规划（2014—2020 年）》（以下简称《规划》），提出要确保完成上述碳减排目标，加强低碳试点示范，不断提升适应气候变化的能力，广泛开展国际交流与合作。[②] 同时，《规划》也明确了建设试点示范工程和控制温室气体排放的目标与任务。此外，《规划》要求各级政府逐步完善一系列应对气候变化的政策，包括建立全国碳排放权交易市场，发展低碳科学技术，加强国际交流与合作，逐步制定出合理的能源规划，建立完善的评价考核体系，健全激励约束机制等。中国未来的碳减排工作将面临巨大挑战，中国政府必须采取一系列措施来降低能源消耗，减少碳排放，改善生态环境，促进绿色低碳转型。

1.1.1.3　经济与环境矛盾日益突出

改革开放 40 多年来，中国经济迅猛发展，城镇化和工业化发展迅速，经济总量已位居世界前列，是世界上影响最大的工业与制造业大国。然而，由于过快的经济发展，忽视了发展的可持续性，中国为此付出了沉痛代价——区域发展失衡、产业结构粗放等问题日益凸显，资源的过度开采、能源的过度消耗等问题也成为中国可持续发展过程中的重点和难点。特别地，随着中国城镇化与工业化的快速发展，空气污染、水污染、固体废物污染以及土地、草原、森林退化等环境问题也随之而来。高能耗、高排放和高污染的粗放型经济增长方式对资源环境造成了严重破坏，其生产过程中产生的废弃物已经远远超过了生态环境的承载能力，不仅对生态环境造成了不可逆的损害，也对人类的生存和经济的可持续发展构成了极大的威胁。

从需求结构来看，中国经济发展较快，资源能源需求量大。然而，现有的能源储量和资源供给远不够支撑经济的快速发展，加之技术水平不高、能源利用率较低，导致发展经济与保护环境的矛盾日益突出。从产业结构来看，农业落后、工业发展较快、服务业发展滞后是中国产业结构不合理的主要体现。具体来看，由于中国对于工业发展的高度重视以及工业化在经济发展中产生的重大作用，中国工业化进程持续加快，在过去的几十年里工业一直是主导产业。中国工业增加值占 GDP 的比例已经超出发达国家工业化时期的最高值，而第二产业的发展主要依靠高能耗、高污染的工业生产。尽管自 2013 年起，中国第三产业占 GDP 的比例超过了第二产业，但是第二产业仍然是环境问题的最主要来源。不合理的产业结构加大了资源和环境压力，限制了国民经济质量的提高和经济的可持续发展。从城乡结构来看，城市经济发展快于农村经济发展，这种明显的"二元结

---

① https://www.gov.cn/2011lh/content_1825838.htm。

② https://zfxxgk.ndrc.gov.cn/web/iteminfo.jsp? id=298。

构"使得中国发展越来越不均衡。由于城镇化发展迅速，在城镇化建设过程中房屋建筑、交通工具等需求必然增加，这也导致能源消耗的不断增加，从而对环境造成一定的破坏。从区域结构来看，东部地区经济发展速度快于中西部地区，中西部地区为了缩小与东部地区的差距，承接了东部地区产业转移作为发展战略的一部分。东部地区一部分高污染、高耗能企业向中西部地区转移，中西部地区承担了发展所带来的能源耗竭与生态环境破坏，不利于经济的长期可持续发展。为了平衡城乡发展和地区发展，需从基础设施建设入手，加大对农村地区和中西部地区的经济发展的推动力度，但以上措施同时也对这些区域的环境造成了一定程度上的破坏。从投入要素来看，资源要素投入过高，技术要素投入偏低，这也是中国在处理经济与环境矛盾中面临的重大难题。

1.1.1.4 城镇化与城市群的迅速发展

20世纪70年代以来，中国经历了世界上规模最大、速度最快的城镇化进程。从规模上来看，中国城镇人口从1978年的1.72亿人快速增长到2022年的9.21亿人，增量超过欧洲人口总和。从时间上来看，城镇化主要兴起于2009年，城镇人口总数随着"进城打工"浪潮的来临从2009年的6.45亿人增长至2012年的7.22亿人，并于2013年进入爆发增长阶段，以每年超3%的增速持续增长，从2017年起至今处于稳步深化阶段。截至2023年末，城镇人口总数超9.3亿人，城镇人口开始逐渐趋于饱和。大量涌入城镇的人口为工业化的发展奠定了坚实的劳动力基础，而进入21世纪以来中国第一产业的劳动生产率不断攀升，农村剩余劳动力也不断增加，城镇工业化进程的深化提升了城镇吸纳农村剩余劳动力的能力，两者相辅相成，持续推进了中国的城镇化发展。

改革开放以来，中国借鉴世界各国城镇化发展的优秀经验，从"点-轴"理论出发推进城镇化发展建设，以"两纵一横"的布局框架为主体，同时培育了京津冀、长江三角洲、珠江三角洲三个规模较大的城市群和核心经济区。此外，其他城市群也逐渐发展兴起，对各自区域的发展发挥着不可替代的作用。从目前国内实际情况来看，中国已逐步呈现出以城市群为主要核心的初步格局，区域经济发展开始突破省界，逐步向城市群经济转型，城市群整体发展水平明显提高，发展竞争力不断增强。中国政府在"十四五"规划中一共规划了19个国家级城市群，发展重心从以京津冀城市群、长江三角洲城市群和珠江三角洲城市群为主的区域集中发展模式向19个主要城市群协调发展模式转变。

1.1.2　研究意义

1.1.2.1　理论意义

二氧化碳是导致全球温室效应和气候变化的最主要的温室气体，二氧化碳排放增多是制约我国经济社会可持续发展的一个关键因素，因此减少二氧化碳排放不仅能助力实现"双碳"目标，而且还可以显著改善中国目前的环境形势，促进绿色经济发展。而城市/城市群作为当前和未来经济发展最具活力与前景的主体，已成为环境挑战的高敏感区域。此外，城市群经济的规模效应和集聚效应对碳排放也有着显著影响。因此，对城市和城市群低碳发展的现状、影响机制与低碳发展路径进行研究，有助于补充和完善城市与城市群的理论研究体系。本书通过梳理城市和城市群的相关理论与概念，在分析其发展现状和碳排放特征的基础上，评价城市低碳发展质量，探讨城市群空间结构对碳排放的影响机制，厘清经济集聚与碳减排的交互关系，这对新时期的城市碳减排研究具有一定的理论指导意义，也可为中国城市群的可持续发展提供一定的理论依据。

1.1.2.2　现实意义

目前，中国的城镇化发展已逐渐显现出以城市群建设为核心的初步格局，区域经济的发展逐步向城市群经济转型，城市群整体发展水平明显提高，且彼此相互影响、相互制约、相互关联。但是，由于地理位置、资源禀赋和经济水平的差异，各城市群及城市的发展阶段和集聚水平存在差异，导致碳减排效果不同。因此，在保障资源合理利用、经济社会和谐发展等前提下，研究中国不同城市群碳排放特点，以选择出最优的低碳减排路径，并制定差异化的政策以实现减排目标，有助于中国实现经济社会的可持续发展。此外，考虑到城市群经济集聚的显著差异，可以从经济集聚角度出发讨论不同集聚水平对碳排放的影响，并根据情景预测结果制定最优减排政策。这对中国碳减排工作的推进和绿色发展目标的实现具有非常重大的现实意义。

1.2　研究思路与研究内容

1.2.1　技术路线

本书综合运用面板数据模型、空间计量模型和情景模拟等经济学、管理学的基本理论与研究方法，基于中国城市及城市群发展与城市群经济集聚的特点，以实现碳减排和绿色发展为目标，按照"研究背景—理论内涵—现状分析—影响机制"的技术路线进行整体篇幅布局，具体技术路线图如图1-1所示。

首先，详细介绍本书的研究背景，并从城镇化、城市碳排放、城市群、经济集聚、产业集聚与产业融合角度梳理国内外相关研究，总结现有研究方向与不足，以找到本书研究的突破口。其次，针对本书内容涉及的相关概念进行界定，并对集聚、外部性、新经济地理、城市群相关理论进行详细介绍；基于对相关概念内涵与理论的梳理，分别对中国城市及城市群发展现状和城市群碳排放的时空分布进行分析；分别探究城镇化区域差异和质量差异对碳排放的影响，以及中国城市规模差异和类别差异对碳排放的影响，并构建城市低碳发展质量评价指标体系来识别不同城市低碳发展质量的优劣势。再次在识别不同城市群空间结构的基础上，探究城市群空间结构对碳排放和经济发展的影响；在测算城市群经济集聚水平与碳强度的基础上，厘清经济集聚对碳排放的影响机理，并深入讨论两者之间的交互关系。最后，以长江三角洲城市群为例，分别从单一产业集聚和产业协同集聚两个角度探索其对区域创新绩效的影响与作用机制，重点剖析产业集聚对碳排放影响的空间效应，探索产业集聚的低碳发展路径；进一步地，在梳理产业集聚、经济集聚、产业融合三者之间关系的基础上，通过构建产业融合指标体系，探析制造业与生产性服务业融合对碳排放效率的影响，针对性地提出有助于实现"双碳"目标和绿色发展的政策建议。

1.2.2 资料与数据来源

根据研究所需与数据可得性，本书将研究期定于2005~2019年，所使用指标的原始数据来自《中国统计年鉴》《中国能源统计年鉴》《中国环境统计年鉴》《中国城市建设统计年鉴》《中国区域经济统计年鉴》《中国城市统计年鉴》以及各省市统计年鉴和统计局相关数据，缺失数据由插值法进行填补。[①]另外，为剔除通货膨胀的影响，本书分别使用GDP平减指数和人均GDP平减指数将GDP和人均GDP以2005年为基期进行平减，以保证数据的科学性与合理性。

---

① 西藏和香港、澳门、台湾地区由于数据缺乏，故不列入本书研究范围。

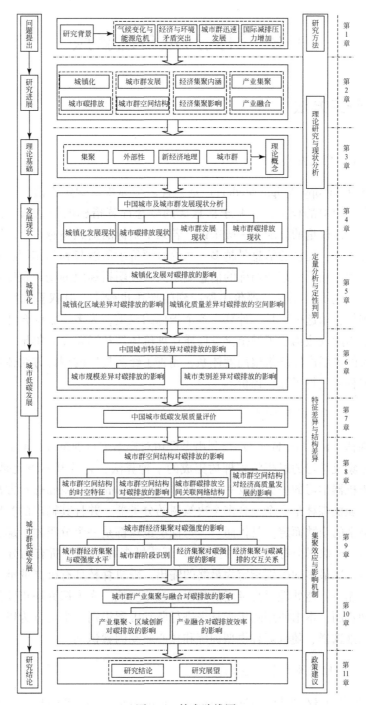

图 1-1 技术路线图

1.3 研究方法与创新点

1.3.1 研究方法

1.3.1.1 熵权法

熵权法（Entropy Weight Method）是一种多指标权重确定方法，用于确定各指标在综合评价中的权重，并基于信息熵的概念计算指标的信息熵和信息熵权重，实现对指标权重的分配。一般来说，若某个指标的信息熵越小，表明指标值的变异程度越大，提供的信息量越多，在综合评价中所能起到的作用也越大，其权重也就越大。相反，某个指标的信息熵越大，表明指标值的变异程度越小，提供的信息量也越少，在综合评价中所起到的作用也越小，其权重也就越小。因此，可利用信息熵这个工具，计算出各个指标的权重，为多指标综合评价提供依据。本书采用熵权法构建了城镇化发展质量评价体系和涵盖要素集聚、产业集聚和城市集聚的多层次经济集聚测度体系，完善了经济集聚的测评方法体系，对城市群的集聚程度进行了综合评价。

1.3.1.2 机器学习方法

随机森林（Random Forest）指利用多棵树对样本进行训练并预测的一种分类器，是通过集成学习的思想将多棵树集成的一种算法，它的基本单元是决策树，其本质属于机器学习的一大分支——集成学习（Ensemble Learning）方法。在机器学习中，随机森林是一个包含多个决策树的分类器，并且其输出的类别由个别树输出的类别的众数而定。具体而言，每棵决策树都是一个分类器，那么对于一个输入样本，N棵树会有N个分类结果，而随机森林集成了所有的分类投票结果，将投票次数最多的类别指定为最终的输出。随机森林具有极高的准确率和较好的抗噪声能力，能处理很高维度的数据，且速度快。为了探究城市碳排放效率潜在的驱动机制，本书使用随机森林来进行驱动因素识别，主要分为以下三个步骤：驱动因素选择、随机森林模型训练和核心驱动因素识别。

1.3.1.3 时空地理加权回归

时空地理加权回归（Geographically and Temporally Weighted Regression, GTWR）是经过拓展和改进的地理加权回归，能够分析带有时间属性的空间坐标点，也可以将其理解为一种回归分析方法，用于在考虑地理和时间因素的情况下研究变量之间的关系。该模型常被用于识别和量化空间因素（如人口、土地利用、经济活动）和时间因素（如历史趋势、社会动态）对某个变量的影响。该模型考虑了地理空间上的相关性和时间上的动态性，通过给予不同地理位置和时间点的数据不同的权重，可以更准确地估计回归模型的参数，因此该模型可以更有效地分析和预测复杂的社会经济状况。此外，时空地理加权回归模型可以利用新建立的方式，通过将加权因素作为变量，增强了模型的预测准确性。本书在识别城市群空间结构的基础上，利用时空地理加权回归（GTWR）模型分析了不同城市群空间结构对碳排放影响的时空差异。

1.3.1.4 空间联立方程模型

空间联立方程模型（Spatial Simultaneous Equation Model）是一种在经济学和社会科学研究中常见的模型，用于分析空间相互依赖的变量之间的关系。它是传统联立方程模型的扩展，考虑了空间邻近性对经济变量之间关系的影响。在空间联立方程模型中，变量的取值不仅受自身的因素影响，还受到其他地理空间单元的影响。三阶最小二乘法是联立方程模型的一种完全信息估计方法，简称3SLS方法。所谓"完全信息估计法"指利用所有可用的信息，同时估计模型中的所有方程。该法基本思想是：应用两阶段最小二乘法的估计误差构造模型随机扰动项协方差矩阵的统计量，从而对整个模型进行广义最小二乘估计。广义三阶最小二乘法（Generalized Three-Stage Least Squares，G3SLS）是一种回归分析方法，用于估计具有内生性问题的模型参数。实质上，广义三阶最小二乘法是对传统三阶最小二乘法的标准化处理，可以处理更复杂的内生性问题和模型设定。本书运用空间联立方程模型和广义三阶最小二乘法探究了经济集聚与节能减排的交互作用。

1.3.1.5 位序–规模法

位序–规模法（Rank-Size Rule）是一种从城市的规模和城市规模位序的关系来描述城市规模分布经验规律的方法。位序–规模法的基本原理是通过对不同城市的人口规模进行排序，并将其与其位序进行比较，从而得到城市规模分布的经验规律。该方法认为，在一个国家或地区的城市体系中，城市的规模（常用指标是城市人口）与它们的位序（排名）之间存在一种反比关系。排名较高的城市人口规模较大，而排名较低的城市人口规模较小。位序–规模法在城市规划、区域经济学、城市经济学等领域具有广泛的应用价值，有助于了解城市的发展趋势、判断城市的经济实力、评估城市的竞争力等。此外，位序–规模法还可以用于预测城市的未来发展趋势，为城市规划和政策制定提供科学依据。本书从人口和经济的角度，利用位序-规模法计算出了中国六个城市群的空间结构指数，完成了对六个城市群的空间结构特征的识别。

1.3.1.6 长短期记忆神经网络算法与粒子群优化算法

长短期记忆神经网络（Long Short-Term Memory，LSTM）模型是一种时间循环神经网络模型，它是对循环神经网络（Recurrent Neural Network，RNN）模型的改进，也是深度学习方法的重要代表之一。这种网络与一般的前馈神经网络不同，LSTM 可以利用时间序列对输入进行分析。LSTM 从被设计之初就被用于解决一般递归神经网络中普遍存在的长期依赖问题，使用 LSTM 可以有效地传递和表达长时间序列中的信息，并且不会导致长时间前的有用信息被忽略。与此同时，LSTM 还可以解决 RNN 中的梯度消失或爆炸问题。粒子群优化（Particle Swarm Optimization，PSO）算法指粒子群中的每一个粒子都代表一个问题的可能解，通过群体内的信息共享与相互合作实现问题求解的智能性。由于 PSO 操作简单、收敛速度快，因此在函数优化、图像处理、大地测量等众多领域都得到了广泛的应用。采用改进的粒子群优化（Improved Practical Swarm Optimization，IPSO）算法还可以优化 LSTM 模型参数，同时结合 LSTM 模型可以挖掘影响因素历史数据内有效信息的优势，可以达到较好的数据拟合效果，完成对碳强度的预测。本书运用 IPSO-LSTM 碳强度预测模型对各城市群 2020 ~ 2030 年的碳强度进行预测。

1.3.2 研究创新点

1.3.2.1 全面评价了中国城市低碳发展质量水平

低碳城市是由经济、社会、人口、资源、环境等子系统构成的复杂动态系统。各子系统相互联系、相互作用、相互制约。本书在系统论的指导下，从低碳经济、低碳社会、城市规划、能源利用和低碳环境五个维度构建城市低碳发展质量评价指标体系，综合评价中国地级市层面的低碳发展质量。[①] 指标体系分为三层，即目标层、准则层和指标层，指标层共选取了人均 GDP、第二产业占比、城镇化水平、能源强度等 25 个具体指标。本书根据评价结果将城市分为低质量发展、中低质量发展、中高质量发展、高质量发展四个等级，并从不同维度进行分

---

① 本书将北京、天津、上海、重庆 4 个直辖市及沈阳、大连、长春、哈尔滨、南京、杭州、宁波、厦门、济南、青岛、武汉、广州、深圳、成都、西安共 15 个副省级市均归为地级市。

析，这有助于识别出不同城市低碳发展质量的优劣势，为政策制定者的全面布局
提供参考。

1.3.2.2　识别了中国城市群空间结构及其对碳减排的影响

本书提出城市群的空间结构具有单中心或多中心的特征，应从形式和功能两
个维度来全面衡量。因此，本书基于位序–规模法将人口规模和经济规模同时纳
入城市群空间结构中心度测度体系，系统性地识别中国六大城市群空间结构及其
时空特征。同时，考虑到时间和空间的非平稳性，本书使用 GTWR 模型来探讨
城市群空间结构对碳排放的时空影响。为进一步探究城市群碳排放的空间关联
性，本书基于引力模型测算城市间碳排放的关联程度，如网络密度、网络等级
度、中心度等，以详细刻画区域碳排放空间网络。

1.3.2.3　探究经济集聚水平与碳减排的交互关系

本书从特征集聚、产业集聚和城市集聚三个方面全方位衡量城市群经济集聚
水平，发现各城市群的经济集聚水平持续上升。经济集聚是经济增长的重要动
力，与节能减排具有双向作用机制。一方面，经济集聚通过规模经济、技术溢出
和知识扩散产生正外部性，有利于提高能源效率和减少碳排放。但过度的经济集
聚又会产生"拥挤效应"，因此，不断扩大的生产和基础设施投资将导致更多的
能源消耗与碳排放。另一方面，由于区域间碳排放存在空间相关性，环境成本的
变化会通过替代效应和成本效应的共同作用影响区域经济集聚格局的变化。考虑
到相邻地区经济集聚和环境污染的双向效应，本书通过空间联立方程模型研究中
国三大城市群经济集聚、能源强度与碳排放的互动机制和空间溢出效应。根据不
同的经济集聚特征，为不同城市群的经济协调发展和联合治污提供政策依据，以
实现经济稳定增长和节能减排的"双赢"目标。

第2章 | 研 究 进 展

本章将对本书所涉及的相关研究进展进行系统梳理，具体包括城镇化、城市、城市群、经济集聚、产业集聚与产业融合的相关研究。通过本章介绍，可以全面掌握与本书相关研究的基本情况，总结现有研究不足，为本书研究找到突破口。

2.1 城镇化的相关研究

2.1.1 城镇化内涵与影响机制研究

城镇化是一种从农村到城市的社会经济能力的动态调节现象（Shahbaz et al.，2016）。这是一个大量人口从农村向城市流动、农村和农业活动向非农业活动转移的过程（Lin and Ouyang，2014）。从狭义上讲，城镇化可以定义为城市土地和人口规模的扩张（Hutchison，2009）。广义城镇化需要考虑环境的影响，如在城镇化过程中，经济生产、生活方式和土地利用类型发生了相应的变化，产生了二氧化碳排放，进而对可持续发展和气候变化政策产生了影响（Sadorsky，2014；Xu et al.，2018）。在过去 10 年中，中国城镇化的年均增长率保持在 1.37% 左右（Ji and Chen，2015）。在中国，城镇化的发展主要由政府主导进行范围较广的规划并全面推动，土地所有权归国家或集体所有，并且城镇化的发展从空间范围来看具有较为显著的跳跃性。现有研究认为，在城镇化过程中，资源会逐渐向城市聚集。

关于城镇化影响机制的研究，当前学者们从多个角度探究了城镇化与其他领域的相互作用，如产业、人力资本、经济、科技及生态环境等领域。叶宝忠和代碧波（2020）从多个角度分析农业现代化与城镇化协调程度在时空两个维度上的差异特点，强调我国需要在相关制度和产业体系方面持续改进。朱纪广等（2020）使用中国 300 多个城市的数据构建面板模型，探究中国四个区域的人口、土地城镇化与经济增长的相关效应及区别。还有学者阐述了产业集聚对城镇化发展的影响机制，如产业结构升级、人才集聚及政府治理水平改善等方面。黄莘绒等（2021）以长江三角洲地区为例，利用 14 年的地级市数据，使用熵值法对城镇化和生态环境质量指数进行计算。其研究表明，城镇化不仅对本地产业集聚产生促进作用，还可以通过提供资金支持为环境保护作出贡献。总体而言，中国城镇化发展较为迅速，所带来的影响也较为深远。

2.1.2 城镇化与碳排放关系研究

目前，很多文献在城镇化对碳排放的影响效应方面进行了相应的研究，并发现这两者之间存在一定的联系。关于城镇化与碳排放的影响，相关结论如下：首先，部分研究表明，城镇化进程会对碳排放产生正向影响，促进碳排放的增加，加剧温室效应（Zhang and Lin，2012）。Sadorsky（2014）对 16 个新兴国家 1971～2009 年的城镇化与二氧化碳排放之间的关系进行了研究，表明随着城镇化程度的提高，经济活动会更加活跃，碳排放量也会随之增加。Du 和 Xia（2018）基于 60 个国家的数据展开研究，发现城镇化率与温室气体排放存在正相关关系，即城镇化将会增加温室气体的排放量。也有学者在此基础上展开了更为深入的研究——从收入群体角度出发，发现城镇化对所有收入群体的碳排放都会产生正向影响，且这些影响之间存在细微的差别（Li and Lin，2015）。其次，部分学者认为提升城镇化水平可以减少能源消耗，从而减少碳排放。这部分学者认为，提高城镇化水平有利于提高公共设施的使用效率，从而在一定程度上减少碳排放。最后，一些学者发现，城镇化对碳排放的影响存在门槛效应，两者之间呈现非线性关系。他们普遍认为，城镇化水平与碳排放之间的关系是十分复杂的，无法用单一线性描述来准确反映城镇化对碳排放产生的影响，因此有必要考虑两者之间的非线性关系。例如，Qin 和 Wu（2015）等基于 1998～2008 年中国 25 个省级区域的数据进行研究，结果表明城镇化与碳排放之间存在倒 "U" 型关系，二氧化碳排放强度会随着城市集中度的提高先上升后下降，这个结果得到了许多学者的认可。

2.2 城市碳排放相关研究

2.2.1 城市碳效率研究

要实现 "双碳" 目标，推动二氧化碳减排与绿色经济增长的双赢，必须全面提高碳排放效率（Zong and Gu，2022）。在早期，碳效率主要是通过国内生产总值与碳排放的比率来估计的（Kaya and Yokobori，1993）。随后的研究表明，碳效率应该通过人均碳排放量和单位能源碳排放量来衡量，但这两个指标没有考虑到能源结构和经济发展的影响（Wang et al.，2012；Chen and He，2017）。随后于此，数据包络分析被广泛用于环境绩效评价。数据包络分析（DEA）只需考虑投入和产出数据，是一种高效的方法，在能源和经济效率分析中得到了广泛的应用。DEA 框架是评估环境绩效和能源效率问题的有效工具（Meng et al.，2016；Sueyoshi et al.，2017）。近年来，学者们将 DEA 与方向距离函数（DDFs）相结合，将环境污染、能源消耗与生态损失作为评估碳排放绩效和污染物测量的输入因素或非期望输出（Chung et al.，1997）。例如，Sun 与 Huang（2020）从经济和能源结构的角度考察了中国省级地区碳排放效率空间分布的异质性。此外，Liu 等（2022）考察了英国工业部门和中国电力行业的投入产出关系，以表达经济增长和碳排放之间的联系。传统的 DDFs 存在诸如辐射性、生产角度及不能调节不成比例的生产和输入效率的问题（Li et al.，2020；Yu and Zhang，2021；Bian and Meng，2023；Wu et al.，2023）。随后，Fukuyama 和 Weber（2009）提出基于方向性的技术效率衡量，引入了基于松弛变量的松弛度量模型。

除了对碳排放效率测量方法的研究，碳排放效率的驱动因素也引起了学者们的关注。从全世界来看，无论是发展中国家还是发达国家，城镇化水平（Sun and Huang，2020）、对外贸易（Wang and Wang，2021；Wang and Zhang，2021）、产业结构（Wang et al.，2023）、电力用户的百分比、可再生能源的比例等都是影响国家碳效率的重要因素。Gao 等（2023）进一步考虑了碳效率的时空动态特征，发现工业和能源结构、技术进步、经济增长及环境监管对碳排放效率具有显著的空间溢出效应。Fang 等（2022a；2022b）从城市发展的整体系统分析并证实了城市人口扩张、研发投资和经济增长对碳效率的改善作用，表明城镇化中的人口、经济、技术等因素对碳效率有着显著影响（Wang and Ma，2018；Xu et al.，2018）。此外，绿色技术创新和绿色金融是提高碳效率的两个重要支柱（Jia et al.，2021）。

关于城市碳效率的测算方法，当前的研究广泛采用了异质性建模方法，即通过单个变量手动分组进行效率评估。一方面，这可能导致评估结果出现偏差；另一方面，由于缺乏从城市异质性的角度研究驱动因素对碳效率的影响，这种方法是不完善的。此外，随着城市发展的日益多样化和差异化，基于区域标准的分类很难反映碳排放和城市发展之间的联系。这是因为不同的城市发展可能拥有相同的碳减排发展潜力，如经济因素（Cai et al.，2023）和技术进步（Huang et al.，2023），而更多的城市保持不同的减排特征，如自然因素和能源消耗（Du et al.，2023）。

2.2.2　城市规模与碳排放的关系

近年来，越来越多的学者开始研究城市规模与碳排放的关系。然而，目前还没有统一的结论。从理论角度看，城市规模的扩大对碳排放具有双向影响。城镇化进程增加了农村人口向城市的流动、转移和集聚，从而促进了城市规模的扩大（Sato and Yamaoto，2005）。城市规模的扩大带来了生产要素的聚集，产生了经济集聚效应（Henderson，2003；Zhou et al.，2020）。城市密度的增加有利于提高资源利用效率和城市能源利用效率。集约利用提高了能源效率，从而减少了碳排放（Liddle Lung，2010）。但是，如果没有对城市基础设施的相应支持，城市环境问题可能会加剧。Poumanyvong 和 Kaneko（2010）提出紧凑城市理论，认为更高的城市密度会产生集聚经济，并最大化地利用基础设施和公共交通。紧凑型城市也可能会造成城市过度拥堵的问题，而城市密度的上升不仅会造成交通拥堵，还可能会降低公共系统的效率甚至导致系统瘫痪，从而抵消碳减排的效果。随着城市规模的过度扩张（超过一定阈值），由于城市具有一定的综合承载能力，拥堵效应会导致城市群产生规模不经济；这反过来又会威胁生态环境和自然资源（Fragkias et al.，2013）。过度集聚产生了大量的生活垃圾和生产垃圾（Chen et al.，2019），产生了更多的外部性，包括交通道路和家庭供暖对城市环境的持续影响（Chen and Lin，2021），增加了城市碳排放。

城镇化的发展不仅涉及城市人口的增加，还涉及城市空间的扩张（Qiao et al.，2019）。城市扩张对碳排放的影响可以看作一条 N 型曲线。无论是城市空间的快速扩张，还是城市人口的快速增长，都将加剧碳排放（Han，2020）。此外，如果城市土地扩张程度更高，空气污染物的浓度可能会增加。这表明，城市土地扩张与空气污染影响之间存在显著联系（Huang and Du，2017；2018）。Shi 等（2020）发现，城市空间扩张会加剧环境污染问题。Xu 等（2019）发现空间城镇化与空气污染呈倒 U 型曲线关系。目前的研究主要从人口规模和城市空间的视角探讨城市发展与环境问题的关系。大部分研究采用城市人口规模、城市建成区面积等总量指标，没有考虑人口与土地在城市空间中的匹配关系，降低了研究的客观性（杨孟禹等，2017）。

2.2.3　城市低碳发展研究

随着城镇化进程的加快，低碳发展越来越关注城市发展模式和发展轨迹（Yang and Li，2013）。因此，关于城市内部能源管理和相关排放的研究引起了极大的关注（Phdungsilp，2010）。在低碳城市评价的早期阶段，由于对二氧化碳绝对减排的高度重视，城市的低碳发展水平只能通过一个或几个指标来反映（Ou et al.，2013；de Leon Barido and Marshall，2014）。例如，Glaeser 和 Kahn（2010）将温室气体排放作为环境外部性的主要指标。根据计算出的人均 GDP 增长率的能源消耗与二氧化碳排放量增长率之间的弹性系数，Zhu 和 Chen（2013）将上海的低碳发展状况分为三种情景。然而，这一衡量标准过于片面，无法提供有意义的低碳绩效指标，也无法为实际管理策略提供依据（Lin，2014）。因此，一些学者在关注碳减排的基础上，综合考虑了社会经济因素对城市低碳发展进程的影响。例如，Wu 等（2017）探讨了能源消费强度、人口增长、城镇化率、城乡人均 GDP 和碳排放之间的关系。Liu 等（2015）、Zhou 和 Liu（2016）也进行了类似的研究。此外，Zhou 等（2017）使用解耦模型定量分析了中国八大区域的碳排放与经济增长之间的关系。Yang 等（2018）利用碳排放、人均 GDP、人口、城镇化率等指标体系，将 36 个低碳试点城市分为四类，揭示其低碳发展状况。除社会经济因素外，许多学者也开始认识到城市规划（Liu and Sweeney，2012；Bereitschaft and Debbage，2013）和运输网络（Gambhir et al.，2015；Jiang，2016）在减少二氧化碳排放方面的重要性。

随着低碳城市建设的快速发展，越来越多的学者认识到低碳城市评价指标体系是一个多方面协调有序发展的统一体（Tan et al.，2017）。这些因素不是孤立的，它们之间存在着广泛的、多层次的联系、制约和相互作用。2012 年，中国社会科学院（CASS）建立了包括经济转型、社会转型、低碳建设、低碳资源和低碳环境的综合评价指标体系，并将其应用于中国的 110 个城市。相应地，大量学者从经济、社会、环境、制度、能源、城市规划等方面进行了有益的探索，构建了评价城市低碳发展水平的综合指标体系。例如，Zhou 等（2015b）创建了一个精英城市框架，以评估低碳生态城市的发展，其中的指标是通过广泛审查 16 个国际指标体系和 11 个国内指标体系，根据其在世界范围内使用的共性和 SMART（具体–可衡量–可实现–相关–及时）标准选择的。根据 DPSIR（驱动力–压力–状态–影响–响应）因果框架，Zhou 等（2015a）选取了包括经济、工业、能源等部门的 32 个指标来评价低碳响应，并将其应用于全球 36 个城市。此外，为了研究中国低碳竞争力的现状和阻力，Wang 等（2020）结合突变级数模型、空间自相关模型和障碍诊断模型，构建了由 25 个经济、社会、环境和政策指标组成的评价指标体系。

2.3 城市群的相关研究

2.3.1 城市群概念与内涵研究

城市群是由中心城市向周围辐射、由多个城市组合形成的集合体。城市群是发达国家城市化的主要形式，城市群的形成客观反映了经济发展和产业布局的情况（顾朝林，2011）。城市群的概念最早可以追溯到 1915 年，Geddes 提出了"集合城市"的概念，用于描述城镇化进程中所产生的城市区域，即城市面积和人口数量扩大、城市功能不断完善、城市间联系日益紧密且相互依赖、城市影响范围重叠。1957 年，Gottmann 提出了"Megalopolis"这个概念来表示大都市带，它既非单个城区的扩张，也非几个城区的简单加总。相反，它是指那些没有明显城乡差别的市街区联合起来形成的区域。1980 年，宋家泰提出了"城市—区域"的概念，指那些经济吸引范围超越城市本身行政隶属范围的城市及覆盖地区。1988 年，周一星提出了"都市连绵区"的概念，这一概念是指中心城市以及与其紧密联系的外围城市沿着综合交通走廊分布形成的范围较大的城乡一体化区域，该区域被视为国家经济核心区域。1990 年，高汝熹和阮红则提出"圈域经济"这一概念，它是指以发达城市为中心的城市经济圈对周边地区产生巨大的吸引力，形成生产和流通经济网络，带动周围区域的经济发展。在城市经济圈内，城市经济中心发挥的作用是非常重要的，可以促进区域经济的快速发展。与此同时，肖枫和张俊江（1990）从不同的角度，如结构、功能以及功能互补、经济依存、社会发展趋同等，强调了城市群是一种有机网络或网络群体。姚士谋等（1998）在此之后提出了"城市群"这一概念，认为城市群是由多个性质、类型和等级规模不同的城市（包括小集镇）在特定地域内形成群体，其特征包括人口密度高、生产技术水平高、土地利用集约化程度高。其中，一个或两个特大城市和大城市成为了经济发展的核心，通过现代交通工具、交通运输网和信息网促进城市间经济联系的发展，形成较为完整的城市群体。上述概念也得到了许多学者的认同（王薇和胡力中，2023；方创琳等，2021）。

城市群是中国推进城镇化迅速发展的主要形态之一，同时也是实现区域重点开发及区域协调发展的主要形式（赵勇和白永秀，2007）。马燕坤和肖金成（2020）提出了"城市群"更加具体的概念，其定义城市群是在特定区域内密集分布的、大量的性质、类型和规模不同的城市，这些城市规模等级体系完善，以超大城市、特大城市或两个及以上辐射带动功能强的大城市为核心，依托发达的交通、通信等多种现代化基础设施网络，城市间功能互补、分工协作，发生和发展着广泛而又密切的经济联系，从而形成的一体化水平较高的城市集群区域。近30年里，随着国家新型工业化和新型城镇化发展到较高阶段，中国的城市群不断升级。自21世纪初以来，城市群逐步成为中国参与全球竞争与国际分工的全新地域单元。此后的10年间，中国将其提升为推进国家新型城镇化的空间主体。

2.3.2 城市群空间结构研究

城市群空间结构反映了特定区域内城市的经济、社会、规模、功能和区位结构，涉及资源、要素、社会和经济活动的分布与空间组合。空间结构是城市群发展在空间维度的体现，能够对经济、社会和环境产生溢出效应。当今世界，任何一个国家或地区都位于城市网络体系中，而非单独发展。随着城镇化的不断推进和快速发展，城市群不断取代单一城市，成为全球竞争和分工的基本区域单位。在城市空间结构面临关键转型的时期，与之有关的研究受到越来越多的关注，研究数量和深度也在逐渐增加。

关于城市群空间结构，最早是由 Camagni 和 Salone（1993）提出了"空间相互作用论""区域分工理论""区域合作"等理论，这些理论为城市网络的形成与发展奠定了理论基础。Sassen（2001）认为，跨境动力推动城市和其他的全球城市形成战略性跨国网络。Taylor（2001）则认为，世界城市网络是一种较为特殊的网络形态，此外，他还探讨了世界城市网络规范对相关理论和政策实践的影响。Liu 等（2020）指出，城市群的空间结构可以以单中心或多中心、集中或分散等方式进行描述。在城市网络中，城市被视为网络的节点，城市间的人、物、资金、信息等联系构成了网络。一些学者结合"流"分析与网络分析方法，对某个区域中某种"流"网络的结构特征做了探讨。Matsumoto（2004）基于资本流、信息流、客运流等维度，对区域间经济联系的影响和联系网络的特征进行了研究。Martin 等（2022）从客运流维度出发，基于异构数据源来评估大规模城市网络动态密度，探究城市交通网络的空间动态特征。部分中国学者则是通过社会网络分析法（SNA）来测度网络的整体网络密度、中心性、凝聚子群等指标，并以引力模型所计算的经济联系矩阵为基础，分析了城市间的经济联系网络。曹炜威等（2016）在研究中运用引力模型和社会网络分析法，探讨了城市群经济联系网络的特征，研究表明经济联系度不高、联系不均衡是普遍存在的问题，城市间的经济联系在程度和均衡度方面都需要进一步提升。通过构建克鲁格曼指数和引力模型，许露元和邬丽萍（2016）在探索北部湾城市群的产业分工与对外经济联系的强度后发现，部分区域的城市间存在较强的经济联系，已经呈现出明显的城市一体化趋势。类似地，魏丽华（2018）利用引力模型，从区域角度出发，评估了京津冀、长江三角洲和珠江三角洲城市群内部的经济联系。其结果表明，三个城市群中的中心城市起到了非常强的带动作用，而城市群内部发展呈现明显的梯度结构特征，其余城市与中心城市的经济联系总量、联系强度、空间梯度结构存在明显的差异性。赖洁瑜（2021）以修正后的引力模型为基础，运用 SNA 法对经济增长空间联系网络进行探索，发现合理的产业结构、要素流动、技术创新、经济全球化水平等因素都可以对城市群网络的经济联系强度产生影响。通过衡量城市群空间结构，总结其时空演变特征，有利于促进区域分工协作和经济集聚，助推城市群高质量发展。

2.3.3　城市群空间结构与碳排放关系研究

人们的日常活动行为均处在一定的城市群空间结构中，由人类活动而产生的碳排放也存在于一定的城市群空间结构中。城市空间结构对碳排放的影响是低碳城市规划建设中一项重要的科学命题（叶玉瑶等，2012）。对此，有不少学者探究了城市群空间结构与碳排放之间的关系。例如，王桂新和武俊奎（2012）的研究表明，提高居住密度可以缩短通勤时间和距离，从而降低碳排放强度。也就是说，城市空间结构的合理化可以降低碳排放，从而有助于建设低碳城市。为了实现城市节能减排的目标，需要将城市空间结构集约化和高效化。具有更高优先级的城市中心不仅可以通过提高周边地区的区域经济竞争力来刺激碳排放，还可以通过加快产业结构调整和优化资源再分配来减少排放（Feng and Hubacek，2016）。张洪波等（2015）基于城市层面和街区层面，针对城市空间结构与碳排放效应的关系，提出了城市空间绩效指标体系，期望优化城市空间合理布局。郭爱君等（2022）以兰西城市群企业大数据为考察对象，利用面板回归模型、门槛回归模型和空间杜宾模型考察了战略性新兴产业空间结构与碳排放强度之间的关系，最终发现蔓延型的战略性新兴产业空间结构对碳排放强度具有显著的负向影响，并表现出明显的门槛效应。Chen 等（2021a）以厦漳泉大都市区为研究对象，发现多中心空间结构与能源效率两者之间的关系为倒"U"型，且存在区域差异。

同时，对于城市群空间结构对碳排放的影响机理和作用路径的研究也受到了学者们的广泛关注。何小钰等（2023）不同于以往围绕城市二维结构的研究，从城市三维结构出发，运用相关性分析、随机森林等方法探究了三维空间结构与碳排放的关系，其研究结果表明（高层）建筑物密度、建筑覆盖率、人口密度与容积率是影响碳排放的最主要因素，同时三维空间结构对碳排放的影响具有明显的尺度效应。董昕和张朝辉（2023）以中国 279 个地级及以上城市为研究对象，发现趋于分散或多中心的城市空间结构有助于碳排放效率的提升，且城市的多中心结构有助于数字经济发挥其对碳排放效率的提升作用。而韩帅帅等（2023）则将区域细分到黄河流域，发现整体上城市市辖区多中心空间结构有利于降低碳排放量，但不同的区位表现不同，研究发现位于黄河流域上游的城市，通过单中心结构有利于碳减排，位于黄河流域中下游的城市，多中心结构有利于碳减排；小城市通过紧凑单中心结构有利于降低碳排放，大城市发展多中心结构有利于碳减排。总的来说，城市群空间结构与碳排放之间具有紧密关系，但这种关系会因城市结构因素的不同而影响不同。

2.4　经济集聚的相关研究

2.4.1　经济集聚的内涵与影响研究

经济集聚指经济活动在某一特定地理区域内集中发生的现象（林伯强和谭睿鹏，2019）。张平淡和屠西伟（2021）认为，经济集聚是区域由于经济规模大且密度高而催生出来的外部效应。曾伟平等（2023）则认为经济集聚是经济运行达到有效率状态必须遵循的客观规律，也是中国经济由高速增长向高质量发展转型的重要推力。从宏观层面来看，有关经济集聚的研究主要围绕城市空间集聚展开。一些学者将研究对象选为中国省市或城市群，采用空间计量等方法对经济集聚的影响因素进行了分析。刘满凤和谢晗进（2016）基于环境数据包络分析（DEA）技术，发现对外开放水平、基础设施水平和区域技术创新对经济集聚效率的提升有正向作用，而财政支出占比、产业结构和能源消费强度对经济集聚效率有负向作用。此外，固定资产投资、社会消费总额、规模以上工业产值、公共服务可达性、经济效率、城乡收入、人口发展、产业发展、环境规制和环境污染等因素也能影响经济集聚效应（李晓萍等，2015；He et al.，2023）。对于经济集聚的影响，陆铭和冯皓（2014）采用地级市人口规模差距指标，研究了省域内部的空间集聚程度以及人口集聚度与污染量的关系，并分析了经济活动集聚度对污染的影响。贾卓等（2021）以城市群的县域为研究尺度，分析了中国西部兰西城市群的经济集聚溢出效应和影响因素。兰秀娟和张卫国（2020）利用 2005~2017 年 266 个地级市数据，采用空间杜宾模型研究发现，经济集聚对区域经济发展差异具有倒 "U" 型影响。

中观层面的经济集聚研究主要关注相关产业的集聚。陈曦等（2018）基于空间维度对我国制造业产业间协同集聚程度的空间差异性进行研究，发现我国东部地区地级市的产业间协同集聚水平较高，而西部地区地级市产业间协同集聚水平较低。陶金和罗守贵（2019）从市域和省域两个层面研究了中国文化产业的集聚特征，研究结果表明，在地级市层面上，文化产业并未形成专业化经济，但是存在城镇化经济。然而，在省域层面上，文化产业呈现出专业化显著、多样化和经济弱化的特征。此外，学者们也从微观层面研究了企业的区位选择和转移。在企业区位选择上，于瀚辰等（2019）以空间泊松模型为基础，研究了中国制造业的区位选择对于集聚经济的指向和空间效应。在企业转移层面上，李瑞琴和孙浦阳（2018）考虑了关联集聚和专业化集聚两大因素，对地理集聚与中国企业区位自选择效应间的关系进行了研究。之前的研究已经表明，经济集聚与经济增长之间有着密切的关联，二者相互促进。受成本影响，产业往往会自行集聚到经济发展更好的区域，而经济集聚的同时又能够降低创新成本，进而促进经济发展（Martin and Ottaviano，2001）。尽管经济集聚对于经济增长具有推动作用，但由于它的负外部性，政府需要权衡促进效应和拥挤效应带来的影响，才能够实现合理的经济增长。

2.4.2 经济集聚的测度方法研究

从现有文献来看，关于经济集聚水平测算的方法大致可以分为两类。一是利用单一指标来衡量经济集聚程度。赵春燕和王世平（2021）认为经济集聚可以由经济活动在单位空间内的集中程度来体现，因此采用企业密度（限额以上企业数量）与城市市辖区土地面积的对数值的比值对城市经济集聚水平进行了描述。杨勇和吕杰（2021）则从城市经济集聚带来的外部性来探讨经济集聚效应，通过研究城市不同部门就业的分布情况，对城市的专业化和多样化经济集聚的外部性进行评估。生延超和周垚（2021）认为产出密度可以清楚刻画单位空间上经济活动的密集程度，科学反映地区经济集聚状况，因此用地区非农产出和区域面积之比来衡量经济集聚水平。罗浩轩（2020）主张采用城市的劳动生产率，即城市第二、第三产业人均地区生产总值作为经济集聚水平的衡量指标。郝寿义和张永恒（2016）认为经济集聚是衡量单位空间内经济活动的集中程度的重要指标，要对地区经济集聚水平进行评估，需要考虑单位面积内所承载的经济活动量。因此，对于经济集聚水平，他们采用了单位面积内第二产业和第三产业产值的数值来描述。此外，区位熵（Keeble et al.，1991）、基尼指数（Wen，2004）、产业密度（何文举等，2019）、企业密度（何文举等，2019）、经济密度（Brülhart and Mathys，2008）、就业密度（Brülhart and Mathys，2008）、夜间照明数据（Liu et al., 2024）等也是衡量经济集聚的主要指标。二是利用多个指标综合衡量经济集聚程度。周建军等（2021）选择了经济社会密度和就业密度两种指标作为城市经济集聚的综合评价指数，以单位行政管理用地建筑面积的 GDP 总量代表经济社会密集度，单位行政土地面积的非农就业人口数量代表就业密度。宋家鹏和陈松林（2021）从产业和人口两个层面来反映经济集聚水平，分别采用城镇单位就业人数的区位熵和城市人口密度来进行测算。

2.4.3 经济集聚与能源效率相关研究

尽管我国经济发展非常迅猛，但与此同时，环境与能源供需的压力也逐渐显现。虽然已经有很多学者从不同视角对能源效率问题进行了广泛的研究，但基于经济集聚角度的相关研究仍然处于初步阶段。通过对现有文献进行整理发现，相关研究虽然取得了一定的成果，但在结论上仍无法达成一致。根据林小希（2021）的研究结果，经济集聚对能源效率的影响并不明显。乔海曙等（2015）则通过分析中国 2000～2010 年省级制造业 20 个行业的面板数据，研究了专业化和多样化经济集聚对能源效率的影响机制。他们指出，与多样化集聚相比，制造业经济的专业化集聚会更加有效地提高能源效率；然而，过度产业竞争的专业化集聚不利于改善能源效率。以美国制造业为例，李伟娜（2016）利用实证分析的方法对相关数据进行了研究，发现降低集聚程度在提高能源效率时所起的效果更为显著。而程中华等（2017）也采用相同的方法，对 2004～2013 年中国 285 个地级及以上城市的面板数据进行了分析，发现制造业的集聚会对能源效率造成一定程度的负面影响。陈媛媛和李坤望（2010）基于经济集聚会提升能源效率这一假设，对 2001～2007 年中国 25 个行业的有关数据进行分析，发现经济集聚对能源效率的提升作用非常显著。李思慧（2011）通过对江苏高新技术企业的微观数据进行实证检验，发现经济集聚在企业能源效率方面发挥了显著的促进作用。师博和沈坤荣（2012）认为经济集聚是显著提升能源效率的一种方法，其作用路径包括技术溢出、基础设施共享等方式。此后，韩峰等（2014）运用实证分析方法对我国 2003～2011 年的城市面板数据进行分析，结果也表明经济聚集在某种程度上可以提升能源效率。Xu 等（2022）研究发现经济集聚对能源效率的影响呈倒 "U" 型，当经济集聚程度低于临界点时，其增加可以提高能源效率；越过临界点后，其增加会降低能源效率。Qin 等（2023）从市场一体化视角出发探究了中国产业内和产业间集聚对能源效率的影响机制，结果显示市场一体化程度的提升放大了产业集聚的 "虹吸效应"，从而加剧了产业集聚向邻近区域的负空间溢出，并进一步阻碍了能源效率的提高。

2.4.4　经济集聚与碳排放相关研究

中国经济已经步入"新常态"阶段，该阶段谋求经济发展最大化与环境污染最小化，因此经济集聚与节能减排成为了绿色转型的关键和目标。但经济集聚与碳排放增加是否相关目前尚无统一结论。关于经济集聚与碳排放的关系，不少学者都进行了研究，主要观点有三个。第一，经济集聚会增加碳排放。侯勃等（2020）发现工业产业集聚会增加碳排放，张翼和卢现祥（2015）也发现制造业、建筑业和服务业的集聚会加剧碳排放。第二，经济集聚能减少碳排放。李炫榆等（2015）提出，从长远来看，经济集聚有利于发挥规模效应，从而降低二氧化碳排放。张云辉和郝时雨（2022）认为经济集聚有利于降低碳排放强度，且在收入差距对碳排放的影响中起中介效应。第三，经济集聚与碳排放之间呈非线性关系。刘满凤和谢晗进（2017）认为经济集聚与碳排放量之间呈"N"型环境库兹涅茨曲线，而邵帅等（2019）认为经济集聚与人均碳排放之间存在典型的倒"N"型曲线关系。

由于单位 GDP 的二氧化碳排放量，即碳强度（carbon intensity）通常也被用作衡量国民经济与碳排放量之间关系的指标，因此在讨论经济集聚与碳排放关系时，不同学者在不同层次，利用不同方法对经济集聚与碳强度的关系做了研究。部分学者认为经济集聚可以促进企业和人口要素向中心城市的快速集聚，促进生产要素的高效匹配和经济效率的提高，从而减少碳强度（Glaeser and Kahn，2010）。汪聪聪等（2019）通过使用地理统计和空间计量模型，对长江三角洲城市 2015～2017 年污染空间格局和影响因素进行了分析，并发现可以通过经济集聚改善生产要素的空间分布和组合，实现基础设施共享治污，以此降低环境污染。任晓松等（2020）选取四个城市群共 61 个城市，利用 2004～2016 年的面板数据，研究发现经济集聚对碳强度具有显著的负向影响。在这种观点下，经济集聚度越高，越有利于减少碳强度，即经济集聚与碳强度之间存在负相关关系。

但还有部分学者认为，当经济集聚到一定程度时会导致经济效率的下降，带来一系列环境挑战。Cheng（2016）认为交通拥堵、环境污染严重和基础设施不足等会形成限制经济增长与生产力提高的"拥堵效应"，这一推论已被研究证实（Frank，2001）。Wang 等（2022a）认为过度经济集聚带来的规模不经济问题会导致区域能源消耗急剧增加，使环境快速恶化和污染。当经济集聚所带来的"拥挤效应"大于"规模经济效应"时，大城市就会因集聚产生环境污染，该污染还会溢出至周边地区。王兵和聂欣（2016）研究发现，在短期，污染的集中排放会由集聚造成,此时集聚会阻碍环境的治理。在这种观点下,经济集聚不利于减少碳强度。还有部分学者认为经济集聚对碳强度并非单向影响。Xu 和 Lin(2015)发现,经济集聚和碳排放强度之间存在显著的倒"U"型关系,且揭示了二者在中国西部地区不明显的非线性关系。邵帅等(2019)在省级层面上进行了研究,得出了经济集聚与碳强度之间具有倒"N"型的三次曲线关系这一结论。

2.5 产业集聚与产业融合的相关研究

2.5.1 产业集聚与区域创新相关研究

一些学者开展了有关产业集群与创新之间关联和互动的研究,其研究重点在于产业集聚的微观组织形式,即产业集群,并从产业集群网络和集体学习等角度进行了理论与实证研究。Asheim(1996)表示,群体性的学习对于一个区域来说是至关重要的。Bagena 和 Beechetti(2002)探讨了意大利产业与区域创新的联系,研究表明产业集聚水平对企业研发支出的影响并不是直接的,但产业集聚水平对整个区域的创新能力有较明显的影响。产业集群形成一种知识学习模式,可以将企业原有的知识变为编码化的知识。编码化的知识更容易在产业集群内传播和流动,从而提升了知识传播速度与企业创新水平,这进一步促进了整个企业创新能力的提升。根据吴添祖和姚杭永(2004)的研究,产业集聚对技术创新的传播有促进作用,且产业集聚中的技术创新活动与技术扩散关联程度较高。赵涛等(2005)从创新的过程、创新系统的产生和发展以及产业集聚影响创新系统的要素结构这几方面入手,提出产业集聚对构建一个包括核心层次、服务层次和宏观层次的产业集聚创新系统是十分有利的,这种系统可以通过软件和硬件有力地支持技术创新活动。黄坡和陈柳钦(2006)从理论角度对产业集聚与企业技术创新的关系进行了探讨,他们通过运用创新系统方法得出结论,即两者之间存在相互协调和配合作用,同时呈现正相关关系且相互促进。也就是说,当产业集聚程度提高时,可以明显促进企业的技术创新活动。王雅芬(2007)研究了产业集聚的形成、发展和消亡与技术创新之间的关系,她从理论角度探索了不同产业集聚阶段对技术创新的影响,认为不同产业集聚阶段的产业集聚对技术创新产生的影响和作用有较为明显的差异性。许露元(2023)聚焦分析数字新基建、高技术产业集聚对区域创新绩效的影响,其研究发现高技术产业集聚可显著提升区域创新绩效,且在中国西部地区的效果更好。刘丙泉等(2023)基于创新价值链理论,实证检验了制造业与生产性服务业协同集聚对区域绿色创新各阶段及整体效率的影响。类似地，还有大量研究探讨了金融业、旅游业、制造业等产业集聚对区域创新的影响（Wang et al.，2023；Liu et al.，2023；Hu et al.，2023；陈春明等，2023）。

黎欣（2021）基于省域层面样本数据进行实证研究，得出了产业多样化集聚抑制区域创新溢出的结论；李秋霞等（2020）选取 205 个地级市作为研究对象，研究产业集聚、知识溢出与区域创新之间的关系，得出产业多样化集聚对区域创新的提升表现出正向作用的结论。此外，随着产业协同集聚趋势的加强，学者逐渐聚焦于关联产业协同集聚方面的研究，尤其聚焦于制造业–生产性服务业协同集聚角度。已有研究中，王文成和隋苑（2022）立足于中国省域层面的研究表明生产性服务业和高技术产业协同集聚对本地区创新效率的提升作用显著，但空间溢出效应不明显；原毅军和高康（2020）基于 2007～2016 年我国 31 个省（自治区、直辖市）的面板数据探索空间关联视角下制造业与生产性服务业协同集聚对区域创新效率的影响，经过实证研究发现两业协同集聚对本地创新效率具有显著的正向效应，且该效应外溢到周边地区；刘军等（2020）也基于中国省级面板数据开展实证研究，结果表明两业协同集聚能够显著促进区域绿色创新的提升；赵青霞等（2019）也开展了类似研究，但其发现，产业协同集聚并非始终对区域创新能力的提升存在促进作用。

2.5.2 产业集聚与碳排放相关研究

产业集聚是产业发展的必然趋势。随着中国二氧化碳排放量不断增加，温室效应加剧，学界开始关注产业集聚与碳排放的关系。根据 Verhoef 和 Nijkamp（2002）的研究，工业集聚会使集聚区内的环境受到污染。Andersson 和 Loof（2011）从产业集聚的外部性角度进行的研究也证实了这一点，伴随产业集聚产生的拥挤效应和规模效应都会使环境污染程度进一步加重。Ottaviano 等（2002）认为如果技术得不到升级，那么产业集聚会出现拥挤效应，造成环境污染的加重及治污成本的增加。黄蓉（2022）认为制造业产业集聚虽然能够给经济带来显著提升，但是对环境的污染更大，并通过实证研究进一步表明制造业集聚会加大二氧化碳排放量。江三良和邵宇浩（2020）发现第二产业集聚同时存在碳排放量正效应和负效应，但是正效应大于负效应。因此，提升第二产业集聚水平会使碳排放量大大增加，并且这种正向影响的程度在西部地区更大。

一些学者的研究显示，产业集聚能够对碳排放有抑制作用。Hosoe 和 Naito（2006）认为产业集聚具有积极的环境影响，能够发挥正向效应来实现技术进步的目的，从而减少环境污染。易艳春等（2019）发现产业集聚程度每增加1%，会使碳排放强度减弱0.374%~0.473%，并且这种抑制作用存在异质性，不仅会受到区域影响，还会受到人口规模影响。主要表现为在东部地区显著，其他地区不显著，减排最优人口规模为中等城市或者人口小于500万人的大城市。刘媛媛（2020）认为产业集聚通过节约成本、提升技术水平，从而降低能耗，减少二氧化碳排放。同时，基于环境库兹涅茨曲线模型进一步验证了产业集聚确实具有碳减排效应。Zhang等（2018）以河南省18个城市为研究对象，发现产业集聚对工业碳排放及碳排放强度有显著的抑制作用。

基于"先污染，后治理"产业发展过程，许多学者认为在集聚初期主要以粗放式发展为主，使环境遭受严重污染，但随着集聚水平的不断提高，会减缓环境污染。张华明等（2021）认为集聚初期的生产方式为"资源—产品—废物—末端治理"，这一时期企业注重产能而忽视治污减排的工作，但随着产业实力提高，环保理念得到宣传，治污减排得到重视。同时，他们运用空间计量方法验证了产业集聚对人均二氧化碳排放影响呈倒"U"型关系，进一步说明了产业集聚与环境之间的关系。李小帆和张洪潮（2019）则从城镇化水平出发，研究了产业集聚与碳排放之间的关系，并利用门槛模型分别将生产性服务业和制造业代入模型中。结果发现，二者集聚都存在双重门槛效应，但生产性服务业集聚随城镇化水平提升出现"强—弱—强"的特征，而制造业集聚表现为先促进后抑制的特征。

2.5.3 产业融合发展相关研究

产业融合是指制造业与生产性服务业之间的融合发展趋势，随着时间推移，这两者之间的产业边界和空间边界逐渐弱化，出现相互交融、渗透的趋势（孔宪香和张钰军，2022）。它不同于产业聚集是关于相同产业或上下游关联产业以集群形式进行聚集，而是产业间价值链的表现（卜洪运和郭雯，2023）。产业融合主要包括两个方面：一是价值链环节的融合发展，二是空间集聚的融合发展。顾雪芹（2020）指出，由于经济规模的不断扩大及经济发展水平不断提高，制造业和生产性服务业之间的相互依赖性越来越强，使得产业融合趋势也越发明显。这种融合的基础动力在于价值链的相关性，而技术创新则是其内在动因。虽然这种产业融合具有双向性质，涵盖了制造业和生产性服务业两大领域，但其更多地表现为生产性服务业向制造业价值链的延伸、渗透和重组，最终演变为了一种新型的产业体系。随着产业分工的不断细化，制造业的产业链变得越来越长。与此同时，信息服务业的服务支撑作用与价值增值作用在制造业的产前、产中及产后阶段越发明显，信息服务业和制造业在产业链、价值链以及地区间的互动与融合程度也愈发深入（李亚楠和宋昌耀，2021）。从理论上来说，制造业和生产性服务业的互动融合有两种模式：一是交互模式，即服务活动外包和独立服务部门的分化；二是融合模式，即服务工业化和制造服务化。其中，服务工业化包括两个方面，分别为面向服务的制造和基于制造的服务；制造服务化也分为两类，即投入服务化与产出服务化。

在空间上，生产性服务业集聚发展与制造业集聚发展开始融合是制造业和生产性服务业融合发展的较为重要的表现形式之一（纪祥裕和顾乃华，2020）。随着经济水平的提高，要素成本总是不断提高，而交易成本总是逐渐降低。随着城市中生产性服务业的集聚，交易成本不断降低，这为周边地区制造业发展提供了良好的发展环境，从而促进其发展（高康和原毅军，2020）。因此，从空间维度来看，制造业与现代生产性服务业存在协同定位效应。汤长安等（2021）的研究表明，在中国的城镇化进程中，产业集聚呈现出两方面趋势：一方面，生产性服务业渐渐集聚到城市的中心区；另一方面，制造业则渐渐由中心区迁移至周边的工业园区。毕斗斗（2015）通过探索性空间数据对集聚水平进行研究，发现中国31个省（自治区、直辖市）的生产性服务业表现出"东—中—西"逐渐降低的中心—外围空间结构，且存在地区集聚性。在地区之间，生产性服务业的发展有着激烈的竞争和显著的极化效应，这导致高梯度地区的生产性服务业会极化低梯度地区的生产性服务业。盛丰（2014）在其研究中发现，生产性服务业集聚可以显著地对制造业升级产生促进作用，并且这种作用既对本地区制造业升级产生影响，也会通过空间外溢效应对周边地区的制造业升级产生影响。总的来说，制造业带动了生产性服务业的发展，生产性服务业的发展又促进了制造业的发展，"两业"融合意义重大。

2.5.4　产业融合与碳排放相关研究

产业融合是制造业转型升级的一大法宝，所带来的经济效应和环境效应更是成为经济发展与低碳减排的重要驱动力。据研究，产业融合主要从价值增值、效率提升、产业集聚和结构升级四个方面影响碳排放。

有研究表明，提升制造业价值链有助于节能减排（Zhou et al.，2021）。推进先进制造业和现代服务业融合发展，有助于制造业摆脱长期处于价值链中低端环节的境况（Gao et al.，2009）。在产业融合的过程中，价值高的生产性服务业会被制造业融合，从而提高产品和服务的价值（宋怡茹等，2017）。在制造业核心价值活动基础上将生产性服务业的核心价值活动进行融合形成新的价值链，这不仅有助于提升制造业的创新能力，还可以提高其生产效率，进而推动区域碳排放降低（单元媛和罗威，2013）。保留落后的生产性服务不仅会加重传统制造业在成本方面的压力，也会使生产效率降低，从而导致能源浪费、污染加剧，而产业融合的技术创新和规模效应则有助于提高整个制造业的生产效率（Zhao et al.，2021）。在产业融合过程中，许多制造商逐渐将内部效率不高的生产性服务外包给专业生产性服务商，后者在控制规模和服务成本方面更为高效（Tang and Lou，2022）。在制造业和服务业之间建立联系，有利于提高生产率、提供更多的服务业就业机会（张明斗等，2021）。因此，在融合过程中，制造业与生产性服务业的生产效率随之改善，可以使用更少的资源、释放更少的碳排放以实现预期的功能和效益，从而提升碳排放效率（张红霞和张语格，2022）。

生产性服务业集聚对制造业的碳排放效率有直接和间接的积极影响，推动形成高端、低端生产性服务业互补共生的多元化集聚模式，能够有效促进碳减排（Liu et al.，2022a）。产业融合能够实现制造业与生产性服务业在地理上的协同集聚。这种协同集聚在多个方面显示出优势：其一，可以通过服务业的竞争效应降低成本、增加利润，同时减少碳排放；其二，可以通过提高区域生态效率和绿色全要素生产率来提升碳排放效率（Zeng et al.，2021；彭芳梅，2021）。产业融合还能推动制造业转型升级，实现智能化与绿色化生产（胡霞和古钰，2021）。中国的传统制造业处于价值链低端，其特点为高污染、高排放，给环境带来了很大的压力。产业融合则有助于减少直接或者间接的资源消耗，实现绿色制造，从而降低碳排放。此外，产业融合还有助于区域产业结构向服务化转型，通过相互促进产业发展及节约交易成本推动区域产业结构的升级，进而抑制碳排放。

2.6 文献评述

中国城镇化发展迅速，加速了城市和城市群的发展，城市群空间结构演变、经济集聚、产业集聚及区域产业融合都对碳排放产生了广泛而深远的影响。现有研究对以上各种社会经济因素与碳排放之间的关系进行了广泛的分析，成果颇丰。但通过对现有文献的整理，我们发现仍存在一些不足。第一，在分析城镇化对碳排放的影响方面，现有研究普遍对某一地区进行考察，缺乏对不同地区城镇化差异的考虑，即缺乏区域异质性分析，导致对碳排放的估计存在偏差。第二，目前对地级市低碳发展质量的整体评价工作做得很少，这些研究在评价体系的构建和研究方法的选择上存在明显的差异，导致不同城市之间缺乏可比性。低碳城市是一个由经济、社会、人口、资源、环境等子系统构成的复杂动态系统，需要多方面的评价,尤其是城市低碳发展质量的评价与评级。此外,以往的研究大多是对城市低碳发展状况进行评价和分析,没有在评价的基础上进一步探讨影响城市低碳发展的障碍因素。第三,一些学者研究了某个城市或多个城市的城市形态和空间结构,并讨论了空间结构与碳排放或能源效率之间的关系。然而,对于何种空间结构或模式更有利于碳减排的问题,目前较少有学者探究,其影响路径和机制也鲜有人分析。第四,相邻地区经济集聚和环境污染具有双向效应。现有研究的重点主要集中于经济集聚对碳排放的影响,忽视了经济集聚与节能减排的互动关系,无法清晰认识二者的空间交互关系与作用机制。而且城市群的发展具有阶段性,在不同阶段,经济集聚、能源强度和劳动生产率等社会经济因素表现不同,从而导致碳排放呈现阶段性差异,而现有研究较少将城市或城市群的发展阶段考虑在内,导致研究结果与实际情况相比呈现一定偏差。第五,区域创新作为城市发展的一大驱动力应被广泛关注与探究,而目前关于产业集聚对区域创新影响的相关研究仍较少,大多数研究仅基于省域或市域层面的样本数据探讨二者之间的关系,缺乏从城市群角度出发的研究,研究尺度有待拓宽。第六,在产业融合方面,虽然已有研究证实了产业融合对碳排放效率具有促进作用,但少有文献系统全面地探究其影响的空间性。因此,现有研究成果存在一定的局限性,实际指导意义有所欠缺。

综上所述,在城镇化快速发展的背景下,为弥补以上不足,本书开展了以下研究:第一,在分析中国城市及城市群发展现状及碳排放现状的基础上,基于城镇化区域差异和质量差异视角对中国 30 个省(自治区、直辖市)进行区域划分,探究城镇化对二氧化碳排放的影响机制,并进一步讨论不同城市规模和城市类别对碳排放的影响。第二,在系统论的指导下,从低碳经济、低碳社会、城市规划、能源利用和低碳环境五个维度构建评价指标体系,综合评价各地级市的低碳发展质量,根据评价结果分别进行整体、各维度上的分析讨论,并运用障碍分析模型深入探究影响城市低碳发展质量的障碍因子。第三,考虑到城市空间结构的影响,通过 GTWR 模型识别不同城市群的空间结构,探讨不同城市群空间结构对碳排放的时空影响路径,并探究促使碳减排与经济高质量发展"双赢"的城市群空间结构特征。第四,从时空角度分别识别城市群经济集聚水平、碳强度水平和城市群发展阶段,并探究城市群不同发展阶段中经济集聚对碳强度的影响,进一步地考虑到相邻地区经济集聚和环境污染的双向效应,通过空间联立方程模型研究经济集聚、能源强度和碳排放之间的互动机制与空间溢出效应。第五,聚焦于长江三角洲城市群,从城市群层面深入探讨制造业集聚、生产性服务业集聚和制造业–生产性服务业协同集聚对城市群碳排放水平的不同作用效果与影响机制,同时考虑了区域创新绩效在其中所起到的中介作用。第六,综合运用耦合评价模型、超效率 SBM 模型和空间杜宾模型探究产业融合对碳排放效率的影响机理,并充分考虑其空间溢出效应和区域异质性与行业异质性。

综上,本书将通过全方位、多角度、深层次的分析,深入探讨城镇化背景下的城市和城市群的低碳发展现状,以及影响因素和碳减排路径,并根据研究结论提出切实可行的政策建议。

第3章 | 概念界定与理论基础

本章首先对一些基本概念进行界定，有助于理解和掌握城镇化、城市群、经济集聚、产业集聚、碳排放等相关概念的内涵，为后续章节的实证研究奠定基础。在概念界定的基础上，对相关理论进行梳理和总结，揭示经济集聚和区域碳排放之间的内在逻辑与规律，为之后的实证研究提供坚实的理论支撑。

3.1 概念界定

3.1.1 城镇化

"城镇化"来源于英文"urbanization"一词，也即"城市化"，中国根据本国国情，将其译作"城镇化"。西班牙学者赛达于1867年在其撰写的《城镇化基础理论》一书中首次提出"urbanization"，用来指代乡村逐步发展成为城市的过程，西方国家大多数将该词叫作"城市化"。实际上，城市化与城镇化的含义并不相同，后者既包括乡村向城市发展的过程，也包括乡村向城镇发展的过程，而城市化所包含的范围更小。从地理学的角度来看，城镇化是一种农村人口从分布较为分散的状态向城镇不断集中的一个过程，这个过程包括生活方式的转变。从人口角度来看，城镇化则是人口由农村向城镇转移的过程。综上所述，城镇化是资源、人口、产业发展的空间集聚过程。

我国城镇化进程起步较晚，发展速度慢，直到改革开放将改革的重点由农村转移到城市，才推动了我国城镇化的发展。2012年，党的十八大报告首次提出了"新型城镇化"的概念，即中国特色社会主义城镇化。新型城镇化的基本特征是城乡统筹、城乡一体、产城互动、节约集约、生态宜居、和谐发展。新型城镇化是大中小城市、小城镇、新型农村社区协调发展、互促共进的城镇化。新型城镇化相较于传统城镇化更加注重提升城镇化质量、内涵，不再一味地强调发展的速度和数量，更加重视统筹城乡发展与城镇的集约发展，坚持以群众为方向，保障广大人民群众的根本利益。对于城镇化的衡量，最常用的指标为城镇化率（城镇人口在总人口中的占比），但这一指标仅反映了人口从农村向城镇地区的迁移。事实上，城镇化是一个复杂的多维度过程，涉及城镇地区的人口集中、生活方式的改变和经济活动、土地利用的变化等。使用单一的城镇化率指标来探究碳排放相关问题并不十分科学。对此，本章引入城镇化质量来表示城镇化的综合发展水平。

3.1.2　城市群

城市群，指的是城市发展到成熟阶段的最高空间组织形式，一般是指在特定地域范围内，以 1 个以上特大城市为核心，由 3 个以上大城市为构成单元，依托发达的交通、通信等基础设施网络所形成的空间组织紧凑、经济联系紧密，并最终实现高度同城化和高度一体化的城市群体。城市群是在地域上集中分布的若干特大城市和大城市集聚而成的庞大的、多核心、多层次城市集团，是大都市区的联合体。最早提出现代意义上的城市群概念的是法国地理学家戈特曼（Gottmann，1957），他认为城市群是城市发展的高级阶段，其特点是人口的高度集中和功能的高度集中，城市区域以一个核心城市为依托，通过聚集作用建立内外的相互联系，形成区域经济体。法国地理学家雅克·莱特伯（Jacques Lévy）于 20 世纪 90 年代提出"城市群"（agglomeration urbaine）的概念，他强调城市群是一个由多个城市和其周边地区组成的整体，其研究主要聚焦于欧洲城市群的形成和发展。近年来，亚洲地理学家对城市群进行了广泛研究。中国学者冯健提出了"超大城市群"（mega-urban region）的概念，用于描述中国快速城镇化过程中形成的庞大城市群，如珠江三角洲城市群、长江三角洲城市群等。城市群的形成和发展受到多种因素的影响，包括地理条件、经济活动、人口流动和政府政策等。

3.1.3　经济集聚

经济集聚是指在地理空间上，经济活动和资源在特定区域内集中与聚集的现象。这种集聚可能涉及产业、企业、人力资源和资本等经济要素的聚集，并且可能扩大经济规模、提高经济效率。经济集聚通常发生在城市、城市群或特定的经济区域中，这些地区通常具有一定的空间优势、资源优势或基础设施优势，吸引了企业和人才的流动。

经济集聚的学术概念起源于经济地理学。英国经济学家阿尔弗雷德·马歇尔（Alfred Marshall）在 19 世纪末的著作《经济学原理》（*Principles of Economics*）中最早提出了经济集聚的概念。马歇尔在他的著作中讨论了产业的地理分布和经济发展的空间特征，并提出了"产业聚集"（industrial agglomeration）的概念。他认为，一些产业倾向于在特定地理区域内集中发展，形成产业聚集现象。这种产业聚集可以带来多种经济效益，如资源的共享、技术的交流、劳动力的集中等，从而促进产业发展和经济增长。随着时间的推移，经济地理学家对经济集聚的研究逐渐深入，并提出了更多相关概念和理论。其中，约瑟夫·斯坦特·坎特洛在20 世纪 50 年代提出了"增长极"（growth poles）的概念，指出经济增长可以通过在某些特定地区创造发展动力和辐射效应来实现。而彼得·霍尔特和迈克尔·波特等学者则进一步研究了产业集群（industrial clusters）与竞争优势（competitive advantage）等概念，强调了经济集聚对企业竞争力和地方发展的重要性。

经济集聚的形成和发展可以受到多种因素的影响。首先，基础设施和交通网络的完善可以促进经济要素的流动与交换，进而促进经济集聚。其次，技术进步和创新的发展为经济集聚提供了新的动力，如技术密集型产业更容易形成集聚效应。此外，政府政策和制度环境的支持对经济集聚也起到重要的推动作用。经济集聚对经济发展和社会变革具有重要影响：一方面，经济集聚可以刺激创新和知识溢出，促进产业升级和经济增长；另一方面，经济集聚也可能导致资源不平衡和环境压力的增加，如交通拥堵、能源消耗和环境污染等问题。经济集聚的概念在经济学、地理学和城市规划等领域得到广泛应用，其相关理论也成为研究区域发展、城镇化和区域经济格局的重要理论之一。

3.1.4 产业集聚

产业集聚指的是在某个特定地理区域内，水平或垂直相关的产业不断集中，在空间范围内不断汇聚产业资本要素的一个过程，它不仅是历史进程中细化分工的产物，也是经济发展过程中不可避免的趋势。产业集聚是由多种因素共同作用而成的，资源基础是产业集聚的初始动力，人才集聚是重要保证，成本优势是持续驱动力，创新网络则是制度体系基础。历史上众多学者对产业集聚概念进行了研究。例如，1890 年，英国经济学家马歇尔最先开始研究产业集聚，他在《经济学原理》中提出"产业区"等重要概念。马歇尔认为，产业集聚是指在特定地区集中并专门生产特色工业的组织形式，这个地区被称为"产业区"，他还发现产业集聚会产生外部规模经济，并首次提出了产业集聚的"外部规模经济"。马歇尔对"产业区"及"外部效应"的创新性提出也为日后学者对于产业集聚的深入研究打下了基础。随后，1948 年，胡佛发表了《经济活动的区位》，在书中他认为规模较小的产业集聚难以发挥规模效应；产业集聚会随着规模的扩大而达到最佳规模，实现规模效应最大化；同时，集聚规模效应会因为产业集聚跨过最佳规模的拐点而受到抑制，由此形成了产业集聚最佳规模论。20世纪末，克鲁格曼（Krugman，1991）、迈克尔·波特等人在产业集聚理论中引入了空间要素，从而提出新经济地理学理论。作为该理论的代表，克鲁格曼构建了"中心—外围"模型，使得主流经济学中开始纳入产业集聚。迈克尔·波特则提出了钻石模型，他认为产业集聚会通过提高集聚区技术创新能力来提高竞争力。因此，产业集聚的形成原因就是获取竞争优势，即企业会为了提高竞争力而聚集在一个地区。

3.1.5 碳排放

碳排放是温室气体排放的一个总称或简称，用碳（carbon）一词作为代表是因为温室气体中最主要的气体是二氧化碳。温室气体不仅包括二氧化碳（CO_2），还包括甲烷（CH_4）、氧化亚氮（N_2O）、氢氟碳化合物（HFCs）、全氟碳化合物（PFCs）和六氟化硫（SF_6）五种气体，其他温室气体可以通过全球变暖潜力值（GWP）等方法转换成二氧化碳当量，以便更好地对温室气体排放量进行统一测算。联合国政府间气候变化专门委员会（IPCC）的报告显示，二氧化碳在所有温室气体中含量最高。碳排放可以根据来源分为自然活动产生和人类生产活动产生两大类。在生态系统中各种生命体正常的物质循环或碳循环是自然活动产生的碳排放；而人类生产活动产生的碳排放则主要体现在能源使用（如煤炭、石油和天然气）和农业种植、养殖畜牧等过程中产生的温室气体排放，占据了温室气体排放的绝大部分。因此，人类活动产生的碳排放会对大气环境造成十分严重的破坏。

碳排放强度，是指单位GDP产生的二氧化碳排放量，简称碳强度。该指标不仅可以有效地反映出一个国家或地区经济发展的水平，还能反映出技术进步以及能源利用效率等水平，是衡量环境质量的重要指标。该指标数值越小，表明该国家或地区能源利用效率越高，因为碳强度指标在一般情况下是随着技术进步和经济增长而下降的。碳排放强度和碳排放量相比更具有综合性，这是因为碳排放强度同时包含了反映经济发展水平的国内生产总值和反映生态环境质量的二氧化碳排放量两个指标，前者能反映经济效益，后者能反映生态效益。

3.2 相关理论梳理

3.2.1 集聚相关理论

区域和城市经济学的核心概念就是集聚，这一概念已被普遍应用在现有研究中，它的含义是指经济主体（生产者、消费者）在地理位置上的接近和集中，在经济规模日益扩大和不完全竞争的环境下，各种资源、要素和经济活动逐渐向某一特定领域集中的趋势。它是以一定规模为基础有序形成的，在空间上具有直观性，是经济活动产生的向心力和离心力相互作用的结果。"集聚"这一概念，最早出现在韦伯的《工业区位论》中。他认为企业区位选择的重要影响因素就是集聚，通过外部效应的集聚可以使成本降低，所以企业会在特定地区集中布局形成集聚，同时，他指出集聚有两种形式：第一种为生产集聚，它由规模经济效益产生，即大规模经营与小规模经营相比是一种集聚；第二种为企业的"空间集中"，即企业在某一地理区域内的集聚，其由社会分工、资源和基础设施共享所产生。

3.2.2 外部性理论

英国经济学家马歇尔的"内部经济"和"外部经济"理论是外部性理论的起源。马歇尔认为，"外部经济"是依赖于某类产业，但因企业外部因素的存在，如交通运输便利度的增加、市场容量的变化而导致的生产费用的减少（Marshall，1920），并且认为组成空间外部性的要素包括劳动力共享、技术外溢和中间产品投入等。庇古最早提出外部性理论（Pigou，1920），他从福利经济学的视角出发，在马歇尔"外部经济"理论基础上利用边际分析法提出"外部不经济"，他认为当私人边际收益不等于社会边际收益时，该活动将会给社会造成损害，导致社会不能达到帕累托最优状态，这是因为这种损害没有被包含在双方的交易成本中。由此，外部性问题的研究从外部因素对企业活动的影响效果转向企业或居民对其他企业或居民的影响效果。此外，针对"外部不经济"，庇古认为政府应当发挥作用，对发生正外部性的企业进行补贴，对发生负外部性的企业进行征税，即"庇古税"。

一方面，集聚通常伴随着正外部性，如规模经济、技术经济、共享效应、溢出效应等。首先，由于正外部性的发挥，能源要素逐渐从低效率部门转移至高效率部门，从而提高整个生产部门的能源效率，进而实现能源结构的优化（Denison，1996），降低碳强度。其次，专业化人才、企业等生产要素同城市的汇聚协同作用，促进了创新要素的传播，进而推进自主创新，提升了技术创新水平，减少能源消耗，提高生产效率，导致每单位能耗所产生的碳排放降低，进而改善区域环境，降低碳强度。此外，集聚有利于提高清洁能源使用效率，提升整个经济的能源效率，减少污染。另一方面，集聚具有负外部性。紧凑型的空间经济行为使得城市各部门间企业的生产曲线呈规模报酬递增，人口、企业等各种要素的集聚和传播，也增加了单位空间上经济的活动量，但这势必造成能源消费规模的相应提高。就中国而言，煤炭消费仍然是现有能源消费结构中的主力，占较大比例，能源的加速消耗加剧了废气的排放，增加了碳排放，造成生态环境恶化。由此可见，集聚对碳排放的实际影响值得探讨。

3.2.3　新经济地理理论

新经济地理理论是在20世纪90年代由保罗·克鲁格曼等人开创的，这一理论在理论分析框架中加入了运输成本，因为运输成本的减少会引发集聚经济、外部性、规模经济等问题，把这些要素融入企业区位选择、区域经济增长及其收敛与发散性问题中，就会得出不同于传统区域经济理论的观点。新经济地理理论为解释经济活动的集聚现象提供了新的视角，它认为规模经济、运输成本、知识学习和技术溢出效应加强了产业集聚程度，当产业集聚发展到一定阶段，拥挤效应占据主导地位，集聚带来的负外部性会促使产业分散。产业集聚就是向心力与离心力共同作用得到的，当向心力大于离心力时，产业集聚产生的集聚正外部性促进碳排放的降低。随着集聚程度的加强，集聚优势被拥挤效应所掩盖，此时离心力大于向心力，产业集聚发展到一定阶段，生态环境面临着巨大压力，此时集聚对碳排放呈现负外部性。

3.2.4　城市群相关理论

德国城市地理学家克里斯塔勒（W. Christaller）和德国经济学家廖什（A. Lösch）分别于1933年和1940年提出了中心地理论，中心地理论是阐述一个区域中各中心地的分布及其相对规模的理论。根据该理论，城市的基本功能是为周围的地区提供商品和服务。自法国地理学家戈特曼提出城市群概念以来，城市群概念已被广泛运用于全世界，并作为重要标志用来衡量一个国家或地区的经济和社会发展水平。随后众多学者提出了大量有关城市群的理论，如美国乌尔曼研究城市群空间作用机制后提出的空间相互作用理论（Ullman，1957）。1957 年戈特曼又提出了大都市圈理论，他发现在世界的各大城市周围形成了诸多小城市，构成了一个城市群，而这个城市群的经济往往成为国家的重心。随着经济全球化的发展，传统城市群理论越来越难以解释城市的发展与变化。在此背景下，弗里德曼提出了"世界城市"假说（Friedmann，1986）。他认为，现代意义上的世界城市是全球经济系统的中枢或组织节点，它集中了控制和指挥世界经济的各种战略性功能。

3.3 理论研究框架

改革开放以来，中国城镇化快速发展，城镇化已成为解决就业、实现市场扩张、推进新型工业化的重要举措。快速发展的城镇化不断增强城市的辐射、扩散和带动作用，城市地区逐步成为国家经济发展的基本空间单元。伴随城镇化进程的进一步加快，城市的数量不断增长，个体规模不断扩大，城市经济实力持续增强，城乡关系发生新的变化，城市间的联系日益紧密，一些城市逐步连片形成了城市群。随着中心城市辐射带动作用的不断增强，城市群内核心城市与周边城市共同参与与分工合作、同城化趋势日益明显的都市圈不断涌现，以城市群为主体的城镇化格局不断优化。然而，城镇化的快速发展同时也伴随着城镇资源的消耗和生态环境的破坏，部分大城市由于人口膨胀和产业粗放引起资源短缺与环境污染压力等问题。因此，如何协调好城镇化发展与环境污染问题，进而实现城镇化发展的可持续性迫在眉睫。

本书基于城镇化背景，深入研究中国城市和城市群发展与碳排放的关系。首先，本书基于城镇化角度构建城镇化质量评价体系，探究城镇化区域差异和质量差异对碳排放的影响（第 5 章）。其次，从城市差异角度分析不同规模、不同类别的城市对碳排放的影响（第 6 章），并对中国城市低碳发展质量进行全面评估（第 7 章）。再次，在分析城市群空间结构特征的基础上，讨论城市群空间结构对碳排放和经济高质量发展的影响，并进一步识别城市群碳排放空间关联网络结构（第 8 章）；测算城市群经济集聚与碳强度水平，并以此为依据划分城市群发展阶段，同时探析经济集聚对碳强度的影响，厘清经济集聚与碳减排的交互关系（第 9 章）。最后，从产业集聚和融合角度，讨论城市群产业集聚、区域创新与碳减排的关系，分析产业融合的空间特征及其对碳排放效率的空间效应（第 10 章）。本书的理论逻辑与框架如图 3-1 所示。

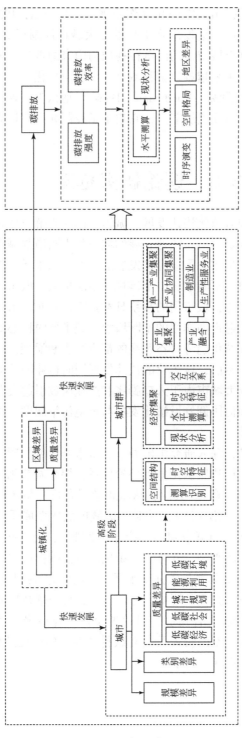

图3-1 理论逻辑与框架

3.4　本　章　小　结

　　本章对经济集聚推动区域碳减排机制中的相关概念进行了界定，厘清了城镇化、城市群、经济集聚、碳排放和产业集聚的内涵，并且通过阐述集聚相关理论、外部性理论、新经济地理理论和城市群相关理论，进一步剖析了经济集聚与区域碳减排之间的关系，这为之后研究假设和问题的提出提供了有力的理论支撑。在此基础上，对全书的理论逻辑进行了梳理与总结，揭示了本书各章研究内容之间的内在逻辑与理论关系。

第4章 | 中国城市和城市群发展 现状及碳排放现状

本章介绍了中国城镇化发展现状，城市及城市群的发展及分布情况，总结了中国城市群经济发展和碳排放概况。又以京津冀城市群、长江三角洲城市群、珠江三角洲城市群、长江中游城市群、成渝城市群和中原城市群六个主要城市群为研究对象，详细介绍了这六个城市群的地理范围、资源分布、产业结构、经济发展情况和碳排放现状等，揭示了各主要城市群的发展现状和问题。通过分析各城市群的经济发展现状和碳排放的时空特征，为之后的实证研究提供数据支持，也便于根据城市群的具体现状提出针对性的发展建议，促进各城市群实现可持续、高质量发展。

4.1 城镇化发展现状

4.1.1 城镇现状概况

城镇化作为现代化的必由之路，已然成为不容忽视的事实。自改革开放以来，中国的城镇化进程一路飞速发展，规模甚至成为全球之最。从增量端看，中国城镇人口数量自 1978 年的 17 245 万人到 2022 年已增至 92 071 万人，增长 74 826 万人，这一增量超过欧洲人口总和。从增速端看，中国常住人口城镇化率从 1978 年的 17.92% 上升至 2022 年的 65.2%，44 年间提升超 47 个百分点，而英美等不少发达国家实现同阶段城镇化率跃升用时是中国的 2 倍以上。但是，即便中国基本实现了城镇化，仍有约 4 亿人口生活在农村。因此，完善城乡融合发展相关政策机制和理论体系，继续落实以工补农、以城带乡，以县域为基本单元、以国家城乡融合发展试验区为突破口，确保城乡之间做到要素自由流动、公共资源合理配置，逐渐缩小城镇乡村发展和居民生活水平之间的鸿沟，都将是城镇化发展进程中不可或缺的环节。

4.1.2　城镇人口分析

　　中国城镇化主要兴起于 2009 年，城镇人口总数随着"进城务工"浪潮的来临从 2009 年的 6.5 亿人左右增长至 2012 年的 7.22 亿人，并于 2013 年进入爆发增长阶段，以每年超 3% 的增速持续增长，后于 2017 年至今处于稳步深化阶段。2022 年，中国城镇人口总数超 9.2 亿人，短短 14 年间增长近五成，城镇人口开始逐渐趋于饱和（图 4-1）。城镇中大量涌入的人口为工业化的发展奠定了坚实的劳动力基础，而随着进入 21 世纪以来第一产业劳动生产率的攀升，农村剩余劳动力也不断增加，城镇工业化进程的不断发展使农村剩余劳动力向城镇转移的速度得到提升、规模得到扩大，两者相辅相成持续推进了中国的城镇化发展。但是，近年来中国总人口增速放缓，生育意愿不断下降，预计在 2030 年左右将达到 14.5 亿总人口的峰值。届时，如何在总人口增速放缓的背景下寻找城镇化人口聚集的新的支点，将成为城镇化发展的一大难点。

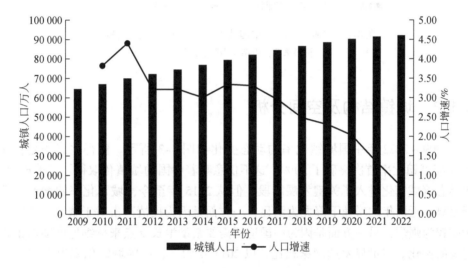

图 4-1　2009～2022 年中国城镇人口动态变化情况
资料来源：历年《中国人口统计年鉴》

　　随着城镇不断吸收大量的农村剩余劳动力，就业缺口这一城镇化发展的阻碍被逐渐清除，城镇产出不断提高，城镇居民生活不断改善，城镇居民人均可支配收入的逐年提高便是其重要的证明。为剔除价格因素影响，经居民消费价格指数调整后的历年城镇居民人均可支配收入及恩格尔系数的动态变化如图 4-2 所示。总体来看，2009～2022 年中国城镇居民人均可支配收入便已经翻了近 3 倍，城镇居民生活得到显著改善。恩格尔系数主要反映城镇居民的消费结构，表示食品支出额占消费总额的比例。从 2009 年城镇化开始兴起，城镇居民恩格尔系数呈持续下降趋势，即城镇居民消费支出中非食品支出的比例在不断攀升，说明居民生活富裕程度得到提升。而近两年恩格尔系数的回升可能是新冠疫情后居民消费理念与习惯发生变化导致的。

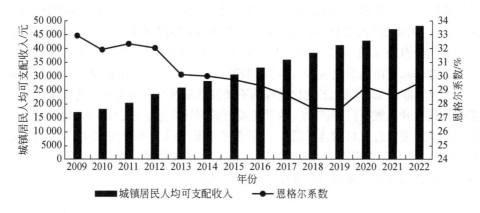

图 4-2　2009～2022 年中国城镇居民收入动态变化情况

资料来源：历年《中国统计年鉴》

4.1.3　城镇结构及空间分析

2009～2022 年中国城镇化率的动态变化如图 4-3 所示。值得注意的是，在 2011 年城镇化率首次突破了 50%，这不仅意味着中国的城镇化取得了显著成效，也标志着城镇化进入了关键发展阶段。但从 2015 年至今，城镇化率的增速呈下降趋势，近两年的增速下降尤为明显，一方面是因为疫情冲击对于城镇化进度的影响较为强烈，另一方面是因为中国迫切需要新型增长支点来持续地推动城镇化进程的深化。与世界发达国家相比，以 2017 年为例，中国城镇化率为 60.24%，美国为 82.06%，英国为 83.14%，法国为 80.18%，德国为 77.26%，日本为 91.54%，中国与发达国家仍然存在较大差距，即使按照钱纳里世界发展模型来看，相同工业化程度下，中国的城镇化率也落后于世界平均水准约 20%。因此，在新时期新形势下，如何在为城镇化增添新的增长点的同时，持续推进中国的工业化建设，将成为中国未来经济发展建设的重要挑战。

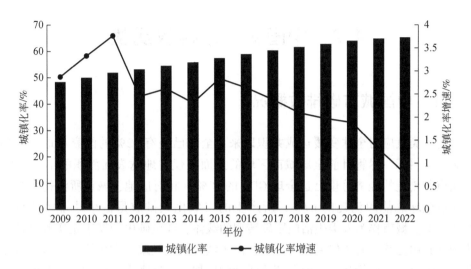

图 4-3   2009～2022 年中国城镇化率动态变化情况
资料来源：历年《中国城市统计年鉴》

　　纵观世界各国推进城镇化发展的进程，发展中国家空间格局大多采用"点-轴"系统，从而达到合理规划城市组织结构以及优化城镇空间布局的目的。其中，"点"代表城市，"点群"则代表城市集群。改革开放以来，中国借鉴各国城镇化发展的优秀经验，通过建立起"两纵一横"的组织框架，从"点-轴"理论出发推进城镇化发展建设，成功构建了京津冀、长江三角洲和珠江三角洲三个规模较大的城市集群与核心经济区。除此之外，其他城市集群虽然尚处于起步发展阶段，无法对国内生产总值产生较为显著的影响，但也已在各个区域的发展中担任了无法替代的重要角色。通过彼此的融合交流，中国的不同城市群、城市圈及都市聚集圈逐步形成了网络型的城镇化经济体系，这对于全面推动城镇化发展进程和稳步提升城镇化水平有极大的促进作用。统计数据表明，中国主要城市群占地面积与全国土地面积的比值低于 3%，但主要城市群的国内生产总值的占比却远大于 50%，这对城镇经济的发展具有深远影响。这些城镇地区一方面成为中国城镇化发展的重点区域，另一方面不断发挥其重要的中心点优势和增长极作用，通过辐射周边地区，带动其附近城镇乡村的融合发展，推动周边的城镇化进程和经济发展。当下，城镇地区的经济影响力已经辐射到了周边地区，不仅推进了相关地区的城镇化进程并促进了经济增长，同时还扮演着区域增长极的重要角色。总体来看，中国城镇空间分布以黑河—腾冲人口地理界线（又被称为"胡焕庸"线）为界，主要分布在该线以东，特大城市区域的分布也较为集中。

4.2 中国城市碳排放现状

4.2.1 中国城市碳排放概况

自人类就应对全球变暖达成共识以来，全球已经有62%的国家和地区提出了碳中和目标。尽管目前全球城市区域的总面积仅占地球表面面积的不到2%，但城市所创造的经济总量已达全球GDP的80%。相对应地，城市所消耗的能源也超过全球总能源消耗的67%，所产生的二氧化碳排放量占全球排放总量的70%以上。城市作为人类生活向零碳转型的载体，建设碳中和城市是实现全球碳中和的必由之路。有关研究数据表明，由于城市是人类聚居和生活的地区，城镇化进程带来的人口增加、工业和商业活动的增加、交通需求的增加，以及能源结构和消费模式的影响，使得碳排放总量不断攀升至新高度。

据中国碳核算数据库（CEADs）发布的1997~2019年290个中国城市（包括直辖市和省会城市）的碳排放清单，中国城市的碳排放量占全国总排放量的比例高达85%。具体来说，中国城市碳排放总量由2000年的19.89亿吨增长至2019年的84.86亿吨，20年间总增长率高达326.65%（图4-4）。从增长率来看，中国城市碳排放增长率以2005年为分界线，在这之前增速一直维持在20%左右，而自"十一五"计划开始实施以来，随着优化产业结构政策的提出，各城市积极加速经济增长方式的转变，致力于优化产业结构，并积极推动节能减排

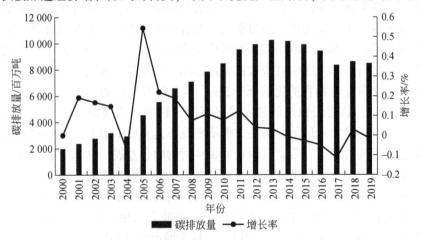

图4-4 2000~2019年中国城市碳排放总量动态变化情况

资料来源：中国碳核算数据库（CEADs）

工作。在这一过程中，能源效率不断提高，使得碳排放增速放缓，直至 2015 年开始降至 0 以下，但 20 年间平均增长率仍然较高，达 8.78%。

4.2.2 中国城市碳排放空间分析

根据国家城镇区域二氧化碳排放量的空间分布情况（图 4-5），中国城市碳排放量呈现东高西低、北高南低的特点。东部沿海地区的碳排放量普遍较高，这可归因于东部地区发达的经济基础、密集的工业布局及高度集中的人口，这些因素的共同作用导致浙江、安徽、江苏等华东地区的能源消耗和工业活动增加，从而带来了更高水平的碳排放。中部地区城市碳排放量在整体上为中等，城市经济发展相对较为平衡，工业规模适中。中部地区经济结构相对多样化，不同行业的碳排放水平存在差异，其中制造业通常是碳排放的主要来源。中部地区城市规模的扩大也在不断增加碳排放。中部地区人口较多的大城市如武汉和郑州的碳排放

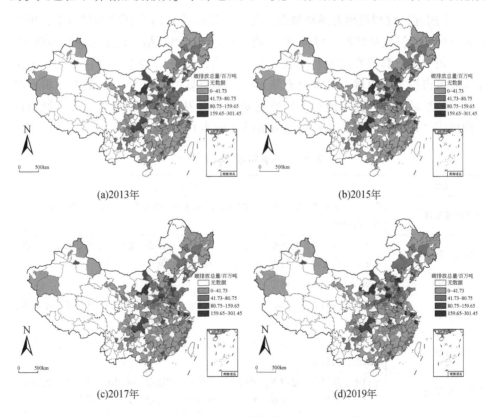

图 4-5 中国主要城市碳排放总量空间分布情况

资料来源：中国碳核算数据库（CEADs）

量相对较高，而中部中小城市则相对较低。相比之下，西部地区的城市碳排放量相对较低。西部地区在经济发展上相对滞后，工业规模相对较小，能源消耗相对较少。此外，西部地区地理环境较为复杂，包括高山、沙漠等特殊地貌，使得西部城市的碳排放控制相对较好。中国北方地区的城市碳排放量普遍较高，而南方地区的城市碳排放量相对较低。北方地区具有丰富的能源资源和重工业基础，如煤炭和钢铁等行业集中分布，导致了较高水平的碳排放；而南方地区的经济结构更加多元化，以服务业为主导，能源消耗相对较少，因此碳排放水平相对较低。

4.3 中国城市群发展现状及碳排放现状

4.3.1 城市群总体概况

"十四五"规划提出要推动城市群发展，共布局了 19 个国家级城市群，根据各城市群的经济发展情况，可将 19 个城市群分成 3 档：第一档是京津冀城市群、长江三角洲城市群等发展相对成熟，需要"优化提升"的城市群；第二档是山东半岛城市群、中原城市群等已有雏形，未来需要"发展壮大"的城市群；第三档是哈长城市群等尚未成形，仍然需要"培育发展"的城市群。这些城市群全面形成"两横三纵"的城镇化战略格局（表 4-1）。

表 4-1 各城市群包含的城市

城市群	包含城市
北部湾城市群	南宁市、北海市、钦州市、防城港市、玉林市、崇左市、湛江市、茂名市、阳江市、海口市
成渝城市群	重庆市、成都市、宜宾市、南充市、绵阳市、乐山市、德阳市、眉山市、泸州市、遂宁市、内江市、自贡市、广安市、资阳市、雅安市、达州市
滇中城市群	昆明市、曲靖市、玉溪市
关中城市群	西安市、咸阳市、宝鸡市、渭南市、商洛市、铜川市、临汾市、天水市、平凉市、庆阳市
哈长城市群	哈尔滨市、大庆市、齐齐哈尔市、绥化市、牡丹江市、长春市、吉林市、四平市、辽源市、松原市
海峡西岸城市群	福州市、泉州市、厦门市、漳州市、莆田市、宁德市、三明市、南平市、龙岩市、温州市、衢州市、丽水市、汕头市、梅州市、潮州市、揭阳市、赣州市
呼包鄂榆城市群	呼和浩特市、包头市、鄂尔多斯市、榆林市
晋中城市群	太原市、晋中市、忻州市、吕梁市

续表

城市群	包含城市
京津冀城市群	北京市、天津市、石家庄市、唐山市、秦皇岛市、邯郸市、邢台市、保定市、张家口市、承德市、沧州市、廊坊市、衡水市
兰西城市群	兰州市、白银市、定西市、西宁市
辽中南城市群	沈阳市、大连市、鞍山市、营口市、抚顺市、铁岭市、盘锦市、本溪市、辽阳市
宁夏沿黄城市群	银川市、石嘴山市、吴忠市、中卫市
黔中城市群	贵阳市、遵义市、安顺市
山东半岛城市群	济南市、青岛市、潍坊市、淄博市、烟台市、威海市、日照市、东营市、枣庄市、济宁市、泰安市、滨州市、德州市、临沂市
天山北坡城市群	乌鲁木齐市、克拉玛依市
长江中游城市群	武汉市、黄冈市、孝感市、黄石市、荆州市、荆门市、鄂州市、咸宁市、岳阳市、九江市、襄阳市、宜昌市、长沙市、株洲市、湘潭市、益阳市、常德市、衡阳市、娄底市、南昌市、景德镇市、鹰潭市、新余市、宜春市、萍乡市、上饶市、抚州市、吉安市
长江三角洲城市群	上海市、南京市、无锡市、常州市、苏州市、南通市、盐城市、扬州市、镇江市、泰州市、杭州市、宁波市、温州市、嘉兴市、湖州市、绍兴市、金华市、舟山市、台州市、合肥市、芜湖市、马鞍山市、铜陵市、安庆市、滁州市、池州市、宣城市
中原城市群	郑州市、洛阳市、许昌市、平顶山市、新乡市、开封市、焦作市、漯河市、安阳市、鹤壁市、濮阳市、三门峡市、商丘市、周口市、南阳市、驻马店市、信阳市、长治市、晋城市、蚌埠市、阜阳市、宿州市、淮北市、亳州市、聊城市、菏泽市、运城市、济源市、邢台市、邯郸市、阳城市
珠江三角洲城市群	广州市、佛山市、肇庆市、深圳市、东莞市、惠州市、珠海市、中山市、江门市

目前，中国的城镇化发展已经逐渐显现出以城市群建设为核心的初步格局，区域经济的发展已经逐步向城市群经济转型，城市群整体发展水平明显提高。中国的城市群发展在许多方面取得了显著的进展，一些具有重要地位的城市群，如珠江三角洲、长江三角洲和京津冀城市群等，成为了我国经济增长的重要引擎。这些城市群集聚了大量的产业和企业，创造了丰富的就业机会，对国家经济的发展作出了巨大贡献。党的十九大报告提出"以城市群为主体构建大中小城市和小城镇协调发展的城镇格局"，"十四五"规划也强调要发展壮大城市群，形成密集、分工协作、功能完善的"两横三纵"城镇化空间格局。目前城市群的发展潜力不断释放，城市群建设取得显著成效，各城市群规划完成编制并相继出台，涉及跨省城市群的规划也已出台并实施。

虽然中国城市群建设在过去几十年里取得了巨大的成功，但也存在一些不足之处。一些核心城市群，如京津冀、长江三角洲和珠江三角洲城市群，得到了更多的政策支持和投资，而其他地区的城市群发展相对滞后，这使得地区之间的发展差距加大，资源配置不均衡。同时一些地区出现了严重的环境污染问题，工业化和城镇化的快速发展导致了大量的废气排放、水污染与土地破坏等环境问题。这不仅对居民的健康造成了威胁，也给可持续发展的实现带来了挑战，给生态环境带来了巨大压力。因此，从城市群角度出发探讨环境保护和碳减排，不仅有助于城市群在建设中落实绿色发展理念，也对城市群建设的协调和可持续发展十分重要。

本章选取了 2005～2019 年发展较快、污染严重、能源消耗较高的京津冀、长江三角洲、珠江三角洲、长江中游等六个城市群作为核心城市群，对其进行调查和分析。

4.3.2　主要城市群发展现状

4.3.2.1　京津冀城市群发展现状

京津冀城市群，也被称为京津冀一体化城市群，是中国北方地区经济规模最大、最具活力的重要城市群之一，由北京市、天津市、石家庄市、唐山市、秦皇岛市、邯郸市、邢台市、保定市、张家口市、承德市、沧州市、廊坊市和衡水市组成。京津冀城市群地处环渤海地区和东北亚核心，位于中国的"首都经济圈"，地理位置优越。北京作为中国的首都，拥有政治、文化和经济的中心地位。天津则是北方重要的港口城市和经济中心，交通便利，也是连接中国内陆和海上贸易的枢纽。2022 年末京津冀城市群常住人口总量达到 10 967.3 万人，较 2010 年人口增加 808.3 万人，但占全国人口比例逐渐下降，降至 7.77%，且多年来人口增长率低于全国平均增长水平。

京津冀城市群是中国经济最发达的地区之一，北京和天津是中国的特大城市，拥有强大的经济实力和创新能力，河北省的石家庄、唐山等城市也在不断发展壮大。近年来，京津冀城市群持续推动区域一体化发展，以制造业、金融、物流、科技创新和现代服务业为经济主导，提出了加强城市间合作、优化资源配置、促进产业转移和人员流动等政策措施。同时，京津冀城市群通过加强交通基础设施建设，如高速公路、城际铁路和机场的互联互通，促进了城市群的协同发展。得天独厚的地理优势及政策的支持使得京津冀城市群经济迅速增长、人口规模迅速扩大，但从 GDP 总量来看，京津冀地区占全国 GDP 的份额却出现了下降趋势，从 2014 年的 9.71% 下降到 2022 年的 8.29%，2023 年的前三季度停留在

8.3%。此外，区域内部的经济差距有扩大态势。从经济总量看，2014~2021年，北京占京津冀地区 GDP 比例从 32.09% 上升到 41.79%，天津占比从 23.66% 降至 16.29%，河北从 44.25% 降至 41.92%。从人均 GDP 看，2013 年北京人均GDP 分别是天津、河北的 1.41 倍和 3.02 倍，2022 年这一数字分别扩大到 1.6 倍和 3.34 倍。从整个城市群来看，区域产业结构升级取得了较大进展。京津冀城市群三次产业占比从 2013 年的 6.2∶35.7∶58.1 变化为 2022 年的 4.8∶29.6∶65.6，第三产业占比增加了 7.5 个百分点，区域产业结构加快升级。① 但从整个城市群来看，北京对周边地区经济发展的辐射带动作用依然乏力，河北的产业结构问题依旧，在河北的产业结构中，传统制造业占据主导地位的现象一直存在，而传统产业的创新能力不够，就导致了没有良好的条件来配合新兴产业的进入。因此，尽管第二产业占比有所下降，但由于没有高端制造业进入，制造业产值下降只能通过第三产业产值的上升来弥补，这不利于河北经济的持续发展。

近几年来，京津冀城市群生态建设和环境保护取得突破性进展。从反映空气质量的 $PM_{2.5}$ 浓度来看，2022 年京津冀 $PM_{2.5}$ 平均浓度为 37 微克/米³，比 2013 年的 106 微克/米³ 下降 65.1%，三地 $PM_{2.5}$ 平均浓度与 2013 年相比降幅均在 60%以上，重污染天数均大幅减少。其中北京降幅最大，为 66.5%，三地 $PM_{2.5}$ 年均浓度均进入 "30+" 阶段。2013 年，根据环境保护部发布的京津冀、长江三角洲、珠江三角洲 74 个城市空气质量状况，河北省 7 个城市名列中国空气最差十城；十年后的 2023 年，同一份报告中，京津冀区域不仅无城市上榜，河北张家口还入选全国空气质量最佳前十名单，北京入选最佳前二十。从森林覆盖率来看，2021 年京津冀森林面积达 1.1 亿亩②，区域森林覆盖率达 35.5%，比 2013年提高 11.8 个百分点。2022 年，北京新增造林绿化面积 15.3 万亩、城市绿地240 公顷，森林覆盖率达 44.8%；河北完成营造林 42.45 万公顷，超额完成目标任务，森林覆盖率进一步提高至 35.6%。三地单位 GDP 碳排放强度持续下降，京津冀地区单位 GDP 碳排放强度从 2013 年的 1.60 吨/万元下降至 2021 年的1.16 吨/万元，降幅达 27.5%，北京、天津和河北三地降幅分别为 60.0%、9.1% 和 18.9%，北京单位 GDP 碳排放强度降幅明显，是全国唯一连续 15 年"超额完成" 国家下达节能目标任务的省级行政区③。尽管当前各种环境保护措施取得了一定成效，但京津冀地区的大气污染问题依然存在，治理任务依然艰巨，仍需要持续努力和跨部门、跨地区的合作，以实现可持续发展和改善居

---

① https://www.sohu.com/a/734888069_120179484。

② 1 亩≈666.7 平方米。

③ 资料来源：北京、天津、河北 2022 年国民经济和社会发展统计公报。

民的生活质量的目标。

4.3.2.2 长江三角洲城市群发展现状

作为我国的重要枢纽，长江三角洲城市群位于"一带一路"与长江经济带的交会地段，是我国经济最具活力、经济集聚程度最高、人口密度最大的区域之一。长江三角洲城市群以上海为中心，由沿长江经济带和杭州湾经济带构成，涵盖了上海市、南京市、无锡市、常州市、苏州市、南通市、盐城市、扬州市、镇江市、泰州市、杭州市、宁波市、温州、嘉兴市、湖州市、绍兴市、金华市、舟山市、台州市、合肥市、芜湖市、马鞍山市、铜陵市、安庆市、滁州市、池州市和宣城市等26个城市。长江三角洲城市群毗邻东海，长江和钱塘江是长江三角洲城市群最重要的河流，它们穿越城市群并注入东海。长江是中国最长的河流，它带来了丰富的水资源和良好的交通条件，对城市群的发展起到了重要作用。长江三角洲地区地势相对平坦，大部分地区的海拔在10米以下，地势较低。河流和湖泊纵横交错，形成了广阔的湿地和水网，为农业、渔业和水资源的利用提供了条件。

长江三角洲城市群是中国经济最为发达的地区之一，也是中国最重要的经济增长极之一。该地区以制造业、金融业、信息技术、生物医药、物流和服务业等为支柱产业，拥有丰富的人力资源和优越的地理位置。2018年长江三角洲区域一体化发展上升为国家战略，至2022年，长江三角洲经济发展持续发挥引领作用，取得了斐然成绩，成为全国经济稳增长的"压舱石"。2018~2022年，长江三角洲地区的三省一市GDP年均增速约为5.5%（略高于同期全国平均增速5.2%），占全国GDP的比例基本保持在24%，呈稳定发展态势。长江三角洲城市群GDP过万亿的城市从2018年的6个提升到2022年的8个，占全国万亿城市的三分之一。2022年，长江三角洲城市群GDP十强城市依次为：上海、苏州、杭州、南京、宁波、无锡、南通、合肥、常州、温州。其中，首位的上海市是长江三角洲城市群的核心和最大的城市，也是中国的经济中心之一。上海作为全球金融、贸易和航运中心，吸引了大量国内外企业投资和设立总部。该市的浦东新区更是国际金融中心和自由贸易试验区，是长江三角洲城市群的发展引擎之一。2022年，长江三角洲城市群的外贸规模创下新高，进出口额达15.1万亿元，同比增长7%，占全国进出口总值的35.8%。其中，上海口岸的进出口总额达4.2万亿元，占全球的比例提高到约3.6%，稳坐全球贸易总额头号城市交椅。江苏省和浙江省是长江三角洲城市群的两个重要组成部分。江苏省的南京、苏州、无锡等城市在制造业、汽车制造、电子信息等领域具有竞争力。浙江省的杭州作为中国的电子商务中心，吸引了阿里巴巴等众多知名互联网企业在此发展和壮大。

长江三角洲城市群的发展得益于其优越的交通和基础设施条件，该地区交通发达，有世界级的港口和机场，形成了便捷的水陆空交通网络。此外，该地区还拥有高水平的教育和科研机构，培养了大量的高素质人才，推动了创新和科技发展。

绿色发展是长江三角洲一体化发展的重要主题之一。近年来长江三角洲生态环境质量显著提升。长江三角洲区域内协同推进太湖流域的水环境综合治理，共抓长江大保护，加大长江船舶和港口污染治理。2022 年，长江三角洲 594 个地表水国控断面水质优良（Ⅰ~Ⅲ类）水体比例达到 89.4%，全面消除劣 Ⅴ 类断面。在大气污染治理方面，2022 年长江三角洲 41 个城市 $PM_{2.5}$ 浓度为 31 微克/米^3，较 2018 年下降 26.2%[①]。当前长江三角洲城市群谋求更高质量发展仍面临着许多深层次问题，如生态质量、创新能力、竞争力水平以及城市群经济密度等城市发展要素亟待提升，因此探究其经济集聚与碳强度的关系对碳减排目标的实现具有重大意义。

4.3.2.3 珠江三角洲城市群发展现状

珠江三角洲城市群是中国华南地区的一个重要城市群，是亚太经济最具活力的地区之一，是中国参与经济全球化的主体区域，毗邻港澳，包括了广州市、佛山市、深圳市、珠海市、惠州市、中山市、江门市、东莞市、肇庆市，又因为与东南亚隔海相望，海陆交通发达，被称为中国的"南大门"。珠江三角洲城市群是中国经济最为发达和开放的地区之一，拥有强大的经济实力和创新能力。该地区以制造业、电子信息、金融、物流和现代服务业为主导产业，吸引了大量的国内外投资和人才。

珠江三角洲城市群是改革开放以来广东实现经济腾飞的策源地，也是新时代新征程上引领带动广东发展的重要引擎。随着"一核一带一区"建设深入推进，珠江三角洲核心区持续提升发展能级，2021 年珠江三角洲城市群 GDP 突破 10 万亿元，比 2016 年增加 3.24 万亿元，相当于再造一个深圳，"万亿俱乐部"城市从 2 个增至 4 个。其中，2022 年，深圳经济总量位居广东省第一，达到 32 387.68 亿元，广州为 28 839 亿元，位居第二，第三位是佛山，GDP 为 12 698.39 亿元，随后是东莞（11 200.32 亿元）、惠州（5 401.24 亿元）、珠海（4 045.45 亿元）、江门（3 773.41 亿元）、中山（3 631.28 亿元）和肇庆（2 705.5 亿元）。广州是该地区的政治、经济和文化中心，深圳则以其高新技术产业和创新创业环境闻名。而且，珠江三角洲城市群在科技创新和高新技术产业方面具有显著优势。深圳被誉为中国的科技创新中心，拥有众多的高科技企业和研发机构。该地区重视

---

① https://baijiahao.baidu.com/s? id=1780826050137785077&wfr=spider&for=pc。

科技创新和人才引进，积极打造创新生态系统，推动经济转型升级。如今，创新日益成为珠江三角洲高质量发展的动力源。数据显示，2021 年珠江三角洲城市群九市研发支出超 3600 亿元，研发投入强度达 3.7%，国家高新技术企业达到5.7 万家，专利授权量达到 78 万件，其中发明专利授权量超过 10 万件①。世界知识产权组织（WIPO）发布的全球创新指数报告显示，深圳—香港—广州创新集群连续两年居全球第二。同时珠江三角洲城市群在对外开放方面具有重要地位，深圳和珠海设有特殊经济区与自由贸易区，成为外资和跨国企业的重要投资目的地。该地区的港口和机场也发挥着重要的国际物流与贸易枢纽的作用。珠江三角洲城市群注重城市之间的协同发展和合作，政府部门和企业加强合作，推动交通一体化、产业协同和资源共享。例如，珠江三角洲城市群的城际铁路和高速公路网络发达，方便了人员流动和物流运输。

但珠江三角洲城市群快速的城镇化、工业化进程，以及经济的快速发展也加剧了环境污染，给珠江三角洲带来了较大的环境压力。区域内大城市如广州、深圳和珠海等，由于工业活动、交通运输和能源消耗等原因，常常受到严重的大气污染影响。其中，空气中的颗粒物、二氧化氮和臭氧等污染物浓度较高，给居民健康带来潜在风险；而且珠江三角洲地区的气候条件对于空气污染的影响机制较为复杂，尽管气候条件有利于污染物的扩散和稀释，但特定的气象条件、气象逆转和季节性污染等因素可能会对空气质量产生不利影响。因此，加强环境治理和生态保护、推动可持续发展成为当前亟待解决的问题。同时也需要注意的是，尽管该地区在制造业等传统产业上具有竞争力，但需要进一步加强产业结构的升级和转型。发展新兴产业和高技术产业，提升产业附加值和创新能力，是实现可持续发展的关键。

4.3.2.4 长江中游城市群发展现状

长江中游城市群是指位于中国长江中游地区的一组城市，以武汉、长沙、南昌为三大中心城市，包含武汉城市圈、环长株潭城市群、环鄱阳湖城市群三个次级城市群，是中国面积最大的城市群，其规划范围包括武汉市、黄冈市、孝感市、黄石市、荆州市、荆门市、鄂州市、咸宁市、岳阳市、九江市、襄阳市、宜昌市、长沙市、株洲市、湘潭市、益阳市、常德市、衡阳市、娄底市、南昌市、景德镇市、鹰潭市、新余市、宜春市、萍乡市、上饶市、抚州市和吉安市。该城市群地理位置优越，毗邻长江，形成了"京九京广通南北，黄金水道和沪昆高速穿东西"的"井"字型交通网络，形成了大交通网络格局，促进了地区要素流

---

① https://hmo.gd.gov.cn/gdfzcj/content/post_3916304.html。

动。该城市群拥有丰富的资源和重要的交通枢纽，是中国经济发展和区域合作的重要区域，在中国区域发展格局中占有重要地位。长江是中国内河水运的主要干线，其流经长江中游城市群区域，为城市群提供了重要的交通和物流通道，促进了区域经济的发展。长江中游城市群地区拥有丰富的自然资源，包括矿产资源、水力资源和农业资源等，这些资源为区域的经济发展提供了重要支撑。

2021 年，长江中游城市群面积约为 32.6 万平方公里，占全国国土面积的3.4%，是长江三角洲的 1.5 倍，珠江三角洲的 6 倍。该区域常住人口约 1.1 亿人，占全国总人口的 7.9%，而且拥有湘江新区、赣江新区及武汉东湖等国家级高新技术产业开发区、经济技术开发区、新型工业化产业示范基地，2021 年该地区经济总量达 9.7 万亿元，约占全国经济总量的 8.5%，其中武汉、长沙均已迈入"万亿俱乐部"，是中国最具活力的地区之一。[①]

随着国家推动区域发展，以及区域总体战略的深入实施，长江中游城市群的潜力得到充分发挥的同时，环境问题也随之产生。由于长江中游城市群富集了石化产业和水泥产业，导致大气污染排放量巨大，湖北、湖南省会的空气质量在全国大中城市中排名均靠后，对城市发展、周边环境和人们的生活造成了严重影响。长江中游城市群的大气污染存在连片性、外溢性和重叠性，且这些问题随着现代化以及城镇化进程的加快愈演愈烈，形成了多重空间关联效应，使得区域环境污染问题较为突出。从长远来看，推动长江经济带高质量发展，根本上依赖于长江流域高质量的生态环境，因此要持续加强生态环境的综合治理，从源头上降低污染物排放，实现经济高质量发展。

4.3.2.5　成渝城市群发展现状

成渝城市群是指中国西南地区的重庆市和成都市及其周边地区组成的城市聚集区，拥有西部地区最高的发展水平，具有较大发展潜力，主要包括重庆市、成都市、宜宾市、南充市、绵阳市、乐山市、德阳市、眉山市、泸州市、遂宁市、内江市、自贡市、广安市、资阳市、雅安市和达州市等。从地理位置上看，成渝城市群地处西南地区，属亚热带季风气候，5～8 月温度高，下雨频繁，冬季则温和少雨。重庆市、成都市、绵阳市、宜宾市、雅安市和资阳市等市，是国家推进城镇化的重要示范区。成渝城市群是中国西部区域中经济基础最好、人口密度最高的区域之一，其土地面积约 18.5 万平方公里，占全国国土面积的 1.9%。交通方面，成渝地区作为中国西南地区的交通枢纽，具有显著的交通优势。该地区拥有密集的公路网，包括高速公路和国道，同时高铁网络覆盖广泛，连接全国

---

① https://m.thepaper.cn/baijiahao_20238905。

各地。

2022 年成渝地区双城经济圈 GDP 为 77 587.99 亿元，其中第一产业增加值 6 469.55 亿元，比上年增长 4.2%，高于全国平均水平 0.1 个百分点；第二产业增加值 29 890.58 亿元，比上年增长 3.8%，与全国持平；第三产业增加值 41 227.86 亿元，比上年增长 2.2%。三次产业结构为 8.3∶38.5∶53.2，第二产业占比较上年提高 0.3 个百分点，第三产业占比高于全国平均水平 0.4 个百分点。[①] 重庆和成都是中国西部国家级特大中心城市，区位优势突出，战略地位重要，且位于"一带一路"和长江经济带交会处，是西部陆海新通道的起点，是西部大开发的战略支点，具有连接西南西北，沟通东亚与东南亚、南亚的独特优势。此外，成渝地区的航空交通也较发达，成都和重庆都设有国际与国内航班，方便人员和货物的快速运输，推动了成渝地区的经济发展。

成渝城市群作为西部新发展重点，是潜在的碳排放快速增长区，然而快速城镇化进程加大了对资源能源的消耗，导致成渝城市群面临生态退化、资源过度消耗、污染严重等问题。成渝城市群工业中传统资源型工业和重化工业占比较大，偏向重工业的工业结构仍未改变，传统产业转型升级任务艰巨，且明显的空间关联性是成渝城市群碳排放具有的特征之一，在此基础上其形态还呈现复杂的网络结构，这都对成渝地区生态环境造成极大的负面影响。成渝地区拥有丰富的资源、强大的生产能力、强劲的发展势头，是西部经济发展、社会发展、生态发展的重点区域。因此，促进成渝城市群低碳发展，不仅是中国经济发展的要求，也是资源和环境保护的必然选择。

4.3.2.6 中原城市群发展现状

中原城市群位于中国中部的黄河中游地区，以河南省郑州市、开封市、洛阳市、平顶山市、新乡市、焦作市、许昌市、漯河市、济源市、鹤壁市、商丘市、周口市和山西省晋城市、安徽省亳州市为核心发展区，还包括南阳市、安阳市、信阳市、驻马店市、濮阳市、三门峡市、邯郸市、邢台市、长治市、运城市、宿州市、淮北市、阜阳市、蚌埠市、聊城市、菏泽市，是继珠江三角洲、长江三角洲、京津冀等城市群之后国务院批复的第七个国家级城市群，"十四五"期间又推进融入了山西省阳城县。中原城市群地理上处于中国中部的黄河中游地区，东邻华东地区和长江流域，西接西北地区，南接江南地区，北临华北平原，它是连接华东、西北和华北地区的重要枢纽地带。中原城市群地处黄河流域，黄河是中国第二长河，被誉为中国的母亲河。黄河为中原城市群提供了丰富的水资源，支

---

① 资料来源：《2022 年成渝地区双城经济圈经济发展监测报告》。

持农业和工业发展，并对城市群的经济、文化和历史发展产生了深远影响。中原城市群地势相对平坦，地形以平原为主，包括黄河平原、豫北平原和豫东南山地等地貌类型。平原地区土壤肥沃，适宜农业发展，是中国重要的粮食产区之一，主要农作物包括小麦、玉米、棉花、大豆等。中原城市群拥有丰富的自然资源，包括煤炭、铁矿石、铝土矿等矿产资源，为工业发展提供了重要的能源基础。此外，该地区还拥有丰富的文化旅游资源。同时中原城市群也是中国重要的工业基地之一，工业发展相对发达。该地区具备丰富的煤炭和矿产资源，支撑了能源、冶金、化工等传统重工业的发展。中原城市群也积极推动产业升级和高新技术产业的发展，特别是汽车制造、装备制造、电子信息等领域。

2022 年中原城市群实现生产总值 93 409 亿元，占全国的比例为 7.7%；一般公共预算收入达 6860 亿元，比 2015 年增长 60%，占全国比例提高到 3.4%；社会消费品零售总额达 38 010 亿元，比 2015 年增长 57.2%，占全国比例提高到 8.6%。"十三五"以来，中原城市群持续巩固加强第一产业、优化升级第二产业、积极发展第三产业，产业结构在调整中不断优化，产业结构实现了由"二三一"向"三二一"的历史性转变，各产业占比在 2022 年升级到 10.0：42.3：47.7，经济增长由主要依靠第二产业带动转向依靠第二、第三产业共同拉动，呈现三次产业协同发展新格局。中原城市群位于陆桥通道与京广通道交会区域，随着交通基础设施的大力建设，该城市群形成了以郑州为中心，以高速铁路、高速公路和城际铁路为纽带的交通网，有 9 个城市已经形成了半小时和一小时交通圈，这增强了中原城市群的区域经济竞争力。①

虽然广阔的地域和丰富的资源为中原城市群的发展提供了坚实的基础，但该城市群仍然面临一些问题和挑战，最突出的是城市群人口众多但土地资源相对有限。随着城镇化进程的加快，土地供需矛盾日益突出，土地利用效率和城市扩张面临挑战。同时工业发展和城镇化进程也带来了环境污染与生态破坏问题，特别是水资源污染和土壤污染。保护生态环境和可持续发展是中原城市群面临的重要任务。而且中原城市群的经济结构仍然依赖传统的农业和重工业，现代服务业和高技术产业发展相对滞后，经济结构转型和产业升级是中原城市群发展的重要课题。对于我国东部地区的产业转移，中原城市群是重要的核心承接地；对于西部资源的输出，该区域也是重要枢纽；作为辐射带动中西部地区共同发展的核心增长极，中原城市群同时也在担负着引领中部崛起的责任。因此有必要推动中原城市群发展，加速推动中部地区崛起，开拓我国经济发展新空间，实现中原城市群可持续发展。

---

① https://sz.100bly.cn/show/id/a1698131589535.html。

4.3.3　中国城市群碳排放现状

　　城市群是经济集聚度较高的区域，通过激发区域活力，进一步带动、辐射周边发展，可使区域经济集聚成为我国经济持续有力增长的支撑，但城市群同时也是能源消费和碳排放最突出的地区。目前，发展比较成熟的长江三角洲、珠江三角洲、京津冀等城市群的污染水平明显高于全国平均水平。根据我国目前布局的19个城市群范围以及数据可获得性，本章收集了北部湾城市群、成渝城市群、滇中城市群等19个城市群2006～2019年的碳排放量数据，分别从时间和空间角度分析这19个城市群碳排放量的特征。图4-6展示了2007～2019年19个城市群碳排放量及其增长率随时间变化的趋势，除了兰西城市群之外，其他18个城市群在2007～2019年碳排放量整体呈现上升趋势。

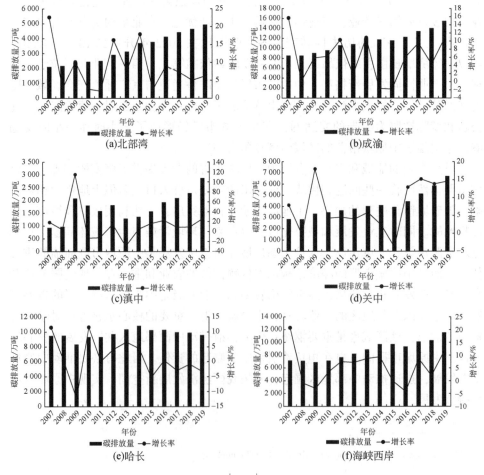

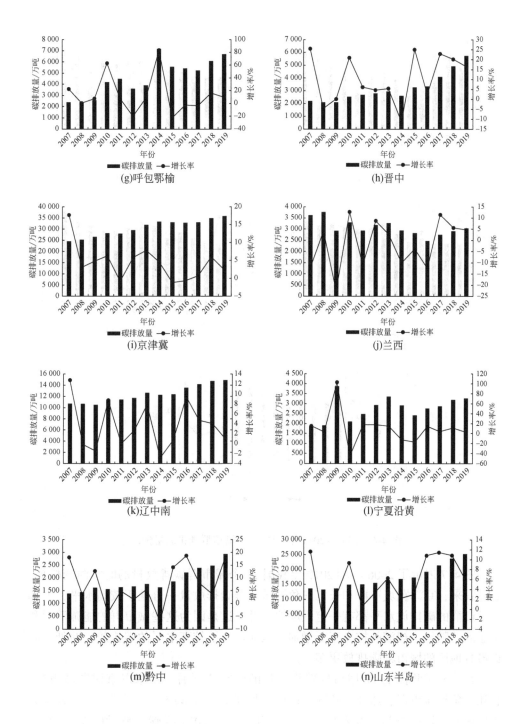

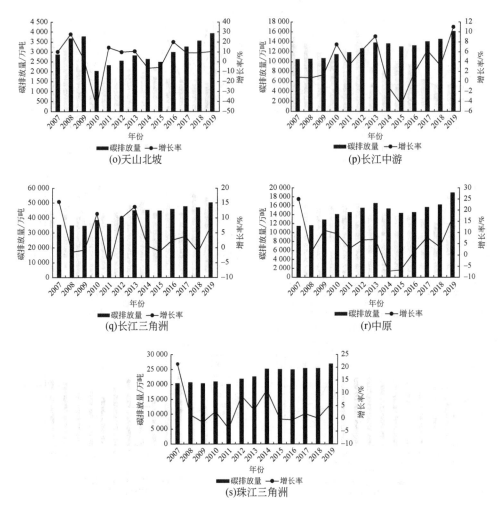

图 4-6　2007～2019 年中国 19 个城市群碳排放量情况

　　图 4-7 展示了 2006 年和 2019 年我国 19 个城市群碳排放量的时空演变格局。总体看来，京津冀城市群和长江三角洲城市群碳排放量一直处于较高水平，大部分城市群的碳排放水平都有一定程度的上升。这是因为这些城市群的能源消耗和工业活动随经济规模的扩大不断增加，从而带来了较高水平的碳排放。此外，靠近沿海地区的城市群碳排放更多。

　　在分析了我国 19 个城市群碳排放量的时空特征后，本章以京津冀城市群、长江三角洲城市群、珠江三角洲城市群、长江中游城市群、中原城市群和成渝城市群这六大城市群为研究对象，分析了其 2005～2019 年碳排放量的变化趋势，

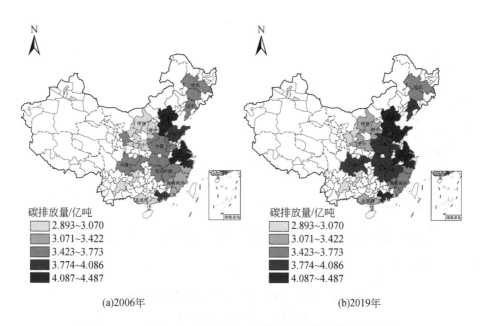

图 4-7　2006 年和 2019 年中国 19 个城市群碳排放量的空间分布

如图 4-8 所示。总体看来，长江三角洲城市群、京津冀城市群和中原城市群的碳排放量远高于其他三个城市群。2005～2019 年，长江三角洲城市群的碳排放量一直呈上升趋势，但自 2011 年以来，其增长速度开始逐年下降。随着长江三角洲地区的经济发展进入新常态，其经济增长速度明显下降，通过加强产业结构调整和转变经济增长方式，碳排放增长速度也明显放缓。2005～2014 年，中原城市群的碳排放量呈现出明显的上升趋势，在 2015 年碳排放量有所减少，随后趋于稳定。京津冀城市群和长江中游城市群显示出类似的趋势，2005～2011 年碳排放量呈现明显的上升趋势，并在之后几年逐渐趋于稳定。成渝城市群和珠江三角洲城市群的碳排放量相对最小，2005～2019 年的变化幅度也很小。其中最特别的是，作为中国人口密度最高的城市群之一，珠江三角洲的经济规模和人口规模仍在逐年扩张，但碳排放基本保持平稳。这与珠江三角洲地区一直在推进绿色低碳城市建设有密切关系，包括城市绿色低碳产业体系、绿色低碳意识、可持续城市发展模式、节能城市建设和科学合理的城市规划等，这使深圳做到了经济总量超过 2 万亿元的同时，能源消耗与碳排放强度保持在中国大中城市的最低水平。因此，与其他城市群相比，珠江三角洲城市群的碳排放总量一直处于较低水平。

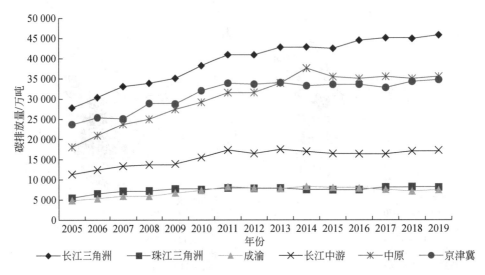

图 4-8　2005～2019 年六大城市群的碳排放量

资料来源：《中国能源统计年鉴》

4.4　本章小结

　　本章在分析中国城镇化发展现状时，主要对城镇发展情况、城镇人口变化、城镇结构的空间特征进行分析。从人口迁移角度来看，自 2009 年城镇化兴起以来，中国城镇吸引了大量农村剩余劳动力，人口向城镇转移，使城镇产出增加，居民收入和消费水平提升，城镇化进程持续推进。从空间角度来看，伴随着城镇化的推进，中国不同城市群逐渐形成完整的网络型的城镇化经济体系，对经济发展有显著的积极影响。然而，受城镇人口逐渐饱和、人口增速放缓等因素的影响，从 2015 年起中国的城镇化增速逐年下降，城镇化动力明显不足。要充分发挥城市群经济对周边地区的带动作用以及各城市群内部城市的协同作用，就要加快城镇化进程，优化城镇化空间布局，合理规划城市组织结构。

　　在分析中国碳排放现状时，本章分别选择了中国 30 个省（自治区、直辖市）和 19 个城市群作为研究对象，分析中国城市的碳排放空间布局和各城市群的碳排放时空分布。从省域层面分析来看，中国 30 个省份的碳排放量在空间上有东高西低、北高南低的特点。从城市群层面分析来看，中国 19 个城市群碳排放量大部分在时间上整体呈上升趋势，在空间上可能与经济发展水平正相关。此外，本章还选择六个城市群为研究对象，分析各城市群的经济发展现状和碳排放现状，结合经济发展潜力、产业结构、地理环境、资源构成等因素进行分析。在

"十三五"规划阶段,六大城市群的经济发展得到了更多的政策支持和资金投入,出现了经济快速增长、产业结构升级、区域协同增效加大等现象,而快速的发展也导致环境问题越发严峻。随着"十四五"规划的提出,发展壮大城市群和都市圈、推动城市群一体化发展成为中国发展的必然趋势。由于碳排放存在明显的城市群集聚特征,因此城市群是实现可持续发展、推动节能减排的重要抓手,应该根据各城市群的实际情况有针对性地提出发展建议,促进各城市群经济高质量发展。

第5章 | 城镇化发展对碳排放的影响

城镇化是一种从农村到城市的社会经济能力的动态变迁过程。过去10年，中国的城镇化年均增长率保持在1.37%左右。城镇化的快速发展可能是导致中国碳排放增加的主要原因之一。此外，中国是一个地域差异巨大的大国，不同地区的城镇化水平和发展质量差异较大。因此，基于城镇化区域差异和质量差异视角研究中国城镇化与二氧化碳排放的关系，并提出有效的减排措施是实现减排目标的关键。

5.1 城镇化区域差异对碳排放的影响

5.1.1 模型构建

本节以二氧化碳排放量来衡量环境影响，以人均国内生产总值来衡量富裕程度，以人口数量来衡量人口的规模，用能源消耗量除以国内生产总值表示能源强度。由于能源强度代表单位 GDP 所产生的能耗，可以通过该指标考察技术因素对碳排放的影响，技术水平的提升会促进能源强度的降低。为了全面观察其他社会经济变量对不同地区 CO_2 排放的影响，我们结合城镇化水平和产业结构，扩展了 STIRPAT 模型。产业结构以工业部门增加值占国内生产总值的比例（IND）和第三产业增加值占国内生产总值的比例（TI）表示。

基于上述分析，本节的标准模型如下：

$$\ln I_{it} = a_0 + a_1 \ln P_{it} + a_2 \ln A_{it} + a_3 \ln EI_{it} + a_4 \ln URB_{it} + a_5 \ln IND_{it} + a_6 \ln TI_{it} + e_{it} \quad (5\text{-}1)$$

其中，I 代表二氧化碳排放量，用来衡量环境影响；A 代表人均 GDP，用于衡量富裕程度；P 代表人口数量；EI 代表能源强度，用能源消耗除以 GDP 来衡量；URB 代表城镇化水平。

5.1.2 不同城镇化区域的碳排放的影响因素分析

5.1.2.1 区域划分

根据城镇化水平和二氧化碳排放量,我们将中国 30 个省份划分为 4 个区域。四个区域分别是高城镇化高排放区(HU-HC)、高城镇化低排放区(HU-LC)、低城镇化高排放区(LU-HC)和低城镇化低排放区(LU-LC)(图 5-1)。HU-HC区域包括山东、辽宁、江苏、内蒙古、广东、浙江、湖北和黑龙江,HU-LC 区域包括北京、上海、天津、吉林、福建、重庆和海南,LU-HC 区域包括河北、河南、山西、安徽、湖南、四川、陕西和新疆,LU-LC 区域包括江西、广西、贵州、云南、甘肃、青海和宁夏。

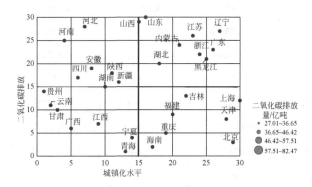

图 5-1 城镇化水平和二氧化碳排放的区域划分结果

5.1.2.2 单位根检验

面板数据模型要求数据序列是平稳的,主要是为了确保模型的准确性和可靠性。平稳性是指数据序列的均值和方差在时间上是恒定的,不随时间推进而出现显著的数值波动或呈现明显的时间趋势。在实际应用中,通常会对数据进行平稳性检验,如单位根检验,以确保数据序列的平稳性。常见检验方法包括 LLC(Levin-Lin-Chu)检验、IPS(Im-Pesaran-Shin)检验、Fisher-ADF 和 Fisher-PP等。如果数据序列不是平稳的,可以采取差分等其他转换方法将数据序列转化为平稳序列,以满足面板数据模型的要求。LLC 单位根检验是基于 Lagrange 乘子统计量的检验方法,通常用于检验时间序列数据的平稳性。IPS 检验方法基于自回归模型,并通过比较统计量和临界值来判断序列的平稳性。Fisher-PP 单位根检验的基本原理是建立一个自回归模型,并通过计算统计量来检验序列单位根的存在性。该方法考虑了序列中的异方差性，并通过对标准误差进行调整，提高检验的效率和准确性。

　　本节分别对高城镇化高排放区（HU-HC）、高城镇化低排放区（HU-LC）、低城镇化高排放区（LU-HC）和低城镇化低排放区（LU-LC）的七个自变量及因变量进行单位根检验，结果参见表5-1~表5-4。如表所示，各个变量在一阶差分前不完全平稳，但是经过一阶差分后，存在单位根的原假设均被显著拒绝，所以HU-LC、HU-HC、LU-LC、LU-HC区域各变量均同阶平稳。

表 5-1　HU-HC 地区的单位根检验

单位根检验	变量	LLC	IPS	Fish-ADF	Fish-PP
Levels	I	−4.09612***	−0.20856	17.6360	10.6877
	P	1.01990	2.52213	9.98618	5.21957
	A	−3.42243	0.69343	28.2576	0.16416
	EI	−1.73809	1.85867	10.9983	10.4191
	UEB	1.97499	5.84617	1.72746	3.15163
	IND	2.52192	3.53985	6.62155	3.93371
	TI	3.71194	5.31967	4.16690	3.32538
First difference	I	−4.66363***	−4.32888***	46.1666***	47.2980***
	P	−0.95168***	−0.91686***	24.1427***	20.4565***
	A	−1.15601***	−1.74245***	24.1299***	23.8289***
	EI	−5.59398***	−5.89722***	62.6872***	71.3605***
	UEB	−8.21352***	−7.70439***	83.3099***	91.3992***
	IND	−3.34149***	−3.39075***	38.7929***	34.8013***
	TI	−5.58003***	−4.59486***	49.3786***	43.6895***

　　*表示在置信度水平为10%时显著；**表示在置信度水平为5%时显著；***表示在置信度水平为1%时显著

表 5-2　HU-LC 地区的单位根检验

单位根检验	变量	LLC	IPS	Fish-ADF	Fish-PP
Levels	I	−3.6427	−1.39805	21.9283	10.4841
	P	−0.99117	1.79520	13.7607	5.44073
	A	−2.68051	0.14714	25.3548	0.01517

续表

单位根检验	变量	LLC	IPS	Fish-ADF	Fish-PP
Levels	EI	−3. 87636	1. 43700	15. 8147	15. 9182
	UEB	−1. 19912	−0. 15266	33. 7889 **	7. 45333
	IND	0. 84466	2. 32186	4. 88045	5. 16693
	TI	1. 48578	4. 10869	3. 92567	4. 02947
First difference	I	−5. 53111 ***	−4. 10225 ***	45. 3267 ***	70. 3193 ***
	P	−1. 45542 ***	−0. 58208 ***	17. 7353 ***	17. 3782 ***
	A	−1. 41589 ***	−1. 29767 ***	17. 9204 ***	15. 7084 ***
	EI	−6. 18043 ***	−6. 6883 ***	65. 9286 ***	65. 4633 ***
	UEB	−6. 58327 ***	−8. 29721 ***	83. 0366 ***	85. 3522 ***
	IND	−6. 77908 ***	−5. 45063 ***	55. 6639 ***	71. 6952 ***
	TI	−4. 74079 ***	−6. 36565 ***	63. 0448 ***	57. 6139 ***

* 表示在置信度水平为 10% 时显著； ** 表示在置信度水平为 5% 时显著； *** 表示在置信度水平为 1% 时显著

表 5-3　LU-HC 地区的单位根检验

单位根检验	变量	LLC	IPS	Fish-ADF	Fish-PP
Levels	I	−2. 6761 **	−0. 15793	15. 5795	13. 5179
	P	−0. 0259	1. 17426	8. 10341	8. 63122
	A	5. 03007	7. 24241	6. 61547	0. 00250
	EI	−2. 36614 **	2. 05719	8. 28930	7. 98732
	UEB	2. 92569	6. 15815	2. 37982	1. 59706
	IND	1. 09333	0. 99823	11. 1866	4. 42671
	TI	1. 77316	3. 36685	5. 06580	1. 09646
First difference	I	−5. 18278 ***	−4. 44165 ***	43. 8722 ***	44. 5367 ***
	P	−14. 0733 ***	−9. 77224 ***	80. 4445 ***	73. 7000 ***
	A	−2. 04098 **	−1. 65283 **	21. 5466 **	18. 0946 **
	EI	−5. 19658 ***	−4. 86324 ***	51. 5843 ***	56. 8972 ***
	UEB	−6. 60281 ***	−7. 40299 ***	80. 8557 ***	88. 6177 ***
	IND	−2. 54821 ***	−2. 00685 ***	24. 0364 ***	23. 9978 ***
	TI	−2. 82754 ***	−2. 3394 ***	26. 2287 ***	33. 6306 ***

* 表示在置信度水平为 10% 时显著； ** 表示在置信度水平为 5% 时显著； *** 表示在置信度水平为 1% 时显著

表 5-4　LU-LC 地区的单位根检验

单位根检验	变量	LLC	IPS	Fish-ADF	Fish-PP
Levels	I	−1.19189	2.53361	5.72892	5.76815
	P	−3.16145	−0.42922	17.4094	102.805
	A	−1.15996	1.36122	6.75521	0.00411
	EI	0.59413	1.94445	12.6915	12.8791
	UEB	2.30867	6.50815	0.72211	1.04130
	IND	1.69141	2.90834	7.96050	6.42377
	TI	0.10193	1.94560	6.32702	5.07860
First difference	I	−5.06457***	−4.72297***	48.2909***	46.6470***
	P	−2.73168***	−3.18884***	37.4513***	40.2361***
	A	−2.13018	−0.93947*	14.9512	14.6933*
	EI	−10.5854***	−10.3622***	142.597***	129.298***
	UEB	−7.81505***	−7.07948***	72.7191***	83.1017***
	IND	−4.01273***	−2.6258***	29.0394***	49.9620***
	TI	−6.13236***	−5.51429***	55.2808***	59.3768***

*表示在置信度水平为10%时显著；**表示在置信度水平为5%时显著；***表示在置信度水平为1%时显著

5.1.2.3　协整检验

协整检验的目的是确定两个或多个非平稳时间序列之间是否存在长期稳定的关系。具体而言，它用于检验这些变量是否具有共同的长期趋势，即它们的线性组合是否是平稳的。本节采用了两种协整检验的方法来检验各个变量之间的协整关系：首先是 Pedroni 检验，Pedroni 检验展示出了 7 个统计量，与大多数学者一样，我们主要关注的是面板 ADF 检验；其次是 Kao 检验，Kao 检验对数据序列的平稳性条件要求相对较弱。四个区域的协整检验结果如表 5-5 所示，从中我们可以看出四个区域的变量之间均存在长期的均衡关系，因此我们可以对这些变量进行回归分析，进一步检验回归系数，以确定各因素对碳排放的影响程度。

表 5-5　面板数据协整检验结果

协整检验	HU-HC	HU-LC	LU-HC	LU-LC
Panel v-Statistic	−2.176041	−0.631076	0.025936	−1.855913
Panel rho-Statistic	1.625199	1.921484	1.898402	1.758540
Panel PP-Statistic	−3.412475***	−0.815510**	−3.649326**	−0.812334

续表

协整检验	HU-HC	HU-LC	LU-HC	LU-LC
Panel ADF-Statistic	−3.449344***	−1.729785**	−3.068395**	−1.005282
Group-rho-Statistic	2.959515	2.747671	2.823845	3.220160
Group PP-Statistic	−2.278126	−3.279395***	−6.190796***	0.827965
Group ADF-Statistic	−1.998170	−1.862563*	−3.124931***	0.564359
Kao-ADF	−1.107577	−2.832470***	−1.163276*	−1.12803

*表示在置信度水平为10%时显著；**表示在置信度水平为5%时显著；***表示在置信度水平为1%时显著

5.1.2.4 回归结果分析

在回归模型中，分别对东中西三个区域使用五种不同的方法来估计区域二氧化碳排放的影响因素，包括固定效应模型（Fixed Effects，FE）、广义最小二乘模型（Feasible Generalized Least Squares，FGLS）、面板稳健性标准差模型（The Linear Regression with Panel-Corrected Standard Errors，PCSE）、面板修正误差的线性回归模型（The Linear Regression with Newey-West Standard Errors，N-W）及DK估计模型（Driscoll-Kraay）。

在对模型进行回归之前，首先进行了 Hausman 检验，检验结果证明应拒绝原假设，因此选取固定效应模型（FE）。其次，采用修正 Wald 检验进行异质性检验（Heteroskedasticity Test，HT），采用 Wooldridge 检验进行自相关检验（Autocorrelation Test，AT），并采用 Pesaran's CD Test 进行横截面相关性检验（Cross-sectional Independence）。同时，还对模型进行了 FGLS 和 PCSE 估计，并通过比较时间维度 T 和截面维度 N 的大小以确定所用的估计。当时间维度 T 大于截面维度 N 时，标准误会低估真实的可变性，应采用 FGLS 估计；当截面维度 N 大于时间维度 T 时，应采用 PCSE 估计。随后通过一致性和自相关性以确定 Newey-West（N-W）估计与 DK 估计。如果同时存在异质性和自相关，可以采用 N-W 模型，如果存在横截面相关性则可以采用 DK 估计。本节使用 FE、FGLS、PCSE、N-W 和 DK 方法对 HU-HC、HU-LC、LU-HC 和 LU-LC 区域二氧化碳排放的影响进行估计，这些方法生成了 20 个模型。在 Hausman 检验的基础上，采用 FE 估计方法，根据修正 Wald 检验和 Wooldridge 检验的结果，模型 1、模型 6、模型 11 与模型 16 存在异方差和自相关，采用 N-W 模型来克服，因此，我们重点关注模型 5、模型 9、模型 15 和模型 19。

HU-HC、HU-LC、LU-HC 和 LU-LC 四个区域回归结果如表 5-6 ～ 表 5-9 所示。人口因素在 HU-HC、HU-LC、LU-HC 三个区域对二氧化碳的排放量存在着显著的影响，其弹性系数分别是 1.097、0.934、0.847。根据弹性系数大小可以看出同样是高城镇化区域，高碳排放地区二氧化碳排放量对人口因素更加敏感。同理，同为高碳排放区域，城镇化程度越高的区域的二氧化碳排放量对人口因素更加敏感。而在 LU-LC 区域，人口因素对二氧化碳排放量的影响并不显著。人均 GDP 与人口因素类似，在 HU-HC、HU-LC、LU-HC 三个区域对二氧化碳的排放量存在着显著的影响，其弹性系数分别是 1.183、1.876、0.678。而在 LU-LC 区域，人均 GDP 对二氧化碳排放量的影响并不显著。在人均 GDP 存在显著影响区域，城镇化水平越高，人均 GDP 对二氧化碳排放量的边际影响越大。同为高城镇化水平区域，人均 GDP 对二氧化碳的排放量边际影响随着碳排放量上升而下降。能源强度在 HU-HC、HU-LC、LU-HC 三个区域对二氧化碳的排放量存在着显著的影响，在 LU-LC 区域对二氧化碳排放量的影响并不显著。四个区域的弹性系数分别为 1.422、2.074、1.099、−0.640。能源强度对二氧化碳的排放量的边际影响在 HU-LC 最强。产业结构指标中工业部门增加值占国内生产总值的比例（IND）和第三产业增加值占国内生产总值的比例（TI）在 HU-HC、HU-LC、LU-HC、LU-LC 四个区域对二氧化碳的排放量存在着较为显著的影响。总体而言，在高城镇化区域有着更加显著的影响。城镇化水平（URB）在 HU-HC、HU-LC、LU-HC、LU-LC 四个区域都存在着较为显著的影响，弹性系数分别为 0.322、−0.851、1.071、0.962。这意味着只在高城镇化低碳排放区域城镇化水平的提高对二氧化碳减排有促进作用。从另外三个区域弹性系数可以看出，低城镇化区域城镇化水平的提高所带来的二氧化碳排放量增加效应更加明显。

表5-6　HU-HC 地区的回归结果

变量	(1)FE	(2)FGLS	(3)PCSE	(4)NW	(5)DK
lnP	0.510***	0.597***	0.719***	1.097***	1.097***
	(4.11)	(11.21)	(8.61)	(26.08)	(17.94)
lnA	0.989***	1.059***	1.111***	1.183***	1.183***
	(28.61)	(34.40)	(23.64)	(44.30)	(20.61)
lnEI	1.015***	0.895***	1.039***	1.422***	1.422***
	(17.22)	(17.75)	(13.85)	(37.89)	(16.66)
lnIND	0.367**	0.125	−0.070	−0.676***	−0.676***
	(2.12)	(1.29)	(−0.38)	(−6.21)	(−6.98)
lnURB	0.078	−0.159	−0.086	0.322**	0.322***
	(0.40)	(−1.50)	(−0.45)	(2.53)	(4.88)

续表

变量	(1)FE	(2)FGLS	(3)PCSE	(4)NW	(5)DK
lnTI	0.556**	0.045	−0.120	−0.837***	−0.837***
	(2.34)	(0.37)	(−0.56)	(−6.88)	(−7.86)
Cons	−2.978**	−5.189***	−7.075***	−12.058***	−12.058***
	(−2.35)	(−7.11)	(−5.80)	(−19.88)	(−10.44)
R^2	0.972	—	0.999	—	0.959
Hausman test					
Autocorrelation test	$F(1,7)=701.129^{***}$				
Cross-sectional dependence test	$CD_{stat}=-0.327$				
Heteroskedasticity test	$\chi^2(8)=367.31^{***}$				
Observations	168	168	168	168	168

*表示在置信度水平为 10% 时显著；**表示在置信度水平为 5% 时显著；***表示在置信度水平为 1% 时显著

表5-7　HU-LC 地区的回归结果

变量	FE(6)	FGLS(7)	PCSE(8)	N-W(9)	DK(10)
lnP	0.601***	0.761***	0.590	0.934***	0.934***
	(0.66)	(4.59)	(1.05)	(5.22)	(5.70)
lnA	1.668***	1.434***	2.881***	1.876***	1.876***
	(3.32)	(8.09)	(3.93)	(4.11)	(6.74)
lnEI	2.267***	1.465***	2.694***	2.074***	2.074***
	(5.20)	(8.80)	(3.96)	(3.47)	(5.04)
lnIND	−0.028	0.253	0.004	−0.279*	−0.279**
	(−0.03)	(1.55)	(0.00)	(−1.71)	(−2.15)
lnURB	−0.531	−0.357	−2.331	−0.851	−0.851**
	(−0.45)	(−1.16)	(−1.39)	(−1.64)	(−2.62)
lnTI	1.331	0.055	−0.357	−0.598*	−0.598*
	(0.73)	(0.19)	(−0.24)	(−1.81)	(−1.99)
Cons	−11.505*	−10.841***	−25.542***	−17.893***	−17.893***
	(−1.73)	(−5.05)	(−3.02)	(−2.88)	(−4.61)
R^2	0.414	—	0.937	—	0.650
Hausman test					

变量	FE(6)	FGLS(7)	PCSE(8)	N-W(9)	DK(10)
Autocorrelation test	$F(1, 6) = 695.343^{***}$				
Cross-sectional dependence test	$CD_{stat} = 3.243^{**}$				
Heteroskedasticity test	$\chi^2(7) = 30782.89^{***}$				
Observations	147	147	147	147	147

*表示在置信度水平为 10% 时显著；**表示在置信度水平为 5% 时显著；***表示在置信度水平为 1% 时显著

表 5-8　LU-HC 地区的回归结果

变量	FE(11)	FGLS(12)	PCSE(13)	NW(14)	DK(15)
$\ln P$	1.093***	0.858***	0.786***	0.847***	0.847***
	(5.18)	(21.06)	(11.97)	(19.11)	(34.83)
$\ln A$	1.119***	0.900***	0.905***	0.678***	0.678***
	(14.22)	(15.08)	(9.68)	(8.42)	(6.24)
$\ln EI$	1.132***	0.810***	0.786***	1.099***	1.099***
	(19.29)	(16.66)	(9.95)	(23.19)	(26.28)
$\ln IND$	−0.561***	0.039	0.017	0.514**	0.514**
	(−3.17)	(0.38)	(0.11)	(2.14)	(2.14)
$\ln URB$	0.032	0.244***	0.173	1.071***	1.071**
	(0.16)	(1.59)	(0.72)	(3.24)	(2.17)
$\ln TI$	−0.687***	−0.063	−0.108	0.032	0.032
	(−3.15)	(−0.53)	(−0.63)	(0.09)	(0.08)
Cons	−11.287***	−5.664***	−5.237***	−2.325***	−2.325**
	(−6.54)	(−7.09)	(−4.33)	(−3.57)	(−2.54)
R^2	0.971		0.998		0.916
Hausman test					
Autocorrelation test	$F(1, 7) = 13.196^{***}$				
Cross-sectional dependence test	$CD_{stat} = -0.649$				
Heteroskedasticity test	$\chi^2(8) = 109.76^{***}$				
Observations	168	168	168	168	168

*表示在置信度水平为 10% 时显著；**表示在置信度水平为 5% 时显著；***表示在置信度水平为 1% 时显著

表 5-9 LU-LC 地区的回归结果

变量	FE(16)	FGLS(17)	PCSE(18)	N-W(19)	DK(20)
lnP	10.017***	0.805***	0.483	0.638	0.638
	(4.80)	(5.85)	(0.96)	(1.20)	(1.67)
lnA	-1.169	-0.038***	-1.713	-0.283	-0.283
	(-1.58)	(-0.11)	(-1.49)	(-0.34)	(-0.55)
lnEI	-2.368***	-0.145***	-1.761***	-0.640	-0.640
	(-6.89)	(-0.58)	(-2.71)	(-0.50)	(-0.61)
lnIND	2.774**	1.717***	3.537**	3.652*	3.652*
	(2.60)	(2.80)	(2.18)	(1.68)	(2.04)
lnURB	2.431	1.952**	7.241**	0.962	0.962**
	(1.23)	(2.19)	(2.48)	(1.38)	(2.24)
lnTI	0.164	0.844	-0.451	5.495	5.495*
	(0.09)	(0.92)	(-0.20)	(1.52)	(1.96)
cons	-49.939***	7.956	33.333**	17.067	17.067
	(-2.71)	(1.62)	(2.12)	(0.95)	(1.41)
R^2	0.575	—	0.827	—	0.421
Hausman test					
Autocorrelation test	$F(1, 7)=16.370$***				
Cross-sectional dependence test	$CD_{stat}=-0.295$				
Heteroskedasticity test	$\chi^2(8)=2091.28$***				
Observations	147	147	147	147	147

*表示在置信度水平为10%时显著；**表示在置信度水平为5%时显著；***表示在置信度水平为1%时显著

研究发现，人口增长对三个区域的二氧化碳排放造成了重大影响，尤其是HU-HC 和 HU-LC 地区。主要原因在于，这些地区的城镇化水平较高，经济发展迅速，吸引了大量外来人口来此地谋生，使得当地人口数量高速增长，也带来了巨额的碳排放。实际上，政府已经提出了很多政策以应对爆发式的人口增长，但由于中国庞大的人口基数，人口绝对数的快速增长仍然是二氧化碳减排压力巨大的主要因素之一。

能源强度与三个地区的二氧化碳排放都有显著的正相关关系，尤其是在 HU-HC 和 HU-LC 地区，能源强度对二氧化碳排放的影响远大于其他两个地区。这些地区大部分省份位于中国东部，经济发展水平和城镇化水平较高。提高能源利用相关的技术效率有利于减少碳排放，但事实上，中国能源装备制造水平仍远远落后于国际先进水平，核心技术和先进大型装备高度依赖进口。尽管中国的低碳技术近年来取得了很大的进步，与国外相比，提高能源利用效率的技术进步仍旧相对缓慢。虽然提高技术水平会使二氧化碳排放量略有减少，但这仍然是降低能耗和二氧化碳排放量的重要途径。然而，它对碳排放的抑制效果可能会随着能源使用量的快速增长而减弱，换句话说，它存在能源反弹效应。能源反弹效应是指一项提高能源效率的新技术反而会刺激消费者和生产者使用更多的能源，导致更多的能源消耗而非更少的现象。因此，要实现碳减排目标，单靠提高能耗效率是不够的，还应实施经济发展方式转变、产业结构调整等方面的政策。

此外，我们发现城镇化对不同地区二氧化碳排放的影响不同。城镇化水平与 HU-LC 地区的二氧化碳排放具有显著的负相关关系，表明城镇化抑制了二氧化碳排放。该地区的北京、天津、重庆等地经济水平较高，2015 年该地区平均城镇化率达到 67.19%，高于全国 56.10% 的水平。城市中的人口聚集能够更有效、更大限度地共享公共资源，实现公共资源的合理配置，从而减少碳排放。此外，减排压力加大、环保意识增强、节能研发投入增加等因素，导致二氧化碳排放强度逐步下降。然而，城镇化对 LU-IIC 地区的二氧化碳排放有积极影响，表明城镇化增加了该地区的二氧化碳排放。该地区城镇化程度较低的省份主要集中在西部地区，与东部省份相比，西部地区的城镇化发展处于早期阶段，导致二氧化碳排放量迅速增加。一方面，随着该地区城市人口的迅速增长，城市居民对基础设施的需求呈现持续上升的趋势，这对能源供给和二氧化碳排放产生了直接影响。城市人口增长的基础设施需求包括住宅、商业建筑、交通网络和社会服务设施等方面，而这些设施的建设和运行需要大量的能源支持。为了满足能源需求，更多的化石燃料被消耗，而这些能源的使用往往伴随着巨额的二氧化碳的排放。另一方面，城镇化通过人类活动对碳排放产生了间接影响。城市大面积扩张的模式吸引了大量的农村居民向城镇迁移定居，并逐渐改变了他们的生活方式，即从自产自销转向消费更多商业产品，这增加了间接能源消耗和二氧化碳的排放。

但关于产业结构对二氧化碳排放的影响，回归结果显示，各地区工业占比对二氧化碳排放的影响均具有一定程度上的统计学意义，而第三产业占比对二氧化碳排放的影响在 HU-LC 和 HU-HC 地区属于负向影响，这意味着在高城镇化水平区域，产业结构调整升级在碳减排方面起到了重要的作用。在低城镇化水平区域，尤其是 LU-LC 区域，第三产业比例提升对二氧化碳排放的增加的影响远高于其他因素。目前，中国的产业结构已经由第一、第二产业为主导产业结构逐步转变为以第三产业为主导产业。2013 年第三产业增加值占国内生产总值的

46.1%，首次超过第二产业，2015 年第三产业比例达到 50.2%。综合来看，产业结构调整在所有区域都存在着较为显著的影响，因此，产业结构的调整对二氧化碳排放量的影响不容忽视。

5.2　城镇化质量差异对碳排放的空间影响

5.2.1　城镇化质量对碳排放的影响机制

城镇化包括土地城镇化、人口城镇化、社会城镇化和经济城镇化四个方面。综合分析城镇化的各个方面对二氧化碳排放造成的影响有助于未来低碳城市的建设。城镇化通过改变人类活动方式、产业结构和土地利用布局对环境产生直接或间接的影响。第一，城镇化导致人口从农村地区向城市地区迁移，使得人们的生活方式和行为模式发生改变。城市居民通常偏好市区供应的商品和服务，为了满足日常生活的需要，城市居民会增加对资源的需求。例如，人们更多地依赖汽车、电力和工业生产等资源密集型产品，这直接促使了能源消耗和碳排放的增加。同时集聚效应也显著提高了能源的利用效率，进而影响碳排放。第二，城镇化进程的推进还体现在农业活动向非农活动的转化及产业结构的升级。由于不同产业间固有的碳排放差异，产业结构的动态演变必然会导致碳排放的变化。同时，城市的大规模生产有助于产业集聚，更便于对碳排放的集中控制。第三，城镇化还导致了城市数量的增加和城市面积的不断扩张，这需要大量的土地来支撑。不同土地类型的碳排放存在较大差异，当土地类型发生变化时，可能会使得土地从碳汇转变为碳源，进而影响地区的碳排放。而城市的扩张需要大量的公共基础设施建设，这将导致碳排放快速增加。不过随着城镇化进程的进一步推进，能源消费结构的调整、城市文明的传播及技术水平的提高会促使城镇化对二氧化碳排放产生抑制作用。

以往的研究大多采用人口城镇化率来衡量城镇化水平，即城市人口占总人口的比例。但人口城镇化率只反映了人口从农村向城市的迁移，而城镇化是一个复杂的多维过程，涉及人口集中、生活方式变化、城市地区的经济活动及土地利用变化等方面。通过单一的城镇化指数衡量城镇化对二氧化碳排放的影响并不合理，存在误导政策制定者的可能性。因此，我们的创新点体现在以下两个方面：第一，我们引入城镇化质量来表征城镇化质量水平，指标从城镇化的四个方面综合分析城镇化质量对二氧化碳排放的影响，为保护城市生态环境，促进社会经济与自然资源协调发展，以及建设低碳社会提供了宝贵的参考依据。第二，我国幅员辽阔，地域差异显著，各地区经济发展和城镇化建设存在较大差距。我们采用省级地理加权回归（GWR）模型，分析了城镇化质量及其对二氧化碳排放的影响。本节的逻辑思路框架如图 5-2 所示。

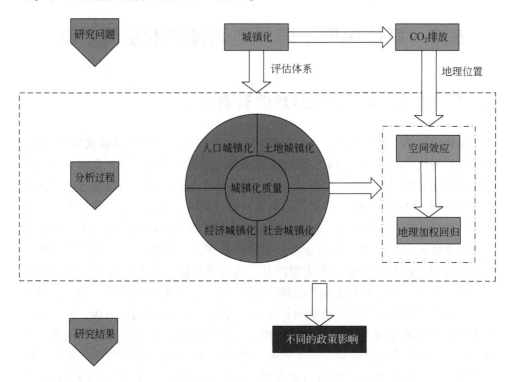

图 5-2　城镇化质量对碳排放的影响机制

5.2.2　数据来源和研究方法

5.2.2.1　城镇化发展质量指标体系的构建

从构成要素出发，城镇化发展质量可从人口城镇化、土地城镇化、经济城镇化和社会城镇化四个方面综合考虑。因此，为了更全面地测算城镇化发展水平，本书参照已有研究成果和数据选取的系统性、有效性与可获取性原则，将城镇化发展质量的四个构成要素作为一级评价指标，分别构建相应的二级评价指标体系，最终构建城镇化发展质量综合评价指标体系（表 5-10）。

表 5-10　城镇化发展质量评价体系

目标层	要素层	指标层	信息熵	权重
城镇化质量	人口城镇化质量	城镇常住人口比例/%	0.9929	0.0231
		城镇人口密度/（人/平方千米）	0.9697	0.0989
		城镇单位二三产业从业人员比例/%	0.9944	0.0184
	土地城镇化质量	建成区面积/平方千米	0.9493	0.1658
		人均建成区面积/（平方米/人）	0.9823	0.0579
		人均拥有城镇道路铺设面积/（平方千米/人）	0.9867	0.0433
	经济城镇化质量	二三产业产值占 GDP 比例/%	0.9995	0.0016
		人均 GDP/元	0.9697	0.0991
		年均 GDP 增长率/%	0.9932	0.0223
		人均社会固定资产投资/元	0.9512	0.1595
	社会城镇化质量	城镇居民人均可支配收入/元	0.9780	0.0720
		人均公园绿地面积/m²	0.9902	0.0319
		社会保障和就业支出占财政支出比例/%	0.9826	0.0570
		每万人拥有卫生技术人员数/人	0.9861	0.0455
		每万人医疗机构床位数/张	0.9865	0.0442
		每万人在校大学生数/人	0.9818	0.0594

5.2.2.2　评价方法

综合评价方法在实践运用中分为主观赋权评价法和客观赋权评价法两种方法。在主观赋权评价法中，决策者依据自己的主观经验作出判断，对各个评价指标按照重要性进行赋权，然后将各指标的得分加权求和，得出最终的评价结果，这种赋权法主观性较强。而客观赋权评价法则是基于数据和分析，使用统计或数学模型以客观的方式来确定评价指标的权重，从而进行综合评价和决策，并不依赖于决策者的主观判断。本节采用熵权法（Entropy Weight Method）来确定城镇化发展质量各项评价指标的权重，这是一种客观赋权评价法。熵权法基于信息熵的概念，通过计算指标的信息熵值来反映指标的重要性和贡献度，从而确定各指标的权重，使质量评价更具客观性。具体步骤如下。

设有 r 个年份，n 个省市，m 个指标，则 $x_{\theta ij}$ 为第 θ 年省份 i 的第 j 个指标。第一，对指标进行标准化处理，指标分为正向指标和负向指标两类，其中正向指标标准化的公式为 $x'_{\theta ij} = x_{\theta ij} / x_{\max}$，而负向指标标准化的公式为 $x'_{\theta ij} = x_{\theta ij\min}$。第二，确定指标权重，公式为 $y_{\theta ij} = x'_{\theta ij} / \sum_{\theta} \sum_{i} x'_{\theta ij}$。第三，计算第 j 项指标的熵值，公式为

$e_j = -k \sum_{\theta}^{r} \sum_{i}^{n} \dfrac{y_{\theta ij}}{\ln(y_{\theta ij})}$，其中 $k>0$，$k = \ln(rn)$。第四，计算第 j 项指标的信息效用

值，公式为 $g_j = 1 - e_j$。第五，计算各指标的权重，公式为 $w_j = g_j / \sum_{j} g_j$。第六，

计算各省份城镇化发展质量综合得分，公式为 $H_{\theta i} = \sum_{j} (w_j x'_{\theta ij})$。

5.2.2.3 空间自相关性检验

在空间计量经济学中，莫兰指数（Moran's I）用于检验区域经济变量间是否存在空间自相关性，它衡量了地理空间上相邻区域之间变量值的相似程度或相关程度，常用来分析地理现象在空间上的聚集或分散程度。其公式表示如下：

$$\text{Moran's I} = \dfrac{\sum_{i=1}^{n} \sum_{j=1}^{n} W_{ij}(y_i - \bar{y})(y_j - \bar{y})}{\dfrac{1}{n} \sum_{i=1}^{n} (y_i - \bar{y})^2 \sum_{i=1}^{n} \sum_{j=1}^{n} W_{ij}} \tag{5-2}$$

式中，W_{ij} 为通过高斯函数计算得到的空间权重函数；y_i、y_j 为 X 在相应空间单元 i 和 j 上的取值；$\bar{y}$ 为 y 的均值；n 为空间单元总数；i 代表所在单元。

Moran's I 系数值范围在 -1 到 1 之间，如果 Moran's I>0 说明区域内存在正的空间自相关性，即高–高集聚或低–低集聚；如果 Moran's I<0 说明存在负的空间自相关性，即高–低集聚；如果 Moran's I=0 说明观测值呈独立的随机分布。

5.2.2.4 地理加权回归模型

由于存在空间自相关性的空间数据无法满足传统回归模型（OLS 模型）残差项独立的假设，因此传统的线性回归模型进行的参数估计不适用于具有空间自相关性的自变量。而地理加权回归（GWR）模型可以将数据的空间位置引入回归参数中，反映参数在不同空间的空间非平稳性，使变量间的关系可以随空间位置的变化而变化，使结果更符合客观实际。地理加权回归模型的表达式如下：

$$y_i = \beta_0(\mu_i, \vartheta_i) + \sum_{k} \beta_k(\mu_i, \vartheta_i) x_{ik} + \varepsilon_i \tag{5-3}$$

式中，y_i 为因变量；x_{ik} 为 $n \times k$ 维解释变量矩阵；β_k 是因素 k 在回归点 i 的回归系数；(μ_i, ϑ_i) 是第 i 个样本空间单元的经纬度坐标；ε_i 为独立同分布的随机误差项。

GWR 模型应用加权最小二乘法（WLS）对每个观测点的回归系数进行估计，加权时一般采用高斯函数构建加权函数，使用信息准则（AIC）法与核密度估计求得带宽，然后进行地理加权回归估计。高斯函数表达式为：

$$w_{ij} = \exp\left(-\left(\dfrac{d_{ij}}{b}\right)^2\right) \tag{5-4}$$

式中，d_{ij} 为样本点 i 和 j 的地理位置距离；b 为带宽。

根据 Brunsdon 方法，b 与 CV 的关系如下：

$$CV = \sum_{i=1}^{n} \left[y_i - \hat{y}_{\neq i}(b) \right]^2 \tag{5-5}$$

式中，$\hat{y}_{\neq i}$ 为 y_i 的拟合值。当 CV 最小时，对应的 b 就是相应的带宽。不同的加权方法会求得不同的带宽，但大多数文献选择 AIC 法作为计算准则，即当 AIC 值最小时，带宽 b 为最佳带宽。

本节选取了 2005 年、2010 年、2015 年、2020 年的数据进行对比研究，对不同年份的 30 个省域的数据建立 GWR 模型，用于建模的 3 个自变量分别为城镇化质量（UDQ）、工业结构（IS）和能源强度（EI），因变量为碳排放量。因此 GWR 模型可以进一步表示为：

$$I_i = \beta_0(\mu_i, v_i) + \beta_1(\mu_i, v_i)(UDQ)_i + \beta_2(\mu_i, v_i)(IS)_i + \beta_3(\mu_i, v_i)(EI)_i + \varepsilon_i \tag{5-6}$$

式中，工业结构由第二产业的 GDP 产值与第三产业的 GDP 产值之比表示，能源强度通过能源消耗量占当年 GDP 总产值的比来计算，即每单位的 GDP 产出所消耗的能源。

由于各个变量的量纲不同，因此对每个数据进行对数化处理，最终得到的模型如下：

$$\ln I_i = a + b(\ln UDQ_i) + c(\ln IS_i) + d(\ln EI_i) + e_i \tag{5-7}$$

式中，I 指的是 30 个省份的碳排放量；UDQ 代表城镇化质量；IS 表示工业结构；EI 表示能源强度；e_i 代表残差项。

5.2.2.5 数据来源

碳排放核算的指标数据来源于 IPCC，能源强度计算使用的指标数据来源于《中国能源统计年鉴》，工业结构及城镇化质量指标体系中的相关指标数据来自《中国统计年鉴》《中国城市建设年鉴》等。本章以中国的 30 个省（自治区、直辖市）作为研究对象，其中西藏和港澳台地区由于数据缺失，不列入研究范围。由于本节是利用 GWR 方法对碳排放影响因素的空间差异进行研究，它是利用截面数据进行分析，因此本节选择 2005 年作为初始研究年份，每五年选取一个横截面进行实证分析，选取了 2005 年、2010 年、2015 年和 2020 年共四年作为研究时间，分别对这四个阶段各省份城镇化发展质量、工业结构和能源强度对碳排放影响因素的空间差异进行分析。

5.2.3 实证结果与讨论

5.2.3.1 城镇化发展质量的时空差异分析

依据上文构建的评价指标体系，采用熵权法确定权重，加权计算各年度各区域的城镇化发展质量的综合得分，得到中国 30 个省份城镇化发展质量的时序变化和空间格局，如表 5-11 所示。

表 5-11 中国城镇化发展质量时空差异

地区	2005 年	2010 年	2015 年	2020 年
北京	0.388 041	0.467 769	0.495 079	0.540 616
天津	0.298 234	0.443 384	0.539 766	0.632 077
河北	0.228 048	0.319 931	0.397 062	0.480 087
山西	0.206 399	0.301 7	0.394 678	0.412 597
内蒙古	0.216 525	0.336 8	0.445 585	0.458 002
辽宁	0.286 965	0.405 926	0.454 729	0.471 803
吉林	0.233 53	0.330 404	0.432 588	0.474 353
黑龙江	0.234 945	0.378 56	0.444 957	0.513 068
上海	0.360 349	0.452 515	0.457 516	0.548 182
江苏	0.288 998	0.419 961	0.539 902	0.640 649
浙江	0.280 397	0.369 675	0.466 238	0.560 69
安徽	0.198 377	0.306 064	0.399 711	0.508 548
福建	0.194 742	0.314 965	0.432 208	0.540 056
江西	0.210 138	0.330 082	0.411 615	0.514 84
山东	0.264 185	0.394 66	0.515 762	0.600 774
河南	0.271 357	0.345 691	0.432 688	0.525 542
湖北	0.216 875	0.325 747	0.435 145	0.519 537
湖南	0.197 97	0.303 902	0.387 931	0.514 175
广东	0.308 101	0.421 535	0.514 091	0.611 799
广西	0.162 122	0.247 769	0.335 776	0.441 427

续表

地区	2005 年	2010 年	2015 年	2020 年
海南	0. 216 748	0. 279 154	0. 347 682	0. 383 838
重庆	0. 185 757	0. 302 036	0. 415 753	0. 505 916
四川	0. 188 125	0. 298 975	0. 377 619	0. 508 471
贵州	0. 132 806	0. 215 642	0. 306 358	0. 421 625
云南	0. 136 593	0. 269 493	0. 333 027	0. 434 763
陕西	0. 219 964	0. 356 644	0. 431 699	0. 539 39
甘肃	0. 261 225	0. 280 224	0. 369 948	0. 389 283
青海	0. 186 391	0. 279 059	0. 364 677	0. 440 517
宁夏	0. 174 298	0. 284 501	0. 399 945	0. 452 671
新疆	0. 188 853	0. 334 019	0. 403 88	0. 469 712

从 2005～2020 年中国省域城镇化发展质量的时空演变来看，总体上各省（自治区、直辖市）城镇化发展质量呈现逐年提高的趋势，且其空间分布具有明显的阶梯性。2005 年，中国城镇化发展质量整体偏低，仅有北京、上海和广东综合得分可以达到 0.3 以上。从空间格局来看，高城镇化发展质量区主要分布在东部沿海地区，但主要以点状集中分布，尚未形成连片。2010 年，中国的城镇化发展质量有明显提高，城镇化发展质量得分在 0.4 以上的有 6 个省级行政区域。值得注意的是，北京和上海的城镇化发展质量综合得分已经达到 0.45 以上。从空间分布来看，高城镇化发展质量区域主要分布在京津地带、长江三角洲城市群、广东、辽宁，而低城镇化发展质量区则主要分布在西部地区。2015 年，中国的城镇化发展质量进一步提高，城镇化发展质量综合得分达到 0.5 以上的有 4个地区：天津、江苏、广东、山东。城镇化发展质量综合得分达到 0.4 以上的有18 个区域。从空间分布来看，高城镇化发展质量区主要集中在京津地区、长江三角洲城市群、山东半岛城市群、辽中南城市群、珠江三角洲城市群等，低城镇化发展质量区主要分布在西南地区。2020 年，中国城镇化发展质量仍在明显提高，城镇化发展质量综合得分达到 0.6 以上的有 4 个地区：天津、江苏、广东、山东。综合得分在 0.4 以下的区域包括海南、甘肃。从空间格局来看，高城镇化发展质量区主要分布在京津地区、长江三角洲城市群、珠江三角洲城市群、山东半岛城市群、东北地区南部，低城镇化发展质量区集中在西南地区和海南。此时，高城镇化发展质量区已呈现出明显的带状或片状分布，这些地区自然资源丰富、人口集中、社会经济发达，而低城镇化发展质量区的地理分布格局并未发生

太大变化。

5.2.3.2 空间自相关性检验结果

采用 Moran's I 指数来检验各年份碳排放的空间自相关性，其检验结果如表 5-12 所示。Moran's I 指数在四个年份分别为 0.363 019、0.355 808、0.342 052、0.332 231，表明碳排放呈现出正的空间自相关，即碳排放的空间分布呈现空间集群现象，说明碳排放存在较为显著的地区差异。然而以往研究多采用空间面板数据模型和普通线性回归模型，碳排放和指标之间的显著性关系通常被假定为不因地理位置的变化而变化。基于此，本节采用考虑空间异质性的地理加权回归模型进行回归分析。

表 5-12 碳排放的空间自相关性结果

年份	Moran's I 指数	方差	z 得分	p 值
2005	0.363 019	0.006 030	5.065 277	0.000 000
2010	0.355 808	0.006 023	4.975 299	0.000 001
2015	0.342 052	0.005 999	4.807 577	0.000 002
2020	0.332 231	0.005 972	4.691 110	0.000 003

5.2.3.3 基于 GWR 模型的碳排放影响因素分析

从各因素的影响程度来看，各年的能源强度对二氧化碳排放的影响程度整体上高于城镇化发展质量造成的影响，并远高于工业结构造成的影响。能源强度在各年均对碳排放产生积极影响，并且逐年增加。工业结构除了在 2005 年和 2010 年的个别省份与碳排放呈现负相关外，其他年份在各省份均呈正相关。城镇化发展质量在各年总体上对碳排放产生负向影响，并逐年增加，但 2005 年和 2010 年的部分省份城镇化发展质量与碳排放呈正相关关系。

从城镇化发展质量的角度来看，如表 5-13 所示，从各年份的回归系数可以看出相邻省份的弹性系数差异较小，因此城镇化发展质量对于二氧化碳排放的影响具有明显的空间依赖效应。同时，城镇化发展质量整体上与碳排放呈现负相关，这与以往研究中城镇化率与碳排放的关系有所不同。因为城镇化发展质量不仅仅关乎城镇化率的提高，还涉及城市基础设施和公共服务的完善程度、经济发展和产业结构的多样性、环境可持续性和生态保护的水平，以及社会公平和人民福祉的提高。城镇化率只是一个表面指标，无法全面反映城市发展的复杂性和深度。只有综合考虑城镇化发展质量的多个方面，才能更准确地评估城镇化过程中的成效和挑战。城镇化对碳排放的影响分为两个方面：一方面表现为驱动作用，另一方面表现为制动作用。具体来说，城镇化快速发展会导致城市规模扩大，导致人口向城市迁移、产业结构变化及土地利用方式的转变，这些因素共同促使碳排放增加的情况发生，进而对碳排放产生驱动作用；而随着城镇化的演进，能源消费结构和经济社会结构的变化、城市文明的传播和技术水平的提高，以及环境政策的制定和实施，碳排放反而减少，即产生城镇化对碳排放的制动作用。当制动作用超过驱动作用占主导地位时，就表现为城镇化质量提高促使碳排放量的下降。

表 5-13　城镇化质量回归系数

地区	2005 年	2010 年	2015 年	2020 年
北京	−0.946 645 246	−0.759 780 502	−0.703 037 685	−0.615 045 2
天津	−1.209 875 695	−0.813 318 927	−0.616 619 806	−0.458 743 815
河北	−1.478 199 821	−1.139 650 244	−0.923 662 796	−0.733 787 475
山西	−1.577 943 906	−1.198 322 209	−0.929 684 862	−0.885 283 855
内蒙古	−1.530 047 639	−1.088 267 258	−0.808 367 653	−0.780 881 187
辽宁	−1.248 396 632	−0.901 583 259	−0.788 054 403	−0.751 193 599
吉林	−1.454 446 52	−1.107 439 421	−0.837 969 5	−0.745 803 216
黑龙江	−1.448 403 15	−0.971 380 595	−0.809 777 267	−0.667 346 612
上海	−1.020 682 606	−0.792 933 505	−0.781 944 504	−0.601 147 089
江苏	−1.241 336 626	−0.867 593 97	−0.616 368 112	−0.445 273 474
浙江	−1.271 549 329	−0.995 132 339	−0.763 058 312	−0.578 586 431
安徽	−1.617 585 418	−1.183 960 095	−0.917 014 249	−0.676 195 46
福建	−1.636 079 098	−1.155 293 824	−0.838 847 37	−0.616 081 66
江西	−1.559 988 899	−1.108 414 367	−0.887 667 884	−0.663 898 555
山东	−1.331 106 054	−0.929 729 398	−0.662 110 725	−0.509 536 883
河南	−1.304 319 079	−1.062 210 591	−0.837 738 783	−0.643 324 226
湖北	−1.528 432 8	−1.121 635 068	−0.832 076 673	−0.654 817 828
湖南	−1.619 641 462	−1.191 051 429	−0.946 927 708	−0.665 191 548
广东	−1.177 328 799	−0.863 852 511	−0.665 354 983	−0.491 350 978
广西	−1.819 406 011	−1.395 256 735	−1.091 310 785	−0.817 743 719
海南	−1.529 020 85	−1.275 991 28	−1.056 466 36	−0.957 533 924
重庆	−1.683 314 14	−1.197 208 414	−0.877 663 512	−0.681 385 056
四川	−1.670 646 74	−1.207 396 642	−0.973 869 189	−0.676 347 44
贵州	−2.018 868 392	−1.534 137 954	−1.183 001 347	−0.863 639 296

续表

地区	2005 年	2010 年	2015 年	2020 年
云南	−1.990 752 557	−1.311 211 531	−1.099 532 558	−0.832 953 812
陕西	−1.514 291 592	−1.031 016 543	−0.840 026 248	−0.617 316 185
甘肃	−1.342 375 05	−1.272 165 132	−0.994 393 81	−0.943 449 96
青海	−1.679 910 238	−1.276 332 803	−1.008 742 988	−0.819 807 055
宁夏	−1.746 989 277	−1.257 017 807	−0.916 428 359	−0.792 589 625
新疆	−1.666 784 11	−1.096 557 342	−0.906 637 745	−0.755 634 64

自 2005 年开始，城镇化发展质量提升带来二氧化碳减排效果在逐年递减，2005 年，效果最好的地区集中在云南、贵州和广西。2010 年城镇化发展质量的影响程度与 2005 年相比整体有所减弱，其中贵州最高，广西、云南、青海、宁夏和甘肃等省份影响也相对较高。综合来看，相对于东部地区，西部欠发达地区的城镇化质量的提升所带来的边际减排效果更强。2015 年与 2010 年相比，各省份城镇化质量对二氧化碳排放量的影响均缓步减弱，其中华东地区、西南地区和南部沿海地区省市的弹性系数下降最为明显，城镇化发展质量提升带来的二氧化碳边际减排效果正在下降，总体上中西部地区城镇化发展质量的影响程度高于东部地区。这种情况的产生可能有两个方面的原因：一是由于西部大开发政策和相关环境政策的实施，在西部地区城镇化迅速发展的同时，生态环境保护和建设也取得了显著成果，城镇化发展对碳排放的制动作用日益显著；二是东部地区的城镇化发展水平已达到一个较高的层次，虽尚有发展空间，但发展速度已经显著放缓，因此城镇化发展对碳排放的制动作用保持稳定或逐年减弱。2020 年与 2015 年相比，各地区城镇化质量对二氧化碳排放量的影响逐步下降，其中天津、广东及长江三角洲城市群的城镇化发展质量提升带来的碳减排影响相对较小，中西部地区则基本持平或略有下降，原因可能在于中西部地区的城镇化发展依然存在着很大的减排空间，而东部地区相关环境政策的实施和产业结构已经成功转型升级，减排空间小。

从工业结构来看，如表 5-14 所示，整体而言工业结构与碳排放存在正相关关系，且各省市的影响普遍存在逐年增大的趋势。2005 年西南地区的工业结构对碳排放的影响较大，影响最大的地区集中在北京、湖南、重庆、广西等省市。2010 年，南方地区的工业结构对碳排放的影响较大，且多集中在湖北、湖南、广东、广西、海南、贵州、云南等省份；在北方城市中，北京的工业结构对碳排放的影响独树一帜。而到 2020 年，全国各省份的弹性系数与 2015 年相比整体都有所提高。这说明虽然目前我国第三产业产值逐年提高、产业结构调整稳步进行、能源消耗效率显著提高，但产业结构还存在较大的调整空间，产业结构的调整仍然可以作为我国减少碳排放的一项有效手段。

表 5-14 产业结构回归系数

地区	2005 年	2010 年	2015 年	2020 年
北京	1. 235 231 256	1. 426 785 523	1. 622 620 021	1. 843 029 511
天津	0. 644 011 301	0. 644 896 411	0. 763 904 02	1. 075 554 673
河北	0. 648 906 184	0. 644 292 247	0. 728 397 422	0. 979 385 544
山西	0. 586 568 175	0. 564 121 155	0. 899 267 675	0. 832 819 504
内蒙古	0. 789 474 003	0. 605 956 044	0. 683 678 364	0. 927 281 03
辽宁	0. 710 786 047	0. 615 193 928	0. 787 644 339	0. 982 657 192
吉林	0. 828 598 582	0. 654 110 992	0. 696 830 947	1. 045 824 984
黑龙江	0. 618 108 454	0. 689 333 311	1. 145 396 865	1. 369 245 931
上海	0. 730 810 486	0. 866 307 28	1. 145 485 766	1. 324 733 545
江苏	0. 585 618 756	0. 644 101 719	0. 783 032 432	0. 842 674 336
浙江	0. 627 204 69	0. 662 122 733	0. 777 346 012	0. 894 566 472
安徽	0. 879 094 251	0. 652 407 687	0. 698 248 659	0. 903 483 059
福建	0. 716 948 768	0. 672 427 084	0. 687 396 961	0. 769 964 326
江西	0. 749 378 017	0. 612 431 285	0. 687 223 52	0. 840 582 691
山东	0. 546 998 135	0. 612 094 003	0. 759 259 496	0. 938 392 154
河南	0. 652 350 802	0. 557 288 507	0. 725 205 656	0. 877 220 874
湖北	0. 852 394 137	0. 720 647 407	0. 783 136 984	0. 936 842 084
湖南	0. 932 233 307	0. 781 185 059	0. 813 627 962	0. 963 766 674
广东	0. 687 731 717	0. 692 799 513	0. 803 160 792	0. 935 759 42
广西	0. 969 751 561	0. 751 947 941	0. 778 071 514	1. 136 849 639
海南	-1. 406 213 256	1. 285 254 135	1. 441 673 177	1. 656 832 726
重庆	1. 013 084 252	0. 597 825 301	0. 798 988 741	0. 917 181 629
四川	-0. 878 689 582	0. 683 944 64	0. 819 113 181	1. 017 341 94
贵州	-0. 886 251 598	0. 938 705 76	0. 929 033 73	1. 054 267 749
云南	-0. 882 165 81	0. 806 969 109	0. 922 098 668	1. 084 813 413
陕西	-0. 754 789 169	0. 619 957 723	0. 685 276 77	0. 834 741 305
甘肃	-0. 835 649 199	-0. 730 431 384	1. 001 302 073	1. 151 047 393

续表

地区	2005 年	2010 年	2015 年	2020 年
青海	0.719 441 422	−0.595 290 888	0.694 153 044	0.966 446 219
宁夏	−0.778 555 679	−0.713 372 233	0.746 967 541	0.890 643 943
新疆	−0.804 580 874	−0.740 826 231	0.952 744 173	1.067 517 7

2005 年的陕西、云南、新疆、海南、四川、贵州、甘肃和宁夏等西南部省份以及 2010 年的甘肃、青海、宁夏和新疆等地区存在弹性系数为负的情况，即工业结构与碳排放呈现负相关关系；但 2010~2020 年期间，上述地区弹性系数增长迅速，成为全国对碳排放正相关影响最大的地区。这种情况的出现可能是能源利用效率、能耗结构、技术进步等因素共同作用的结果，工业结构的升级对碳排放的影响具有门槛效应。在达到门槛值之前，产业结构升级的碳减排效应可能不那么显著，甚至出现促进碳排放的现象，而一旦突破门槛值，产业结构升级就会显著抑制碳排放。因此，到 2020 年上述省份的工业结构对碳排放的影响由负相关转为正相关，且增长迅速，说明这些省份已经跨越门槛值，产业结构升级将促进碳减排。

从能源强度来看，如表 5-15 所示，能源强度代表单位 GDP 所产生的能耗，可以通过该指标考察技术因素对碳排放的影响。一般来讲，技术变革可以带来更先进的绿色环保技术，使得能源的利用效率大大提高，从而降低二氧化碳的排放。但有时技术因素可以带来新技术的不断革新和新产品的快速迭代，促进大规模的消费需求提升，削弱技术变革带来的节能效应和碳减排效应，这会降低技术因素在碳减排方面所起到的重要作用。从表 5-15 可以看出 2005~2010 年，整体上能源强度与碳排放呈现正相关关系，说明碳排放会随着能源强度的减少而降低，技术因素对于碳减排具有明显的积极作用。而 2015~2020 年能源强度与碳排放更多呈现负相关关系，对于以上结果有多种可能性解释：一方面，可能是由于技术的不断革新和迭代导致能源强度降低所带来的减排效果小于经济规模扩大带来的二氧化碳排放量的实际增加，这为主要原因；另一方面，2020 年的新冠疫情对能源强度较小的第三产业的影响显著高于第二产业，2020 年部分月份在整体能源强度持平或略微提升的同时经济规模以及碳排放量却在萎缩，2020 年全国各省市能源强度对碳排放影响弹性系数下降明显。

表 5-15　能源强度回归系数

地区	2005 年	2010 年	2015 年	2020 年
北京	0.233 674 176	−0.066 737 353	−0.444 795 257	−0.724 5207 89

续表

地区	2005 年	2010 年	2015 年	2020 年
天津	0.258 262 236	0.026 016 656	-0.365 279 344	-0.602 396 881
河北	0.828 501 915	0.605 241 817	0.264 453 808	0.076 506 347
山西	1.431 900 33	1.184 801 884	0.945 331 851	0.752 607 405
内蒙古	1.141 138 222	0.894 216 462	0.534 261 673	0.682 7549 47
辽宁	0.541 311 846	0.321 760 44	-0.019 672 757	-0.012 784 168
吉林	0.564 901 747	0.316 013 433	-0.149 250 812	-0.488 428 846
黑龙江	0.402 517 469	0.170 075 184	-0.151 715 4	-0.419 244 467
上海	0.030 848 591	-0.184 579 222	-0.527 803 194	-0.827 736 147
江苏	0.084 524 494	-0.142 894 335	-0.440 508 055	-0.667 509 31
浙江	0.077 349 847	-0.143 556 793	-0.384 918 91	-0.474 096 923
安徽	0.260 058 932	0.028 898 899	-0.242 977 342	-0.419 719 61
福建	-0.061 653 992	-0.229 126 637	-0.521 531 169	-0.732 711 797
江西	0.209 836 544	-0.014 381 532	-0.228 677 029	-0.446 456 976
山东	0.423 292 558	0.173 982 714	-0.188 725 656	-0.385 527 575
河南	0.506 374 576	0.285 162 005	-0.097 360 508	-0.422 260 463
湖北	0.371 427 575	0.136 979 946	-0.293 092 155	-0.551 055 226
湖南	0.478 922 967	0.257 083 34	-0.200 155 632	-0.489 061 04
广东	-0.004 305 211	-0.177 064 9	-0.471 239 181	-0.629 112 566
广西	0.351 841 705	0.187 576 253	-0.082 949 592	-0.191 756 66
海南	-0.017 453 131	-0.136 266 703	-0.232 870 702	-0.361 540 242
重庆	0.618 527 389	0.387 007 805	-0.087 603 657	-0.442 857 71
四川	0.551 099 577	0.325 329 54	-0.080 266 243	-0.356 612 306
贵州	1.251 189 663	1.039 870 929	0.646 893 019	0.304 539 592
云南	0.695 771 804	0.501 827 53	0.153 019 975	0.002 589 771
陕西	0.659 906 854	0.444 452 032	0.196 923 76	0.031 894 016
甘肃	0.981 144 932	0.755 927 509	0.492 892 001	0.301 445 826
青海	1.277 764 382	1.101 104 059	1.065 206 99	0.777 146 537
宁夏	1.733 941 231	1.511 455 773	1.425 107 89	1.488 544 284
新疆	0.916 264 397	0.823 006 949	0.947 823 039	0.841 858 85

2005 年全国各省份能源强度对碳排放影响弹性系数相差较大但全为正，而之后各省份差距开始增加。山西、内蒙古、新疆、宁夏等地从 2005 年到 2020 年

弹性系数都较为稳定；其余省份 2005 年到 2010 年弹性系数都保持缓慢下降，但在 2015 年都大幅下降；总体来看，全国各省份能源强度对碳排放影响弹性系数在 2005～2020 年呈现下降趋势。同时可以发现，能源强度对碳排放的影响具有明显的时空差异，在通过技术进步促进碳减排时应考虑不同地区的时空特点。

5.3 政策建议

首先，在中国大部分地区，快速的经济发展仍然是高碳排放的关键因素。政府和企业要充分利用降低碳排放的技术，并且与转变经济发展模式和调整工业结构结合使用。第三产业的发展确实是减少了某些地区的碳排放量。因此，政府必须付出巨大的努力来调整工业结构，促进工业结构的升级，并以更具成本效益的方式发展第三产业和环境友好的工业及高科技行业。

其次，研究发现，当城镇化发展到某个阶段时，它可以减少碳排放。因此，应该将其作为减少碳排放并实现排放量还原目标的主要策略。城镇化的发展应与人口、经济、资源和环境协调。基于紧凑城市理论，建立有效能源利用的城市形式可以减少能源需求，并最终减少二氧化碳排放。特别是对于随着城镇化迅速发展的地区，公共资源的合理使用将有助于低碳城市的建设。政府可以制定高效的土地利用规划，提升城市土地利用效率，科学控制城市扩张速度。同时，注重发展城市公共交通，提升交通质量，倡导低碳出行。而对于城镇化水平已较高的华东地区来说，则应保持其优势，全面提升城镇化质量，以进一步实现可持续发展目标。

再次，城镇化质量对二氧化碳排放的影响存在明显的时空差异。城镇化质量的提高有助于减少大多数省份的二氧化碳排放。城镇化质量对中西部地区二氧化碳排放的影响大于东部地区。因此，在城镇化水平具有较大提升潜力的中西部地区，推进绿色发展应是城镇化发展的重点。政府可以通过实施有效的土地利用规划，合理控制城市扩张，促进城市土地的有效利用。此外，应优先发展城市公共交通服务，并将多种交通方式连接起来。同时，应重视提高交通质量，提倡低碳出行。对于城镇化质量较高的华东地区，政府应保持自身优势，从城镇化的各个方面提升城镇化质量，以实现进一步的可持续发展目标。

此外，由于产业结构对碳排放的影响越来越显著，而西部地区的一些省份表现出产业结构对碳减排的门槛效应，所以应鼓励发展第三产业，增加第三产业在国民经济中的比例，同时应着重发展低碳工业与现代服务业。中国西部一些省份的产业结构与二氧化碳排放量有时存在负相关关系，表明产业结构对碳减排产生了门槛效应。一方面，西部的一些省份如新疆、四川，应重视第三产业的蓬勃发展，提高服务业在国内生产总值中的比例。同时应特别关注发展现代服务业和低碳工业，以及减少当前对资本密集型工业的过度依赖，如钢铁和石化工业。另一方面，对于中部和东部地区，地方政府应鼓励发展高科技产业，重点培育信息产业等低能耗产业，摆脱产能落后的制造业。对高科技产业、信息产业等低能耗产业予以政策扶持。

最后，能源强度是减少二氧化碳排放的最大因素。因此，建议政府采取积极措施，调整当前以煤炭为主的能源结构，加大力度引入与研发可再生能源，提升能源利用效率，限制高耗能产业的发展。制定有效的政策，鼓励企业在生产过程中使用低碳能源。同时，应通过开发和引进新技术来实现碳减排目标，努力探索、开发、应用高效和可再生能源。此外，在制定政策时应尽量减少能源反弹效应的负面影响。对于核能、潮汐能等难度大、成本高的清洁能源，政府可给予企业定点扶持，激发企业的积极性，促进行业成熟发展。

5.4　本章小结

城镇化的快速发展可能是导致中国碳排放增加的主要原因之一。此外，中国是一个地域差异巨大的大国。基于城镇化区域差异角度研究我国城镇化与二氧化碳排放的关系，并提出有效的减排措施是实现我国减排目标的关键。

本章首先探讨了城镇化区域差异对碳排放的影响。对中国 30 个省份进行了区域划分，将其划分为高城镇化高排放区、高城镇化低排放区、低城镇化高排放区和低城镇化低排放区。然后，研究构建了一个扩展的 STIRPAT 模型，考虑了城镇化水平和产业结构等因素对碳排放的影响。接着，进行了单位根检验及协整检验以确保数据序列的平稳性。文章采用 FE、FGLS、PCSE、N-W 和 DK 方法对不同区域二氧化碳排放影响的估计结果进行了分析。研究结果表明城镇化区域差异对碳排放有显著的影响。其一，能源强度与三个地区的二氧化碳排放都有显著的正相关关系，尤其是在高城镇化高排放区和高城镇化低排放区，能源强度对二氧化碳排放的影响远大于其他两个地区。其二，要实现碳减排目标，单靠提高能耗效率是不够的，应实施经济发展方式转变、产业结构调整等方面的政策。

随后，本章通过建立城镇化质量评价体系对城镇化发展水平进行了评价。运用地理加权回归（GWR）模型，分析了 2005 年、2010 年、2015 年和 2020 年 30 个省份城镇化质量对二氧化碳排放的影响，并对 30 个省（自治区、直辖市）的空间差异进行了分析，得出了重要结论。其一，由于城镇化质量对二氧化碳排放存在显著的负向作用，且对中西部地区的抑制效果大于东部地区，因此中西部地区的城镇化水平有较大的提升空间，应将推进绿色发展作为重点。其二，在中国大部分地区，快速的经济发展仍然是高碳排放的关键因素。当城镇化发展到某个阶段时，城镇化的进一步推进有助于促进碳减排。其三，各省份城镇化发展质量呈现逐年提高的趋势，且其空间分布具有明显的阶梯性。其四，城镇化质量对二氧化碳排放的影响存在明显的时空差异，其中城镇化质量对中西部地区二氧化碳排放的影响大于东部地区。其五，能源强度是对二氧化碳排放量影响程度最高的因素。

第6章 中国城市特征差异 对碳排放的影响

城市作为人类生产活动的聚集地,与能源相关的碳排放已成为城市可持续发展的主要问题。城市面积仅占世界陆地面积的2%,但碳排放量却占世界的75%。城市蔓延是城市发展的典型特征,在城市快速扩张的背景下,城市空间大规模重构导致的碳排放增加和居民生活水平的快速提高对生态环境构成了严重威胁。中国城市能源消费占全国能源消费总量的75.15%,城市人均能源消耗是农村人均能源消耗的6.8倍。因此,城市的节能空间更大,是社会实现节能减排的核心区。目前,中国100万以上人口的城市有93个。然而,目前还不清楚这种扩张是否会对碳排放产生规模效应或拥堵效应。因此,研究城市规模和城市类别差异对碳排放的影响,探索促进减排的合适规模和类别至关重要。

6.1 城市规模差异对碳排放的影响

6.1.1 变量选取和数据说明

6.1.1.1 变量选取

(1)城市人均碳排放量

本节利用"合成DMSP"夜间灯光数据得到中国地级市碳排放模拟数据,并除以城市常住人口数量得到地级市人均碳排放量。首先,计算30个省级行政区(不包括香港、台湾、澳门和西藏)的碳排放量,计算公式如下:

$$C = \sum_{i=1}^{n} K_i D_i E_i \tag{6-1}$$

式中,i为能源类型;K_i为碳排放系数;D_i为标准煤换算系数;E_i为实际消费量。根据式6-1和能源碳排放系数表,对各省份的碳排放量进行求和即可得到。然后,汇总2003~2019年各省份夜间灯光值及相应的碳排放量,回归线性方程如下:

$$C = 0.0085 \times DN \tag{6-2}$$

回归系数在1%水平上显著。将各地级市的夜间灯光数据代入，可以得到各地级市的碳排放总量。各地级市人均碳排放量由各地级市碳排放总量除以城市常住人口数得到，碳排放拟合模拟如图6-1所示。

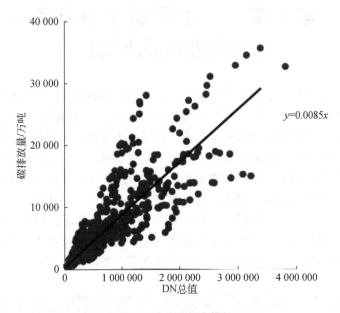

图6-1　碳排放拟合模拟

（2）城市规模指数

本节借鉴 Sutton（2003）和 Fallah 等（2011）的思路，利用全球夜间灯光数据构建从空间竞争角度反映城市规模变化的城市规模指数，旨在更加客观、全面地衡量城市规模。当光照值为 6 时，可以最大程度地避免光照图像的背景噪声（杨孟禹等，2017）。因此，基于"合成 VIIRS"夜间灯光数据，使用 ArcGIS 去除平均值小于 6 的城市，以估计剩余网格对应的实际面积，记录为识别面积 S_{it}。以每年全国城市灯光亮度排名的中位数为基准，数值大于或等于基准的区域称为亮区 H_{it}。在此基础上，构建了 t 年 i 市的 csi：

$$\mathrm{csi}_{it} = \frac{H_{it}}{S_{it}} \tag{6-3}$$

（3）控制变量

为了控制人口、产业结构、经济发展水平、技术进步、公共交通服务和空间结构等变量对城市人均碳排放的影响，本节加入了影响人均碳排放的变量。城市人口的增加通过增加能源使用影响碳排放。人均 GDP 代表经济发展水平，城市经济发展越快，排放也会增加越多。本节采用城市碳效率（单位碳排放产生的

GDP）作为技术进步的代理变量。长期以来，工业化的快速发展仍然是碳排放增加的主要原因。因此，应考虑将产业结构作为控制变量（Hu and Fan，2020）。公共交通作为最重要的交通方式，其建设和使用是影响城市碳排放的重要因素。城市空间结构被认为会影响碳排放的产生和扩散（Wang et al.，2022b）。本节通过 Hufendar-Hechman 指数（HHI）对城市空间结构进行测度。本研究中的 HHI 指数定义为平均光亮度占总亮度比例的平方和。它衡量的是城市居民在整个城市系统中的集中度。变量的描述性统计如表 6-1 所示。此外，为确保变量之间不存在多重共线性，通过度量方差膨胀因子 VIF（Variance Inflation Factor）来检验各变量的多重共线性。结果表明，所有 VIF 值均小于 10，表明变量之间不存在多重共线性（Marquardt，1970）。

表 6-1 各变量的描述性统计

	变量	定义	平均值	标准差	最小值	最大值	VIF
因变量	puce	城市人均碳排放量/（吨/人）	10.5246	8.2598	0.3954	89.7768	—
自变量	csi	城市规模指数	0.4087	0.1483	0.0000	0.7820	1.29
控制变量	psi	城镇常住人口/万人	102.2754	137.4958	4.0600	1352.3600	1.75
	pgdp	经济发展水平/（万元/人）	2.8336	2.8406	0.1891	31.1694	2.42
	tpro	技术进步/（万元/吨）	1.5254	0.8683	0.1409	6.2878	1.17
	istr	产业结构/%	47.6188	11.1380	11.3919	91.0000	1.11
	ptra	公共交通服务/（标台/万人）	8.2746	6.9912	0.2400	225.5000	1.67
	uss	城市空间结构（平均灯光亮度占总亮度比例的平方和）	0.9651	9.2617	0.0000	258.7023	1.06

6.1.1.2 数据说明

本研究收集了 2003～2019 年中国 259 个地级市的数据。GDP、公共交通服务总量均检索自《中国城市统计年鉴》。城市第二产业占 GDP 比例来自国泰安数据库（CSMAR）。计算各省份碳排放所用的碳排放系数、标准煤转换系数和实际消费量均来自《中国能源统计年鉴》。城市碳效率是用每个城市的实际 GDP 除以每个城市的碳排放总量得到的。我们使用插值方法来补充缺失的数据。通过价格指数剔除价格因素的影响，确保不同年份与价格相关的指标（如 GDP）具有可比性。DMSP/OLS 和 NPP/VIIRS 全球夜间灯光数据来自 EOG 网站。基于 DMSP/OLS 夜间灯光数据，两组数据相互校正，得到 2003～2019 年的"合成 DMSP"

夜间灯光数据（Li et al., 2017; Wu and Wang, 2019; Zheng et al., 2019; Ma et al., 2020）。采用"合成 DMSP"夜间灯光数据模拟城市碳排放（Su et al., 2013）。由于 VIIRS 数据具有更高的精度，采用"合成 VIIRS"夜间灯光数据来获取城市规模指数和城市空间结构。

6.1.2 模型构建与实证分析

6.1.2.1 模型构建：STIRPAT 模型

IPAT 模型最早由美国斯坦福大学的 Ehrlich 和 Holdren（1971）于 20 世纪 70 年代提出。它用于分析不同因素对环境压力的影响，解释环境负荷的来源，或评价其大小。

$$I = PAT \tag{6-4}$$

式中，I 表示环境压力；P 表示人口；A 表示富裕程度；T 表示技术。然而，这种简单的计算方程存在一定的局限性（Xu et al., 2017a）。它假设变量具有相同的弹性，这意味着它考虑了各种因素对环境压力的贡献相同，进而违反了环境库兹涅茨曲线假说（Xu et al., 2016）。Dietz 和 Rosa（1997）在 IPAT 的基础上开发了 STIRPAT［式（6-5）］来克服上述问题。该方程可进一步表示为式（6-6）。

$$I = \alpha P^a A^b T^c e \tag{6-5}$$

$$\ln I = \ln \alpha + a\ln P + b\ln A + c\ln T + \ln e \tag{6-6}$$

式中，I、P、A、T 与公式 6-4 相同；α 为模型的常数项；a、b、c 分别为 P、A、T 的系数；e 是残差。本节进一步引入滞后一期的人均碳排放作为解释变量，以控制人均碳排放的路径依赖效应。基于上述研究，结合本节研究目的，构建人均碳排放量 STIRPAT 型基本回归模型：

$$\ln puce_{it} = \alpha_0 + \alpha_1 L\ln puce_{i(t-1)} + \alpha_2 \ln csi_{it} + \alpha_3 (\ln csi_{it})^2 + \rho X_{it} + u_i + v_t + \varepsilon_{it} \tag{6-7}$$

式中，puce 为因变量，表示城市人均碳排放量。核心解释变量"城市规模"用 csi 表示，加入 $(\ln csi)^2$ 表示 $\ln size$ 的二次项，探究城市人均碳排放与城市规模之间是否存在非线性关系。α_1 和 α_2 是本节的核心参数，$L\ln puce$ 表示滞后一期的人均二氧化碳排放量。此外，式（6-7）控制了个体效应和时间效应：u 表示个体城市效应，v 表示时间效应。根据《关于调整城市规模标准的通知》，中国城市以城市常住人口为基准分为五类：50 万人口以下的为小城市；50 万以上和 100 万以下人口的为中等城市；100 万以上和 500 万以下人口的为大城市；500 万以上和 1000 万以下人口的为特大城市；人口超过 1000 万的为超大城市。本节根据 2019 年城市常住人口数量对 259 个地级市进行分类，探讨 csi 与人均碳排放之间的关系在不同等级城市之间是否存在差异。在本节纳入的样本中，2019 年只有广州一个城市的常住人口超过 1000 万，自由度非常低。因此，我们将广州划分入特大城市，并将所有城市划分为小城市、中城市、大城市和特大城市，引入三个虚拟变量 D_1、D_2、D_3，psi 表示城市常住人口。因此，得到如下模型：

$$D_1 = \begin{cases} 1, \text{if } 500000 \leqslant \text{psi} < 1000000 \\ 0, \text{if else} \end{cases} \tag{6-8}$$

$$D_2 = \begin{cases} 1, \text{if } 1000000 \leqslant \text{psi} < 50000000 \\ 0, \text{if else} \end{cases} \tag{6-9}$$

$$D_3 = \begin{cases} 1, \text{if } \text{psi} > 50000000 \\ 0, \text{if else} \end{cases} \tag{6-10}$$

$$\ln \text{puce}_{it} = \gamma_0 + \gamma_1 L\ln \text{puce}_{i(t-1)} + \gamma_2 \ln \text{csi}_{it} + \gamma_3 S\ln \text{csi}_{it} + \sum_{k=1}^{3} \theta_k D_{it,k} \ln \text{csi}_{it}$$
$$+ \sum_{k=1}^{3} \varphi_k D_{it,k} S\ln \text{csi}_{it} + \phi \vec{Z}_{it} + \tau_i + \chi_t + \omega_{it} \tag{6-11}$$

为了考察不同经济发展水平城市的 csi 与碳排放之间关系的差异，通常采用中国城市商业吸引力排名对城市进行分类，以反映城市经济发展水平（Zhang et al.，2022）。它打破了传统的依靠行政级别和 GDP、人口规模等数据的城市评价方法，成为中国城市数据研究领域广泛引用的一套城市分类体系。$G_1 = 1$ 时，样本为一线城市；$G_2 = 1$ 时，样本为二线城市；$G_1 = G_2 = 0$ 时，样本为三线城市，得到如下模型：

$$G_1 = \begin{cases} 1, \text{if First-tiercities} \\ 0, \text{if else} \end{cases} \tag{6-12}$$

$$G_2 = \begin{cases} 1, \text{if Second-tiercitycities} \\ 0, \text{if else} \end{cases} \tag{6-13}$$

$$\ln \text{puce}_{it} = \gamma_0 + \gamma_1 L\ln \text{puce}_{i(t-1)} + \gamma_2 \ln \text{csi}_{it} + \gamma_3 S\ln \text{csi}_{it}$$
$$+ \sum_{k=1}^{2} \kappa_k G_{it,k} \ln \text{csi}_{it} + \sum_{k=1}^{2} \psi_k G_{it,k} S\ln \text{csi}_{it} + \phi \vec{Z}_{it} + \tau_i + \chi_t + \omega_{it} \tag{6-14}$$

6.1.2.2 实证分析

(1) 城市规模指数的时空变化

随着我国城镇化的发展，各地区的城市规模出现了显著变化（图6-2）。大多数城市的城市规模指数集中在 0~0.4 水平上，中高水平（0.4~0.6）城市星散分布，高水平（>0.6）城市数量很少。从区域分布来看，中高水平（0.4~0.6）城市大多集中在东部地区，中西部地区分布相对分散。2011 年，低水平

（0～0.2）城市减少，中高水平（0.4～0.6）城市显著增加，特别是东部和中部地区。东部地区是我国城市群是我国发展较早、扩张速度较快的地区。随着中部地区崛起战略的提出，中部地区城市开始快速扩张。2019 年，城市化水平有明显的持续上升，低水平（0～0.2）城市已消失；中高水平（0.4～0.6）城市显著增加，占全国城市数量的绝对多数。现阶段，城市扩张速度放缓，不再需要盲目扩张。政府实施了一系列政策，防止城市过度扩张，增加建成区的人口密度。图 6-3 给出了 csi 的定量分布。2003 年，117 个城市的 csi 水平集中在 0.2～0.4，而 2019 年，大多数城市（161 个）的 csi 水平集中在 0.4～0.6。csi 水平在 0～0.2 的城市数量下降最多，从 45 个下降到 0 个。csi 水平高（大于 0.6）的城市数量从 12 个增加到 25 个。这反映出大部分城市处于中高水平。

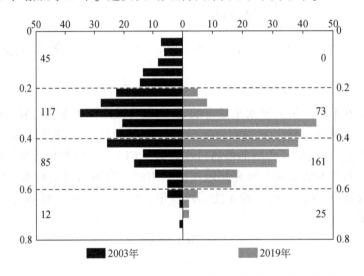

图 6-2　2003 年和 2019 年中国 259 个地级市城市规模指数的空间与数量分布

（2）不同经济水平和人口水平下的城市规模指数

图 6-3 表示了不同经济水平和人口水平下的 csi，各级城市均呈上升趋势。一线城市城市规模指数最高，其次是二线城市。各人口层次城市均呈上升波动趋势，且梯度明显。这与城市经济增长是城市规模在空间横截面上的单调递增函数的假设一致（Yang et al.，2017）。上升趋势在三线及其他城市最为明显，这与我国城镇化率的快速增长有关。研究发现，2009～2013 年各层次城市的 csi 波动较大。这可能是由于中央政府对城市规模空间竞争的政策约束所致。2004 年以来，中国政府不断实施制度改革（如税收、土地等），推动地方政府行为的逐步市场化和竞争，导致空间竞争加剧，csi 发生巨大变化。

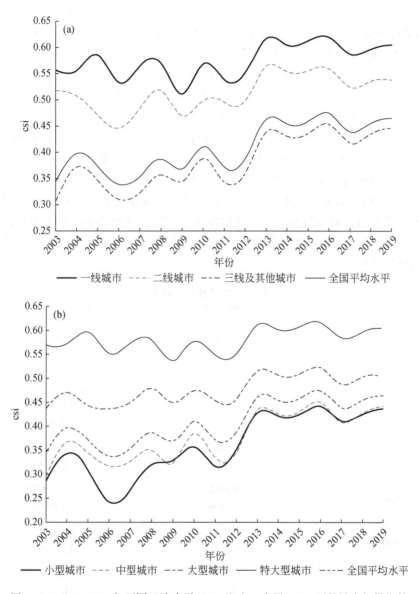

图 6-3　2003～2019 年不同经济水平（a）和人口水平（b）下的城市规模指数

（3）基本回归分析

　　由于动态面板模型存在固有的内生性，本节采用广义矩法（Generalized-of-moments method）中的估计量对模型进行估计。表 6-2 第（1）列展示了式（6-7）的静态面板双固定回归结果，第（2）列展示了式（6-7）的动态面板回归结果，作为面板回归的参考，并通过 AR（1）、AR（2）和 Hansen 检验，证明模型不存在二阶序列相关,工具变量是有效的。结果表明,ln csi 和(ln csi)^{2}对碳排放的影响均显著为正,表明城市规模指数对城市人均碳排放有显著影响,且呈"U"型关系。换言之,无论城市规模大小,人均碳排放量都会增加。与Xiang 和 Zhang(2017)的研究结果类似,人口密度与碳排放量之间存在"U"型曲线关系。ln psi 的估计系数均显著为负,说明随着规模的扩大,城市人口的集中有利于能源的集中供给,促进碳排放的减少。ln pgdp 的系数显著为正,表明人均 GDP 越高,人均产出越高,人均能源消耗越高,导致人均碳排放越高。ln tpro 系数为负,表明存在技术进步的特定减排效应,碳效率越高,人均碳排放量越低。产业结构(ln istr)的波动会显著影响人均碳排放量。公共交通服务(ln ptra)系数为负,表明高效的公共交通系统可以提高整体运营效率,吸引更多的人乘坐公共交通,减少汽车出行,从而减少碳排放。这与 Zhang 等(2022)的研究结果一致。ln uss 的系数显著为负,表明城市越倾向于单一中心发展,降低碳排放的效果越好。

表 6-2　非线性回归结果

变量	(1)	(2)
	FE-lnpuce	GMM-lnpuce
Lln puce	—	0.0279 *** (0.0027)
ln csi	0.0365 *** (0.0099)	0.0591 *** (0.0039)
(ln csi)^2	0.0063 *** (0.0022)	0.0157 *** (0.0010)
ln tpro	−0.9881 *** (0.0093)	−0.9538 *** (0.0037)
ln pgdp	0.3183 *** (0.0719)	0.5901 *** (0.0241)
ln istr	0.1124 *** (0.0136)	0.1669 *** (0.0116)
ln ptra	−0.0039 (0.0025)	−0.0205 *** (0.0016)
ln psi	−0.9739 *** (0.0050)	−0.9628 *** (0.0050)

续表

变量	(1)	(2)
	FE-lnpuce	GMM-lnpuce
ln uss	−0. 0183 ***	−0. 0163 ***
	(0. 0083)	(0. 0026)
Hansen-P		0. 4789
AR (1)		0. 0000
AR (2)		0. 5720

***、**、*分别表示通过1%、5%、10%水平上的显著性检验

　　人口迁移与经济发展是中国城镇化发展的两种重要表现形式。因此，我们分别采用人口水平和经济水平两种分类方法进行分类。然而，在实际的人口流动和资源配置中，中国城市的商业吸引力排名往往被用来对城市进行分类，可以用来反映城市经济发展的状况（Zhang et al.，2022）。Zhang 等（2022）认为，中国城市按照商业魅力和人口活力进行分类，更真实地反映了城市的发展状况和水平。在此基础上，可以更全面地分析规模指数对不同级别城市碳排放的影响，从而提出更科学、更有针对性的减排政策。从表6-4 第（1）列的结果来看，核心解释变量 ln csi 和 (ln csi)^2 的符号均为负且显著。这说明小城市碳排放与城市规模指数之间存在倒 "U" 型关系。$D_1 *$ (ln csi)^{2}回归系数不显著，表明对于中等城市和小城市而言，csi 与中等城市人均碳排放量之间的关系不显著，中等城市碳排放量仍然存在 "先升后降" 的倒 "U" 型关系。$D_2 *$ (ln csi)^{2}的回归系数显著为正，证明了大城市与小城市的 csi 与人均碳排放量之间的关系存在显著差异。该系数的绝对值大于 (ln csi)^{2}的系数绝对值，说明大城市碳排放与 csi 之间是 "由降至升" 的 U 型关系。$D_3 *$ (ln csi)^{2}的回归系数显著为正，说明特大城市与小城市的 csi 与人均碳排放量之间的关系存在显著差异。而且，$D_3 *$ (ln csi)^{2}的绝对值大于 $D_2 *$ (ln csi)^2，这意味着特大城市碳排放增长的斜率大于大城市。这与 Hong 等（2022）的结果相似，而与 Hu 和 Fan（2020）的结论不同，即人口大于 100 万的城市（大城市和特大城市）的节能减排效果最好。特大城市 csi 的增加会增加更多的碳排放。这是因为中小城市的 csi 普遍低于大城市和特大城市的 csi。同时，csi 可以在一定程度上反映城市的经济发展和集聚程度。当规模较小（如中小城市）时，城市群的作用主要体现在促进效率提升和专业化生产，带来规模经济和递增收益。然而，随着规模的进一步扩大（如大城市和特大城市），城市群效应主要表现为拥堵，增加了交易成本，导致规模不经济，导致碳排放的高增长。在表6-3 第（2）列的结果中，核心解释变量 ln csi 和 (ln csi)^{2}的符号均为正且显著。排名虚拟变量与核心解释变量的交互项均显著，说明

各级城市的城市规模与人均碳排放之间存在显著的关系。$G_1 * \ln csi$ 和 $G_1 *$ （$\ln csi$）^{2} 系数均为正，说明二线城市比三线及以下城市碳排放量增加更多。$G_2 * \ln csi$ 和 $G_2 *$ （$\ln csi$）^{2} 的系数均为正，且大于 $G_1 * \ln csi$ 和 $G_1 *$ （$\ln csi$）^{2}，表明一线城市的城市规模发展碳排放量增幅最大，环境压力最大。

表 6-3　加入人口和经济水平虚拟变量的估计结果

变量	(1)	(2)
	GMM	GMM
$L\ln puce$	0.0398***	0.0280***
	(0.0044)	(0.0037)
$\ln csi$	−0.0518***	0.0304***
	(0.0147)	(0.0072)
（$\ln csi$）^{2}	−0.0066**	0.0091***
	(0.0028)	(0.0020)
$\ln istr$	0.1280***	0.1536***
	(0.0292)	(0.0126)
$\ln prta$	−0.0104***	−0.0152***
	(0.0020)	(0.0016)
$\ln pgdp$	0.5843***	0.6112***
	(0.0292)	(0.0277)
$\ln tpro$	−0.9804***	−0.9759***
	(0.0055)	(0.0045)
$\ln psi$	−0.9545***	−0.9662***
	(0.0079)	(0.0055)
$\ln uss$	−0.0028	−0.0066**
	(0.0036)	(0.0030)
$D_1 * \ln csi$	0.0305	
	(0.0236)	
$D_1 *$ （$\ln csi$）^{2}	−0.0018	
	(0.0054)	
$D_2 * \ln csi$	0.2301***	
	(0.0427)	
$D_2 *$ （$\ln csi$）^{2}	0.0292**	
	(0.0123)	

续表

变量	(1)	(2)
	GMM	GMM
$D_3 * \ln csi$	2.3682***	
	(0.5109)	
$D_3 * (\ln csi)^2$	1.3276***	
	(0.3672)	
$G_1 * \ln csi$		1.4355***
		(0.3289)
$G_1 * (\ln csi)^2$		0.6505***
		(0.2369)
$G_2 * \ln csi$		0.7655***
		(0.1709)
$G_2 * (\ln csi)^2$		0.3958***
		(0.0986)
Hansen-P	0.4842	0.7309
AR (1)	0.0000	0.0000
AR (2)	0.5403	0.2182

***、**、*分别表示通过1%、5%、10%水平上的显著性检验；D_1、D_2、D_3 分别为三个城市规模等级（小城市、中城市、大城市和特大城市）的虚拟变量；G_1、G_2 分别为一线城市和二线城市虚拟变量

(4) 稳健性检验

计量经济学理论证实，在动态一阶自回归模型中，滞后被解释变量的一致估计是混合 OLS 估计和固定效应估计得到的估计之间的一致估计（Nickell，1981；Bond，2002）。为了检验回归结果的稳健性，使用混合 OLS 和固定效应模型对结果进行了重新估计。如表6-4所示，滞后一期被解释变量的估计值正好位于另外两种方法的中间位置。因此，该模型的估计结果是稳健的。考虑到城市绿地面积对碳排放的贡献，引入该变量作为控制变量，对模型进行回归，结果如表6-5所示。核心解释变量 $\ln csi$ 和 $(\ln csi)^2$ 的回归系数与前文回归符号一致且显著。此外，它们的系数绝对值波动很小。加入虚拟变量后，城市层面与 csi 的交集回归系数与前文回归结果一致且显著。因此，本节主要解释变量的回归系数是稳健的。

表 6-4 不同回归方法的估计结果

变量	(1) FE	(2) GMM	(3) OLS	(4) FE	(5) GMM	(6) OLS	(7) FE	(8) GMM	(9) OLS
$L\ln\,puce$	0.0088* (0.0046)	0.0279*** (0.0027)	0.7901*** (0.0272)	0.0100** (0.0047)	0.0398*** (0.0044)	0.7746*** (0.0332)	0.0091* (0.0045)	0.0280*** (0.0037)	0.7893*** (0.0309)
$\ln\,csi$	0.0399*** (0.0104)	0.0591*** (0.0039)	-0.0189 (0.0402)	0.0178 (0.0145)	-0.0518*** (0.0147)	0.1413** (0.0578)	0.0326*** (0.0107)	0.0304*** (0.0072)	-0.0281 (0.0411)
$(\ln\,csi)^2$	0.0070*** (0.0023)	0.0157*** (0.0010)	-0.0154 (0.0109)	0.0018 (0.0035)	-0.0066** (0.0028)	0.0377** (0.0157)	0.0050** (0.0023)	0.0091*** (0.0020)	-0.0183 (0.0110)
控制变量	Yes	Yes	Yes	Yes	Yes	Yes	Yes	Yes	Yes
$D_1 * \ln\,csi$				0.0142 (0.0191)	0.0305 (0.0236)	-0.1934*** (0.0440)			
$D_1 * (\ln\,csi)^2$				0.0029 (0.0046)	-0.0018 (0.0054)	-0.0633*** (0.0156)			
$D_2 * \ln\,csi$				0.0668** (0.0310)	0.2301*** (0.0427)	-0.4171*** (0.0786)			
$D_2 * (\ln\,csi)^2$				0.0171* (0.0096)	0.0292** (0.0123)	-0.1725*** (0.0362)			
$D_3 * \ln\,csi$				0.3407** (0.1735)	2.3682*** (0.5109)	-0.7754*** (0.2085)			

续表

变量	(1) FE	(2) GMM	(3) OLS	(4) FE	(5) GMM	(6) OLS	(7) FE	(8) GMM	(9) OLS
$D_3 * (\ln csi)^2$				0.2167* (0.1213)	1.3276*** (0.3672)	-0.4203* (0.2475)			
$G_1 * \ln csi$							0.3396*** (0.1140)	1.4355*** (0.3289)	-0.2705** (0.1164)
$G_1 * (\ln csi)^2$							0.2237*** (0.0698)	0.6505** (0.2369)	-0.1698 (0.1531)
$G_2 * \ln csi$							0.2167*** (0.0922)	0.7655*** (0.1709)	-0.1549** (0.0675)
$G_2 * (\ln csi)^2$							0.1027*** (0.0390)	0.3958*** (0.0986)	-0.0893* (0.0488)
Hansen-P		0.4789			0.4842			0.7309	
AR(1)		0.0000			0.0000			0.0000	
AR(2)		0.5720			0.5403			0.2182	

***、**、* 分别表示通过 1%、5%、10% 水平上的显著性检验

表 6-5　加入城市建成区面积的估计结果

变量	(1)	(2)	(3)
	GMM	GMM	GMM
Lln puce	0.0291 ***	0.0398 ***	0.0280 ***
	(0.0028)	(0.0044)	(0.0038)
ln csi	0.0608 ***	−0.0518 ***	0.0304 ***
	(0.0044)	(0.0147)	(0.0072)
$(\text{ln csi})^2$	0.0161 ***	−0.0066 ***	0.0091 ***
	(0.0012)	(0.0028)	(0.0020)
$D_1 * \text{ln csi}$		0.0305	
		(0.0231)	
$D_1 * (\text{ln csi})^2$		−0.0018	
		(0.0054)	
$D_2 * \text{ln csi}$		0.2301 ***	
		(0.0427)	
$D_2 * (\text{ln csi})^2$		0.0292 ***	
		(0.0123)	
$D_3 * \text{ln csi}$		2.3682 ***	
		(0.5109)	
$D_3 * (\text{ln csi})^2$		1.3276 ***	
		(0.3672)	
$G_1 * \text{ln csi}$			1.4355 ***
			(0.3289)
$G_1 * (\text{ln csi})^2$			0.6505 ***
			(0.2369)
$G_2 * \text{ln csi}$			0.7655 ***
			(0.1710)
$G_2 * (\text{ln csi})^2$			0.3958 ***
			(0.0986)
控制变量	Yes	Yes	Yes
Hansen-P	0.4210	0.4842	0.7309
AR (1)	0.0001	0.0000	0.0000
AR (2)	0.0425	0.5403	0.2182

　　*** 、** 、* 分别表示通过1%、5%、10%水平上的显著性检验

目前，中国有 100 多个大城市，在环境管控和突发事件管控方面面临重大挑战。因此，必须通过政策引导，"缩小"大城市，"崛起"小城市。首先，与单个城市的无限扩张相比，构建由中心城市、都市圈和城市群组成的城市梯队无疑是关键。此外，政府应合理规划城市内部结构，根据环境承载能力平衡城市规模，并制定相应的政策，防止城市过度拥挤或无序扩张造成环境破坏。其次，产业转型是重中之重，这是转移落后产业、发展先进产业的必由之路。对于大城市和特大城市（100 万以上人口），应通过专业转移促进人口和资源向其他城市流动。例如，鼓励中心城市的企业在当地设立分支机构，以减少人口集中度，缓解大城市和特大城市的拥堵效应。对于中小城市（100 万以下人口），要加快基础设施建设，鼓励合适产业向中小城市迁移，创造更多就业机会，吸引更多人口向中小城市流动。发展中小城市有助于分担环境压力，促进人地充分配置的规模效应，实现碳减排。

6.2 城市类别差异对碳排放的影响

碳排放效率及其驱动因素的合理分类和评估对于应对全球气候危机至关重要。为了解决单变量模型的偏差和忽略城市间驱动因素异质性的挑战，本节探讨了不同类型城市和地区碳排放驱动因素之间的差异，以揭示城市碳排放总量的空间分布特征和减排潜力的异质性。

6.2.1 研究方法

6.2.1.1 测量方向距离函数模型

DEA 方法解决优化问题不需要特定的函数形式或假设，并提供多种度量。然而，它不能分离随机误差，并且很难通过将偏差视为无效率来检验统计特性（Du et al.，2022）。除了 DEA 之外，一种常见的效率度量是随机前沿分析（SFA）。一方面，SFA 方法可以区分错误和无效（Sun et al.，2019），但它可能会将设置误差与效率估计混淆，而且这两种方法都没有考虑环境对碳效率的影响。另一方面，基于 slacks 的测量方向距离函数（SBM-DDF）模型引入了对元素方向性的讨论，在测度碳效率时考虑了技术的不完备性，并优化方向向量的参数，以改善技术前沿的效果，从而更准确地评估碳效率，此外，该模型允许将环境因素引入模型，以便更好地应对上述挑战（Fukuyama and Weber，2009；Fan and Xiao，2021；Zhang et al.，2020）。为了开发最佳生产边界，Picazo-Tadeo 等

（2005）首次将 SBM 和 DDF 结合起来，形成了用于 CEE 测量的 SBM-DDF 模型。假设当使用 N 个输入时，每个决策单元（DMU）获得一组 M 个期望输出和 K 个非期望输出，x 表示输入，y 和 d 分别表示特定的期望输出和非期望输出，而被定义为一组生产可能性，表示为：

$$P(x) = \left\{ (x, y, d) : x \, produce \, (y, d), x \in R_N^+, y \in R_M^+, d \in R_K^+ \right\} \tag{6-15}$$

DDF 可以同时帮助增加预期产出和减少非期望的产出（Fukuyama and Weber，2009）。特别地，假设方向向量 $g = (g_n^x, g_m^y, g_k^d)$，$\beta$ 是两种类型输出的比例，则有：

$$g_n^x = x_n^{\max} - x_n^{\min}, \, \forall n \tag{6-16}$$

$$g_m^y = y_m^{\max} - y_m^{\min}, \, \forall m \tag{6-17}$$

$$g_k^d = d_k^{\max} - d_k^{\min}, \, \forall K \tag{6-18}$$

$$D_0(x, y, d, g) = \sup \left\{ \beta : [(y, d) \, | \beta g] \in P(x) \right\} \tag{6-19}$$

根据的研究 Fukuyama 和 Weber（2009），SBM 可以进一步与 DDF 结合，有效避免 DDF 模型的辐射性和方向性。这可以减少传统 DDF 模型对效率的高估（Li et al.，2018）。

因此，考虑到非期望的输出，SBM-DDF 被定义为：

$$IE^{CEE} = \vec{S}_v^t(x^{t,k}, y^{t,k}, d^{t,k}, g^x, g^y, g^d) = IE_v^x + IE_v^y + IE_v^d$$

$$= \max \frac{1}{3} \left[\frac{1}{N} \sum_{n=1}^N \frac{s_n^x}{g_n^x} + \frac{1}{M+K} \left(\sum_{m=1}^M \frac{s_m^y}{g_m^y} + \sum_{k=1}^K \frac{s_k^d}{g_k^d} \right) \right] \tag{6-20}$$

$$s.t. \sum_{i=1}^I \lambda_i^t x_{in}^t + S_n^x = x_{i'n}^t, \, \forall n;$$

$$\sum_{i=1}^I \lambda_i^t y_{im}^t + S_m^y = y_{i'm}^t, \, \forall m;$$

$$\sum_{i=1}^I \lambda_i^t d_{ik}^t + S_k^d = d_{i'k}^t, \, \forall K;$$

$$\lambda_i^t \geqslant 0, \, \forall k; S_m^y \geqslant 0, \, \forall m; S_k^d \geqslant 0, \, \forall K$$

式中，k 代表决策单元的数量；λ_i^t 是周期的权重；$(x^{t,k}, y^{t,k}, d^{t,k})$，$(g^x, g^y, g^d)$ 和 (s_n^x, s_m^y, s_k^d) 分别是输入-输出、方向性和松弛向量。

6.2.1.2 决策树

假设决策单元内的城市由决策变量 t 决定，目标是基于这些分类变量对属性相似的决策单元进行分组，从而实现不同城市群间的碳排放效率评价。但是，分类变量 T 表现出时间序列波动，这可能导致同一城市单位在不同时间被分配到不同的组。为了解决这个问题，根据 Wang 等（2022a）和 Wu 等（2015）的研究结果，本节采用时间加权变量法将面板数据转换为横截面数据，确保每个城市单元只被分配到一个组，防止决策单元在不同时间被分类到不同的组，这种方法允许本节利用所有采样周期的数据并解决问题。因此，选择 i 个分类变量 S，记为 S_i，其中 $i = 1, 2, \cdots, i$。每个决策单元的加权分类变量 W_{S_i} 可以计算得出

$$W_{S_i} = \sum \frac{t - t_{\min} + 1}{\sum (t - t_{\min} + 1)} \times S_i \tag{6-21}$$

式中，t 表示 S_i 的年份；$t_{\min}$ 表示样本中最小的年份。

此外，本节构建回归决策树，并通过使用最小平方误差标准构建回归树和使用最小基尼指数标准构建分类树来选择特征。借助分类回归树（CART）算法，选择基尼系数最小的属性作为分裂属性。其内部节点特征拥有"是"或"否"值，左分支为"是"，右分支则相反。利用二进制递归划分方法，每个内部节点被分成两个子节点，递归地形成二进制决策树。最终，基于基尼系数选择最佳特征，并确定所选特征的最佳分裂点。如果 P_k 是样本属于 k 类属性类别的概率，基尼系数 p_k 的概率分布如下：

$$\text{Gini}(P) = \sum_{a=1}^{A} p_k(1 - p_k) = 1 - \sum_{a=1}^{A} p_k^2 \tag{6-22}$$

对于给定的数据集 D，有 K 个类别，其中 $|C_k|$ 表示属于第 K 个类别的数据集中样本的子类，因此可以计算样本的基尼指数。基尼系数越小，数据集的精确度越高。

$$\text{Gini}(D) = 1 - \sum_{k=1}^{K} \left(\frac{|C_k|}{|D|} \right)^2 \tag{6-23}$$

如果给定属性 A，并且通过随机选择将数据集 D 分成 D_1 和 D_2，则属性 A 的基尼值的表达式为：

$$\text{Gini}(D, A) = \frac{|D_1|}{|D|} \text{Gini}(D_1) + \frac{|D_2|}{|D|} \text{Gini}(D_2) \tag{6-24}$$

对于属性 A，计算的方法是将数据集 Gini (D, A) 分成两部分，对于两部分中所有特征的所有值，选择基尼系数最小的特征值作为当前最理想的对分方案。

6.2.1.3 随机森林

利用 Bootstrap 重采样方法，Random Forest（RF）从样本中构造多个样本，并为每个 Bootstrap 样本建模一个决策树 $\{h(x, \theta), i = 1, 2, \cdots, k\}$。参数集 θ_k 是一个独立同分布的随机向量。然后将多个决策树的预测结果进行组合，通过投票得到最终的预测结果。大量的理论和实证研究证明，RF 具有较高的预测精度，且不易过拟合。

在本节中，变量是数值型的，假设训练集是从随机向量 Y 和 X 的分布中独立

抽样的，并计算数值预测值 $h(x)$ 的泛化均方误差 $E_{X,Y}(Y-h(X))^2$。模型的预测是 k 回归树 $\{h(x, \theta), i=1, 2, \cdots, k\}$ 的平均值。该算法的主要步骤如下：首先，标记原始训练集 $T=\{(x_1, y_1), (x_2, y_2), \cdots, (x_n, y_n)\}$，并生成随机向量序列 $\theta_i (i=1, 2, \cdots, k)$。然后，使用 Bootstrap 抽样方法从数据集 T 中随机抽取 k 个子样本，记为 $T_i (i=1, 2, \cdots, k)$。此外，为每个子样本集建立回归模型 $\{h(x, \theta_i), i=1, 2, \cdots, k.\}$，其中矩阵 X 是用于建模的自变量，并假设参数集 $\{\theta_k\}$ 独立同分布。经过 k 轮训练，得到一系列回归树模型 $\{h_1(X), h_2(X), \cdots, h_n(X)\}$。对于任何给定的新样本，最终的预测结果是 k 轮结果的平均值。

$$G(x) = \frac{1}{k} \sum_{i=1}^{k} h_i(x) \tag{6-25}$$

式中，$G(x)$ 是回归模型的随机森林的结果，而 h_i 是单一回归树模型的结果，可以通过自助抽样提供不同的样本集，这些样本集用于构建单独的回归树模型，这可以提高它们的预测能力，增加模型之间的差异。最后，对所有决策树的结果进行整合。

本节利用模型 $G(x)$ 的实际值与预测值之间的均方根误差、平均绝对误差和相关系数 R 来判断模型模拟效果，并据此对模型进行修正。如果 RMSE 和 MAE 的值较小，且系数 R 接近 1，则预测效果较好。该指标定义如下：

$$RMSE = \sqrt{\frac{\sum_{i=1}^{n} (\hat{y}_i - y_i)}{n}} \tag{6-26}$$

$$MAE = \frac{1}{n} \sum_{i=1}^{n} |\hat{y}_i - y_i| \tag{6-27}$$

$$R = \pm \sqrt{\frac{\sum_{i=1}^{n} (\hat{y}_i - \bar{y})^2}{\sum_{i=1}^{n} (y_i - \bar{y})^2}} \tag{6-28}$$

式中，y_i，$\hat{y}_i$ 分别代表第 1 个样本的观测值和预测值；$\bar{y}$ 是样本观测值的平均值；n 代表对应样本的样本量。

为了辨别城市 CEE 的潜在机制，本节设计了一个使用随机森林方法进行驱动因素识别的工作流程，包括三个主要步骤（图 6-4）：驱动因素选择、随机森林模型训练和核心驱动因素识别。首先，从城市发展与碳排放效率的协同关系角度，初步筛选出 30 个潜在驱动因素，并运用 Pearson 相关分析揭示潜在驱动因素之间的多重共线性，作为选择关键代表因素的依据。其次，使用从城市相关数据集中提取的多维变量作为输入特征来生成随机森林模型的训练数据集，并使用各种城市类型的驱动因素的重要性作为输出变量。本节通过测试和模拟精度来评估模型性能。最后，将训练好的随机森林模型与交叉校验法相结合，以确定各个城市的核心因素，并对驱动因素的重要性进行排序。

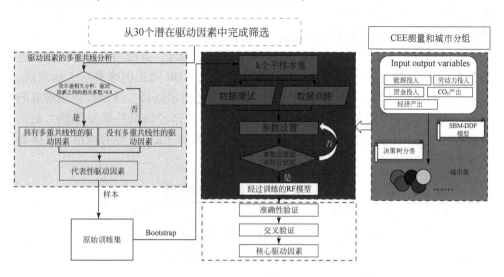

图 6-4　基于随机森林的城市碳排放核心驱动因子识别过程

6.2.2　指标选取和数据来源

6.2.2.1　指数选择

在对现有文献梳理的基础上，本节建立了一个包含能源、劳动力投入、资本投入、经济产出以及污染物产出的投入–产出系统。

（1）投入指标

劳动力投入由一个城市的受雇者、个体经营者和私营业主的总数来表示。资金投入则使用永续盘存法进行估算，并在计算中结合了价格指数紧缩法。能源消耗则基于夜间照明数据计算。现有研究指出，夜间照明数据在一定程度上代表了城市的能源使用（Amaral et al.，2005；Chand et al.，2009；Scroll and For，2010），本节通过夜间照明数据估算城市煤炭消耗量，进而表征城市地区的能源消耗。

（2）产出指数

经济产出由一个城市的实际 GDP 来表示。污染物排放量则通过稳定夜间照明数据间接计算。由于夜间照明数据反映了人类活动的总体情况，可用于评估 CO_2 排放。因此，本研究利用国防气象计划的运行线路扫描系统（DMSP/OLS）

提供的稳定夜间照明数据作为间接估算二氧化碳排放量的依据。

通过将 CEE 数据与外生数据相结合，并应用机器学习方法进行分组，本节探索由外生变量决定的城市 CEE 的异质性。本节选取了四个指标作为每个城市的外生分类变量：政府科技支出占总支出的比例（GSPC）、人均 GDP（PGDP）、人均用电量（ECS）和第二产业占 GDP 的比例（SEID），并使用决策树对城市进行分类。Wang 等（2021a，2021b）用第二产业占 GDP 的比例来表示工业发展。Guo 等（2022）认为，政府科技投入可以促进产业技术创新，进而抑制碳排放的增长。人均 GDP 用来表示人力资本，是衡量一个城市经济可持续发展能力的重要指标（Wang et al.，2022b）。这些变量被用作城市 CEE 分类的标准，具体如表 6-6 所示。

表 6-6　碳排放效率的投入产出指标

变量	指标	计算方法
投入	能源消耗	利用夜间照明数据估算煤炭消耗量
	劳动力投入	一个城市的雇员、个体经营者和私营业主的总数
	资本投入	永续盘存法
预期产出	经济产出	一个城市的实际 GDP
非预期产出	污染物排放量	使用夜间照明数据间接估算地区的二氧化碳排放量

6.2.2.2　驱动因素的选择

本研究从社会经济和环境角度考虑了 30 个影响碳排放效率的因素。具体来说，基于以往的研究，本节将这 30 个因素分为六类，并涉及城市人口、经济、空间、社会、能源、生态环境和自然环境七个方面。此外，本节还考虑了环境因素，如温度、湿度和降水，并结合了来自国家气象科学的数据（Meangbua et al.，2019；Huo et al.，2021；Wang et al.，2021c）。详细的变量定义如表 6-7 所示。通过使用机器学习方法对这些重要因素进行筛选和排序，本节探索了影响碳排放效率的因素在不同城市群之间的异质性。

6.2.2.3　数据来源

本节主要利用 2006～2020 年的《中国环境年鉴》《中国城市建设统计年鉴》《中国区域经济年鉴》及各城市统计局网站的信息。此外，还从美国国家海洋和大气管理局（NOAA）的美国国家地球物理数据中心（NGDC）的网站上获得了 DMSP/OLS 稳定的夜间灯光数据，它提供了 30 弧秒的空间分辨率和范围 0～63 的像素数字的 DN 值。由于从不同传感器获得的图像存在像素饱和以及不连续等

表 6-7　变量定义和符号

类别	指标	单位	序号
城市人口	市区的雇员人数	万人	A1
	城市化率	%	A2
	区域人口	万人	A3
	人口密度	人/千米	A4
	非农业就业百分比	%	A5
城市经济	国内生产总值	亿元	B1
	第二产业占地区生产总值的比例	%	B2
	第三产业占国内生产总值的比例	%	B3
	城市人口平均工资	元	B4
	固定资产投资总额	万元	B5
	进出口总额占国内生产总值的比例	%	B6
城市空间	建成区	平方千米	C1
	人均土地面积	平方千米/人	C2
	人均道路面积	平方米/人	C3
城市社会	每万人拥有的公共交通车辆	辆	D1
	城市公共汽车和有轨电车总客运量	万人	D2
	人均教育支出	元/人	D3
	科技支出占财政支出的比例	%	D4
城市能源	年总用电量	万千瓦小时	E1
	地级市能源消费总量	万吨	E2
	规模以上工业总产值	万元	E3
城市生态环境	人均公园绿地面积	平方米/人	F1
	建成区绿化覆盖率	%	F2
	工业废弃物	万吨	F3
	烟尘	吨	F4
	二氧化硫	吨	F5
	污水集中处理率	%	F6
城市自然环境	湿度	%RH	G1
	空气温度	摄氏度	G2
	沉淀	毫米/米^2	G3

问题，本节对 DMSP/OLS 数据进行了一系列的校正，包括传感器间、年度内和年度间校正。驱动因素中包含的一些社会经济指标主要来自《中国城市统计年鉴》，缺失数据由上述的其他数据来源补充。

6.2.3 结果和讨论

6.2.3.1 碳排放效率的模型识别

为了比较 DEA、SFA 和 SBM-DDF 模型估计结果的差异，本节选择了非参数显著性检验方法进行模型稳健性分析，样本包含所有城市单位在连续时间内的碳排放效率。表 6-8 显示了三个模型的非参数显著性检验，通过标准化的 J-T 统计值，我们发现 DEA 和 SBM-DDF 模型的结果优于 SFA 模型。此外，SBM-DDF 模型在渐进显著性方面优于其他两个模型，且在 Monte Carlo 显著性（双边）模拟中显著。综合考虑上述指标，我们认为 SBM-DDF 模型在标准 J-T 统计量、渐进显著性和 Monte Carlo 双边显著性方面的表现都更好。结果证明，SBM-DDF 模型是本节的最优模型，在进行碳效率评估时，使用 SBM-DDF 方法可能会得到更全面、更可靠的结果。

表 6-8 不同模型测量的效果比较

模型	DEA	SFA	SBM-DDF
平均 J-T 统计量	20618.000	20927.000	18569.500
J-T 统计量的标准差	799.767	799.760	799.630
标准 J-T 统计量	0.657*	−0.905	0.043
渐进显著性	0.041*	0.257	0.017*
Monte Carlo 显著性（双边）	0.512（b）	0.124（b）	0.009**（b）
Monte Carlo 显著性（单边）	0.858（b）	0.029*（b）	0.152（b）
代码中的级别数	284	284	284
普通	4260	4260	4260

***、**、*分别表示通过1%、5%、10%水平上的显著性检验；b. 基于10 000个抽样表，起始样本为2 000 000

6.2.3.2 碳排放效率的时空格局

本部分选取 284 个中国城市为研究对象，分析从 2006 年到 2020 年碳排放效率的时空特征，结果如图 6-5 所示。其中，曲线（a）显示了这些年碳排放效率的总体的波动趋势，碳排放效率的平均值在 0.61 左右波动，表明碳排放效率呈左偏分布。2006~2009 年，碳排放效率的始终处于较低水平；2010~2012 年，碳排放效率经历了小幅下滑；而 2013 年之后，碳排放效率有所提升。总体而言，城市碳排放效率在研究期间呈现出形似"U"形曲线的变化趋势，并证实了 2017 年的低水平碳拐点，这一结果与 Wang 等（2021b）的研究发现相似。本节对城市 CEE 的分布情况的研究结果也与 Gao 等（2023）得出的结论相近。此外，处于有效前沿的城市的数量在逐年增加。

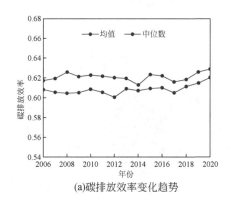 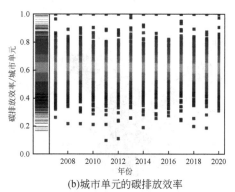

(a)碳排放效率变化趋势　　　(b)城市单元的碳排放效率

图 6-5　中国城市碳排放效率的变化趋势

为了进一步探索 2006~2020 年中国城市碳排放效率的时空分布，本节基于自然断点法将中国城市碳排放效率划分为五个等级，具体结果如图 6-6 所示。总体而言，2006~2020 年，中国城市的碳排放效率呈上升趋势。然而，城市之间的碳排放效率存在显著差异。早期，空间分布呈现"分散分布""东高西低""北高南低"的特点。自 2011 年以来，中国城市的碳排放效率逐渐提升，尤其是在广东地区，该地区已逐渐形成了高效的碳排放集群，这与该省的政策环境有关。同时，沿海地区的碳排放效率总体上处于较高水平，这些地区的高资源投入带来了较高的经济效益，是可持续发展的理想状态。到 2016 年，北方城市的碳排放效率无明显变化，东部沿海城市地区的碳排放效率略有提升，但显示出向内陆发展的渐进过程。2016~2020 年，在环境法规逐步加强的政策背景下，西部地区的碳排放效率逐步改善，形成了一批高效城市。尤其是成渝、长三角、珠三角城市群呈现明显的集聚效应。

6.2.3.3　多重共线性分析和随机森林模型训练

这一部分包括从变量和模型两个角度对模型的优化，涵盖对潜在驱动因素筛选及对随机森林模型的训练。使用 Pearson 相关分析处理高度共线的特征变量，

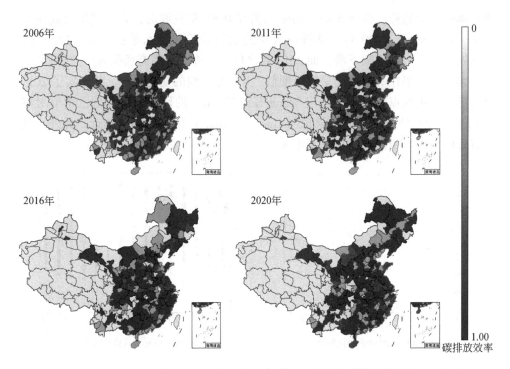

图 6-6　2006 年、2011 年、2016 年和 2020 年中国地级市的碳排放效率的空间分布

以减少模型变量的处理误差，然后将选定的驱动因素导入到模型中。基于平均边际指数找到决策树的最佳分裂点，以优化模型的变量和决策树的数量，以便更好地进行后续的驱动因素分析。

（1）驱动因素的多重共线性分析

随机森林算法可以通过随机选择特征和样本以构建多个决策树来降低共线性的影响，从而降低特征之间的相关性。因此，与其他线性回归算法相比，随机森林回归受多重共线性影响的可能性更小。然而，如果数据集中存在高度共线的变量，仍有必要测量数据集以避免潜在问题，并确保在构建碳排放效率回归模型时变量重要性评估的合理性。本节从城市人口、城市经济、城市空间、城市社会、城市能源、城市生态环境和城市自然环境因素七个层面选取了 30 个驱动因素。结果显示，一些因素之间存在很强的相关性（图 6-7）。例如，进出口总值占国内生产总值的比例（B6）和污水集中处理率（F6）在多重驱动因素下呈现出明显地接近 1（0.8～1.0）的相关系数。相比之下，A1、A4、B1、C1 和 E1 与大多数其他因素的相关性较弱。第二产业占地区生产总值的比例（B2）和年总用电量（E1）经常被用作碳排放效率的代表性指标。考虑到它们与其他因素的相关性，应排除高度共线的指标 B6 和 F6。

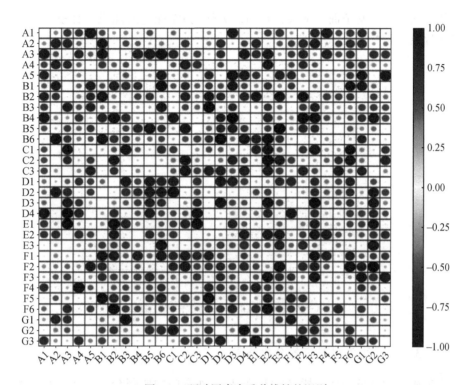

图 6-7 驱动因素多重共线性的识别

（2）随机森林模型训练结果

使用随机森林模型的两个关键参数：测试的变量数量和生成的决策树数量，其目的是在生成决策树时实现最优分割。输入特性的平方根决定了变量的数量。训练试验的平均边际将用于确定树的最小数量。可以基于对每个特征变量在决策树中的预测结果的相对变化的观测，以反映每个特征变量对预测结果的贡献。为了避免由于各类型的城市的代表性样本不足而导致的错误，本节通过随机的一般抽样确定了一个平衡的训练集。城市的相关特征指数为自变量 X，城市类型为因变量 Y，利用随机森林模型算法确定不同类型城市的关键特征。该方法以统一的间隔选取样本，提升了包含的城市数量较少的类别被选取的概率，降低了不同类型城市抽取概率的相对偏差。平均边际趋势遵循大数定律，即在相同条件下进行多次重复实验，随着实验次数的增加，最终结果会收敛到一个常数。随着迭代次数和树的数量的增加，样本训练过程会重复多次。如图 6-8 所示，我们使用所有样本的平均边际测算了模型效果，结果显示，随树木的数量增加，平均边际快速增加并在 0.70 处达到峰值。这意味着，当树的数量增加到某一点时，代表随机森林模型的泛化误差的平均间隔将变得稳定，并且该模型具有相对稳定的性能和较少的时间损失。基于训练结果，我们认为使用 95 棵树的随机森林模型可以获得最佳效果。

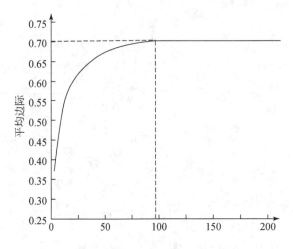

图 6-8　决策树数量的平均边际有效性函数

6.2.3.4　不同类型城市的分类结果

本节中采用的分类回归树（CART）是一种专门的监督分类方法。在分类之前，将训练样本分为两部分进行模型测试和验证。实验表明，随着训练样本从70% 开始，以 5% 的增量增加，决策结构和模型精度提高。然而，当减少测试样本时，决策效果没有显著变化。据观察，当训练样本达到 80% 时，该模型产生最佳分类结果。公式（6-21）保证了参与分类的同一个城市不会在不同的年份被分到不同的类别。如图 6-9 所示，本节选择基尼指数最小的子树作为最优子树。根据 CEE 和基尼系数的不同，我们将该模型将城市分为 7 类，即类型 1：规模经济城市（ESCs），类型 2：工业发展城市（IDC），类型 3：低碳潜力城市（LPCs），类型 4：经济发展城市（ECDCs），类型 5：低碳增长城市（LCGs），类型 6：人口发展城市（PDCs）和类型 7：能源依赖型城市（EDCs）。详细的城市分组如表 6-9 所示。

决策树方法将 284 个城市分为七组。分组前的平均碳排放效率值为 0.617，而分组后的平均碳排放效率值为 0.612~0.732。聚类分析表明，城市分工总体上呈现出空间相关性，例如，ESCs 主要集中在省会城市和沿海地区，如北京和上海等科技和经济发达的城市；IDCs 主要位于发达的东部沿海地区。PDCs 和 LPCs主要集中在东北、东南和西南，特别是在快速发展的东南地区，如三亚和汕尾。ECDCs 呈现密集的空间分布，形成了以交通便利的城市为中心的集群式城市，如

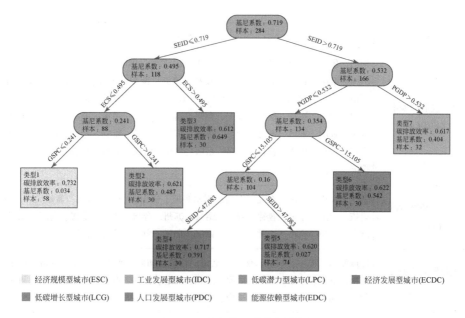

图 6-9　城市分组决策树结果

表 6-9　每组中城市的分类

类型	城市
规模经济型城市（ESCs）	包头、北京、成都、赤峰、大同、福州、抚州、广州、哈尔滨、杭州、呼和浩特、济南、昆明、兰州、廊坊、临沂、南京、南宁、秦皇岛、青岛、厦门、上海、深圳、沈阳、石家庄、太原、天津、乌鲁木齐、武汉、西安、张家口
工业发展型城市（IDCs）	滨州、池州、德阳、德州、福州、广安、邯郸、湖州、淮北、惠州、吉安、江门、金昌、景德镇、九江、漯河、马鞍山、衢州、日照、石嘴山、泰安、通辽、铜陵、潍坊、吴忠、襄阳、新余、邢台、银川、重庆
低碳潜力型城市（LPCs）	怀化、淮安、黄冈、黄山、鸡西、吉林、佳木斯、锦州、晋城、荆州、酒泉、开封、来宾、丽江、临沧、六安、陇南、茂名、梅州、牡丹江、南平、平凉、普洱、齐齐哈尔、钦州、清远、曲靖、三亚、汕尾、商丘、韶关、邵阳、双鸭山、四平、松原、随州、绥化、天水、铁岭、乌兰察布、武威、西宁、信阳、阳江、宜春、益阳、永州、榆林、云浮、运城、张家界、张掖、昭通、肇庆、中卫、舟山、驻马店、遵义

续表

类型	城市
经济发展型城市 （ECDCs）	荆门、乐山、丽水、连云港、辽源、聊城、临汾、柳州、六盘水、龙岩、娄底、泸州、洛阳、吕梁、眉山、绵阳、南昌、南充、南阳、内江、宁德、攀枝花、平顶山、萍乡、莆田、濮阳、七台河、庆阳、三门峡、三明、汕头、商洛、上饶、十堰、朔州、宿迁、随州、遂宁、台州、通化、铜川、渭南、温州、芜湖、梧州、咸宁、咸阳、湘潭、孝感、新乡、徐州、许昌、宜城、雅安、延安、盐城、阳泉、宜宾、宜春、鹰潭、营口、禹溪、岳阳、枣庄、湛江、漳州、长春、长治、周口、株洲、资阳、自贡
低碳增长型城市 （LCGs）	常州、大连、大庆、东莞、东营、鄂尔多斯、佛山、合肥、嘉兴、嘉峪关、克拉玛依、南通、宁波、盘锦、泉州、绍兴、苏州、台州、唐山、威海、乌海、无锡、烟台、扬州、宜昌、玉林、长沙、镇江、郑州、中山、珠海、淄博
人口发展型城市 （PDCs）	巴彦淖尔、巴中、白城、保山、亳州、常德、朝阳、承德、崇左、达州、丹东、定西、阜新、阜阳、赣州、固原、广元、贵港、桂林、海口、汉中、河池、河源、贺州、鹤岗、黑河、衡水、衡阳、呼伦贝尔、葫芦岛
能源依赖型城市 （EDCs）	安康、安庆、安顺、安阳、鞍山、白山、白银、百色、蚌埠、宝鸡、保定、北海、本溪、沧州、潮州、郴州、滁州、鄂州、防城港、抚顺、贵阳、菏泽、鹤壁、淮南、黄石、济宁、焦作、揭阳、金华、晋中

洛阳，延安和内江等。这些城市位于不同省份的经济优势区域。EDCs 继续依赖化石燃料和其他高碳能源形式，它们的能耗和排放相对较高，如淮南和淮北地区。LCGs 采用低碳能源的消费形式，如可再生能源和清洁能源，以减少对化石燃料和碳排放的依赖，具有显著的低碳效益，包括合肥（安徽省）、郑州（河南省）。因此，本节中使用的决策树方法有效地描述和分类了不同城市的发展状况。

6.2.3.5 碳排放的驱动因素

图 6-10（a）显示的是城市七个维度变量的测量结果。城市人口（A1 和 A3）、经济（B1、B2、B5）、能源（E1、E2）和社会（D4）因素是最重要的变量，其次是城市环境因素。能源消耗和地区经济发展是碳排放增长的两大因素。经济发展与资源的使用密不可分，经济的发展使得能源消耗也在增加。因为传统化石能源仍然主导能源消费市场，这自然增加了碳排放。社会用电需求对碳排放的促进作用也印证了这一点。工业消耗了超过 65% 的社会电力，其中大部分仍然来自传统的化石燃料。因此，受监管的电力消费在促进大型能源企业和高消耗、高污染企业的绿色发展和低碳转型方面发挥着关键作用。然而，随着人们越

来越关注环境问题和气候变化，低碳和生态友好的生活方式正逐渐被人们接受。各国政府通过制定政策、倡导节能资源使用、优先开发利用清洁能源等方式推动传统企业的低碳改革，从而减轻碳排放的不利影响。区域发展空间和人口也是决定碳效率的关键因素。城市发展空间越大，对人口、资源等资源的需求越大，同时伴随着高碳排放。更高的人口增长率往往伴随着能源需求的增加和碳排放的大幅增加，从而导致碳效率的减少。

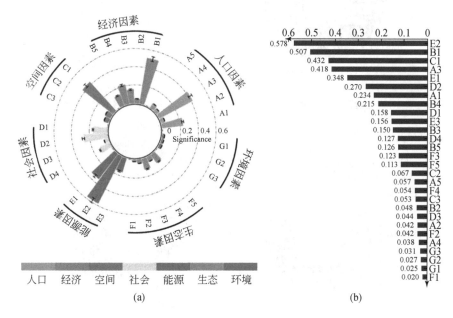

图 6-10　CEE 驱动因素对城市发展的重要性排名

注：图（a）表示不同城市规模特征变量的重要性，图（b）表示驱动因素序列的测量结果

不同城市类型的驱动因素排序不同。由于排名 12 位后的碳效率对城市碳排放的影响相对较小，图 6-11 仅显示了七类城市中排名前 12 位的驱动因素。能源因素在 EDCs、ECDCs 和 LPCs 中起着更重要的作用。在 ECDCs 中，E2、E1、B5 占据前三位。相比之下，能源依赖型城市的主要因素是能源消费和生产总值，这与图 6-11（b）中观察到的 CEE 驱动因素的重要性趋势一致。在能源依赖型城市中，碳效率的主要驱动因素是地区人口规模。在 LCGs 中，技术支出的比例最高，城市绿化和电力消耗起着至关重要的作用。这意味着，发展绿色低碳产业技术，加快传统产业转型升级，减少重点行业污染物排放，可以有效改善碳效率。

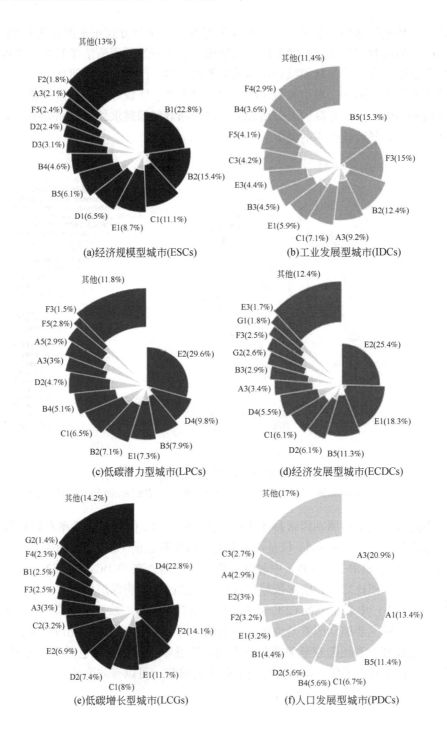

其他(13%)

F2(1.8%)
A3(2.1%)
F5(2.4%)
D2(2.4%)
D3(3.1%)
B4(4.6%)
B5(6.1%)
D1(6.5%)
B1(22.8%)
B2(15.4%)
C1(11.1%)
E1(8.7%)

(a)经济规模型城市(ESCs)

其他(11.4%)

F4(2.9%)
B4(3.6%)
F5(4.1%)
C3(4.2%)
E3(4.4%)
B3(4.5%)
E1(5.9%)
C1(7.1%) A3(9.2%)
B5(15.3%)
F3(15%)
B2(12.4%)

(b)工业发展型城市(IDCs)

其他(11.8%)

F3(1.5%)
F5(2.8%)
A5(2.9%)
A3(3%)
D2(4.7%)
B4(5.1%)
C1(6.5%)
B2(7.1%) E1(7.3%)
E2(29.6%)
D4(9.8%)
B5(7.9%)

(c)低碳潜力型城市(LPCs)

其他(12.4%)

E3(1.7%)
G1(1.8%)
F3(2.5%)
G2(2.6%)
B3(2.9%)
A3(3.4%)
D4(5.5%)
C1(6.1%)
D2(6.1%) B5(11.3%)
E2(25.4%)
E1(18.3%)

(d)经济发展型城市(ECDCs)

其他(14.2%)

G2(1.4%)
F4(2.3%)
B1(2.5%)
F3(2.5%)
A3(3%)
C2(3.2%)
E2(6.9%)
D2(7.4%)
C1(8%)
D4(22.8%)
F2(14.1%)
E1(11.7%)

(e)低碳增长型城市(LCGs)

其他(17%)

C3(2.7%)
A4(2.9%)
E2(3%)
F2(3.2%)
E1(3.2%)
B1(4.4%)
D2(5.6%)
B4(5.6%) C1(6.7%)
A3(20.9%)
A1(13.4%)
B5(11.4%)

(f)人口发展型城市(PDCs)

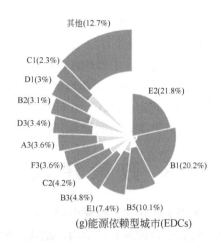

(g)能源依赖型城市(EDCs)

图 6-11　不同类型城市 CEE 驱动因素的重要性排序

6.2.3.6　碳排放驱动因素的区域异质性

如图 6-12 所示，中国不同地区的 CEE 驱动因素存在显著差异。东部地区的前四大驱动因素是 D4（8.36%）、F2（6.53%）、G3（5.56%）、A5（4.87%）。中部地区占比最高的驱动因素是 E2（6.93%）、D_1（6.01%）、B3（4.81%）、F4（4.78%）。在西部地区，占比最高的因素依次是 A3（7.28%）、F2（7.13%）、F1（6.26%）、C2（6.01%）。结果表明，东部地区城市，尤其是东部沿海城市的技术效率高于西部地区城市。东部地区具有地理优势、政策支持优势和人才优

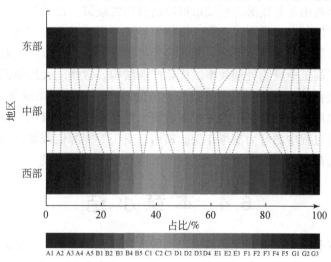

图 6-12　地区因素重要性差异

势，科技成果转化水平高。中部地区城市能源消耗的重要性超过东部和西部地区。一方面中部崛起战略在一定程度上扩大了化石能源的广泛使用，另一方面也与黄河经济带和长江经济带建设有关。中部地区为经济带建设提供了可观的能源支撑，并承担着能源生产的碳排放压力。西部地区城市人口因素占有重要比例，特别是以重庆、成都为代表的大西南经济区，人口和经济发展高度集中，为协调碳效率与经济社会发展的衔接提供了有利的智力、物质和资金支持。

6.3　政策建议

首先，与单个城市的无限扩张相比，构建由中心城市、都市圈和城市群组成的城市梯队无疑是关键。政府应合理规划城市内部结构，根据环境承载能力平衡城市规模，并制定相应的政策，防止城市过度拥挤或无序扩张造成环境破坏。产业转型是重中之重，这是转移落后产业、发展先进产业的必由之路。对于大城市和特大城市（100万以上人口），应通过产业转移促进人口和资源向其他城市流动。例如，鼓励中心城市的企业在当地设立分支机构，以减少人口集中，缓解大城市和特大城市的拥堵效应。对于中小城市（100万以下人口），要加快基础设施建设，鼓励合适产业向中小城市迁移，创造更多就业机会，吸引更多人口向中小城市流动。这样有助于大城市分担环境压力，促进人地充分配置的规模效应，实现碳减排。

北京、广州、杭州等经济规模型城市可以通过提高建筑能效来提高能效和碳效率。黄冈和黄山等低碳潜力型城市可以出台相关政策，促进能源消费转型，增加绿色技术开发的财政投资。芜湖、温州等经济发展型城市应实施节能措施，促进经济向低能耗方向发展。潍坊、湖州等经济发展型城市可以加大对节能减排设备的投资，提高工业废物处理效率，优化产业结构。常州、大连等低碳增长型城市可加大低碳科技的研发投入，打造绿色节能城市，增加城市绿化面积。常德、承德等人口发展型城市应制定人才吸引政策，提高城市人口素质，充分发挥人才在提高碳效率过程中的智力支撑作用。鞍山、安庆等能源依赖型城市要加快能源消费转型，提高经济发展质量，加快城市节能和治污设备建设。

6.4　本章小结

本章首先利用全球夜间光照数据识别城市亮区和建成区，并据此构建了中国259个地级市2003～2019年的城市规模指数。它避免了只考虑人口规模或空间规模所造成的单一指标的问题，使城市规模的测算更加合理。利用动态面板模型研究了城市规模对城市人均碳排放量的影响，并讨论了不同人口水平和经济发展水平下各城市的异质性。此外，本章探讨了不同类型城市和地区碳排放驱动因素之间的差异，以揭示城市碳排放评估的空间分布特征和减排潜力的异质性。我们采用基于非径向、非定向松弛测度的定向距离函数模型，评估了 284 个城市在 2006 ~ 2020 年期间的碳排放总量。应用机器学习算法识别城市特征，以确定城市发展类型及其特征驱动因素的影响。

第7章 中国城市低碳发展质量评价

低碳城市的建立被认为是实现低碳未来的关键。低碳城市是由经济、社会、人口、资源、环境等子系统构成的复杂动态系统。低碳城市的建设是一个复杂的多维过程，涉及经济发展、人口集聚、技术进步、能源结构、环境保护等诸多方面。因此，城市低碳建设的整体效果应该通过提高低碳发展质量来实现，而不是以减少碳排放为主要目标。有鉴于此，如何科学评价城市低碳发展质量，有效反映城市低碳发展现状，是建设低碳城市、发展低碳经济的重要课题。

7.1 研究方法

7.1.1 低碳发展质量评价指标体系

城市低碳发展是一个多目标问题，不仅要减少温室气体排放，还要保证经济增长和人民生活质量。低碳城市是由经济、社会、人口、资源、环境等子系统构成的复杂动态系统。各子系统相互联系、相互作用、相互制约。具体来说，低碳经济从产业和技术层面强调经济发展；低碳社会更加关注消费者，强调发展绿色交通，促进生活方式和消费模式的低碳转型；城市规划以城市空间为载体，实现低碳基础设施建设，从而最大限度减少温室气体排放；低碳城市的建设不是盲目减少碳排放，而是在发展经济的同时，调整能源结构，提高能源效率，建设可持续的宜居环境。因此，本章在系统论的指导下，从低碳经济、低碳社会、城市规划、能源利用和低碳环境五个维度构建评价指标体系，综合评价各城市的低碳发展质量。如图7-1所示，指标体系分为三层，即目标层、准则层和指标层，指标层选取了25个具体指标。

7.1.2 熵权法

熵是信息论中提出的信息不确定性的度量（Delgado and Romero，2016）。信息量越大，熵越小，对应的指标权重越大。这为多指标综合评价提供了评分依据

图 7-1　城市低碳发展质量评价指数

（Dai et al.，2019）。本章采用熵权法，通过指标观测值提供的信息来确定指标的权重，避免了加权的主观随意性。通过熵权法计算的指数权重如表 7-1 所示。主要步骤如下：

根据原始数据，低碳发展质量评价指标的初始矩阵为 $X=(x_{ij})_{m \times n}$，其中 m 和 n 分别为评价对象数和评价指标数。

$$X=(x_{ij})_{m \times n}=\begin{pmatrix} x_{11}, & x_{12}, & \cdots, & x_{1n} \\ x_{21}, & x_{22}, & \cdots, & x_{2n} \\ \vdots & \vdots & & \vdots \\ x_{m1}, & x_{m2}, & \cdots, & x_{mn} \end{pmatrix} \tag{7-1}$$

这里，$i=1$，2，$\cdots$，m；$j=1$，2，$\cdots$，n。由于 25 个指标的维度不同，数据无法直接对比。因此，对 $(x_{ij})_{m \times n}$ 进行无量纲化处理以消除指标维数的影响，并获得归一化矩阵 Y。对于正指标，处理方法如式（7-2）所示。对于负指标，处理方法如式（7-3）所示。

$$y_{ij}=\frac{x_{ij}-\min x_{ij}}{\max x_{ij}-\min x_{ij}} \quad 1 \leqslant i \leqslant m, 1 \leqslant j \leqslant n \tag{7-2}$$

$$y_{ij}=\frac{\max x_{ij}-x_{ij}}{\max x_{ij}-\min x_{ij}} \quad 1 \leqslant i \leqslant m, 1 \leqslant j \leqslant n \tag{7-3}$$

$$Y = (y_{ij})_{m \times n} = \begin{pmatrix} y_{11}, & y_{12}, & \cdots, & y_{1n} \\ y_{21}, & y_{22}, & \cdots, & y_{2n} \\ \vdots & \vdots & & \vdots \\ y_{m1}, & y_{m1}, & \cdots, & y_{mn} \end{pmatrix} \tag{7-4}$$

该地区评价指标 j 在区域 i 中的比值定义为：

$$p_{ij} = \frac{y_{ij}}{\sum\limits_{i=1}^{m} y_{ij}} \tag{7-5}$$

评价指标 j 的熵值 e_j 由下式计算：

$$e_j = -\frac{1}{\ln m} \sum_{i=1}^{m} p_{ij} \ln(p_{ij}) \tag{7-6}$$

通过以下等式计算属性权重：

$$w_j = \frac{1 - e_j}{\sum\limits_{j=1}^{n} (1 - e_j)} \tag{7-7}$$

表 7-1 城市低碳发展质量指标体系

目标层	准则层	指标层	单位	属性	权重
城市低碳发展质量	低碳经济	人均 GDP x_1	元	正向	0.137
		第二产业占 GDP 的比例 x_2	%	负向	0.060
		第三产业占 GDP 的比例 x_3	%	正向	0.078
		社会劳动生产率 x_4	元/人	正向	0.060
	低碳社会	自然增长率 x_5	%	负向	0.030
		每万人拥有的公共汽车数量 x_6	辆	正向	0.183
		私家车数量 x_7	辆	负向	0.006
		城市化水平 x_8	%	正向	0.049
	城市规划	建成区 x_9	平方千米	负向	0.011
		居住用地比例 x_{10}	%	负向	0.021
		城镇居民人均居住面积 x_{11}	平方米/人	负向	0.012
		人均路面面积 x_{12}	平方米	负向	0.012
	能源利用	吨位里程 x_{13}	万吨	负向	0.010
		能源强度 x_{14}	吨标准煤/万元	负向	0.009
		万元 GDP 耗电量 x_{15}	千瓦时/万元	负向	0.004
		万元 GDP 用水量 x_{16}	立方米/万元	负向	0.007

续表

目标层	准则层	指标层	单位	属性	权重
城市低碳发展质量	低碳环境	绿化面积占建成区面积的比例 x_{17}	%	正向	0.010
		人均公共绿地面积 x_{18}	平方米	正向	0.205
		PM$_{2.5}$年平均浓度 x_{19}	微克/米^3	负向	0.016
		工业烟尘排放 x_{20}	万吨	负向	0.004
		工业二氧化硫排放 x_{21}	万吨	负向	0.007
		工业废水排放 x_{22}	万吨	负向	0.008
		工业固体废物综合利用率 x_{23}	%	正向	0.036
		废水集中处理比例 x_{24}	%	正向	0.012
		生活垃圾无害化处理比例 x_{25}	%	正向	0.012

7.1.3 TOPSIS 法

TOPSIS（Technique for Order Preference by Similarity to Ideal Solution）是一种求解多准则决策问题的技术（Chen et al.，2018），其基本思想是首先定义决策问题的正理想解和负理想解，然后根据每个可行解分别与正理想解和负理想解的距离进行排序（Behzadian et al.，2012；Dymova et al.，2013）。正理想解使收益最大化，也使总成本最小化，而负理想解使收益最小化，也使总成本最大化（Azadeh et al.，2011）。该方法充分利用了属性信息，能够系统地分析城市低碳发展质量与理想状态的接近程度，从而全面客观地反映城市低碳发展过程中存在的问题。传统的 TOPSIS 法主要采用专家打分法或经验判断法来确定权重，这在一定程度上削弱了评价的客观性。基于此，本研究采用熵权法来避免主观影响。求解步骤如下。

加权归一化矩阵通过归一化矩阵与索引的权重相乘来确定，如式（7-8）所示。

$$v_{ij}=w_j y_{ij}(i=1,2,\cdots,m;\quad j=1,2,\cdots,n)\qquad(7-8)$$

设 V_j^+ 和 V_j^- 分别为所有评估对象中第 j 个指标的最大值和最小值。所有评价指标的最大值组成的向量称为低碳发展质量的正理想解，如式（7-9）所示。由所有评价指标的最小值组成的向量称为低碳发展质量的负理想解，如式（7-10）所示。

$$V^+=(V_1^+,V_2^+,\cdots,V_n^+)\qquad(7-9)$$

$$V^- = (V_1^-, V_2^-, \cdots, V_n^-) \tag{7-10}$$

离积极理想替代方案的距离是：

$$D_i^+ = \sqrt{\sum_{j=1}^{n} (V_{ij} - V_j^+)^2} \quad (i = 1, 2, \cdots, m; \quad j = 1, 2, \cdots, n) \tag{7-11}$$

与消极理想替代方案的距离是：

$$D_i^- = \sqrt{\sum_{j=1}^{n} (V_{ij} - V_j^-)^2} \quad (i = 1, 2, \cdots, m; \quad j = 1, 2, \cdots, n) \tag{7-12}$$

相对近似度由式（7-13）确定：

$$C_i = \frac{D_i^-}{D_i^- + D_i^+} \tag{7-13}$$

式中，C_i 反映评价对象与正理想解的接近程度，取值范围为 0 ~ 1，数值越大，城市低碳发展质量越好，反之亦然。

7.1.4　障碍分析

基于评价结果，有必要进一步探索制约城市低碳发展质量的关键因素。Van Lamsweerde 和 Letier（2000）开发了简化版本的 KAOS 框架，用于推理满足目标和要求的障碍，其中目标被定义为一组期望的行为，而障碍被定义为一组非期望的行为。需要发现障碍并对其进行定性，以找到解决办法，这些障碍与它们阻碍的目标相关联（Lutz et al.，2007）。因此，运用障碍分析法对制约城市低碳发展质量的障碍因素进行诊断和分析，从而为各城市的低碳发展提供更切合实际的解决方案（Wang et al.，2019a）。障碍分析模型的公式如下所示：

$$O_{ij} = \frac{I_{ij} F_j}{\sum_{j=1}^{n} I_{ij} F_j} \times 100\% \tag{7-14}$$

式中，O_{ij} 表示单个指标对低碳发展质量的阻碍程度；因素贡献度 F_j 表示单个指标对总体目标的影响程度（即单个因素对总体目标的权重）；指标偏差 I_{ij} 表示单个指标与城市低碳发展质量理想状况的差距，用单个指标标准化值与 100% 的差值表示，即其中为单个指标采用极值法得到的标准化值。$I_{ij} = 1 - y_{ij}$，y_{ij} 是用极值法得到的单一指标的标准化值。基于各单项指标的障碍度，计算各准则层对城市低碳发展质量的障碍度。公式是：

$$U_j = \sum O_{ij} \tag{7-15}$$

7.2 研究区域和数据

7.2.1 研究区域

为了研究中国城市的低碳发展质量,考虑到数据的可获得性,本研究收集了中国30个省级行政区(西藏、香港、澳门和台湾未纳入研究样本)的259个地级市的数据。其中,东部地区有107个地级市,中部地区有100个地级市,西部地区有52个地级市。

7.2.2 数据来源

为了提高数据的公平性和可靠性,我们选取了2015~2017年各指标的平均值。由于$PM_{2.5}$年均浓度的数据只有2017年才有,所以该指标采用2017年的数据。25个指标中,社会劳动生产率表示为GDP除以就业人口。城市化水平是用城市人口占总人口的比例来衡量。居住用地比例表示为城市居住用地面积占建成区面积的比例。能源强度表示为能源消耗除以国内生产总值。万元GDP用电量表示为用电量除以GDP。万元GDP用水量表示为用水量除以GDP。人均公共绿地面积是通过一个城市的绿地面积除以人口来计算的。

从原始数据来看,人均国内生产总值、三大产业占国内生产总值的比例、就业人口、自然增长率、每万人拥有的公交车数、建成区面积、居住用地面积、城镇居民人均居住面积、吨位里程、用电量、绿化面积占建成区面积的比重、$PM_{2.5}$年均浓度、工业烟尘(粉尘)排放量、工业二氧化硫排放量、工业废水排放量、工业固体废物综合利用率、废水集中处理率、生活垃圾无害化处理率各城市的城市人口和总人口、人均道路面积、用水量和城市绿地面积来源于《中国城市建设统计年鉴》。私人汽车数量数据来自《中国区域经济统计年鉴》。其他数据来自各城市的统计年鉴和公报。

7.3 城市低碳发展质量评价结果

7.3.1 城市低碳发展质量总体评价

运用ArcGIS中的自然断点法,根据总分将259个城市分为四个等级。如图

7-2 所示，总分 0 ~ 0.224 为低质量发展城市，总分 0.225 ~ 0.296 为中低质量发展城市，总分 0.297 ~ 0.434 为中高质量发展城市，总分 0.435 ~ 0.631 为高质量发展城市。值得注意的是，高质量和中高质量发展城市主要集中在中东部地区，西部地区没有高质量发展城市。低碳发展质量中等偏差的城市广泛分布在中原城市群、东北地区和长三角地区。图 7-2 从不同维度展示了四类城市的低碳发展质量，图 7-3 展示了低碳发展质量在五个维度上的空间分布。

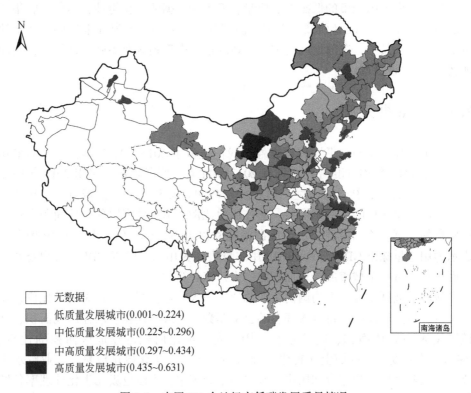

图 7-2　中国 259 个地级市低碳发展质量情况

　　显然，质量较好的城市各维度得分相对平均，表明这些城市在经济发展、社会进步、城市规划、节能环保等方面实现了均衡发展，总体低碳发展质量较高。对于其他三种类型的城市，城市规划和能源利用得分所占比例较大。因此，这些城市在城市化进程中必须注重经济发展和环境保护，努力建立低碳的社会消费模式。东部和中部地区城市的低碳经济、低碳社会和低碳环境得分明显较高。西部地区城市规划得分较高，能源利用得分在三个地区分布均匀。高质量和中高质量城市的城市化和工业化水平相对较高。近年来，这些城市通过技术发展、制度约束、能效提升和产业体系优化，实现了城市社会、经济、能源、环境等方面的全

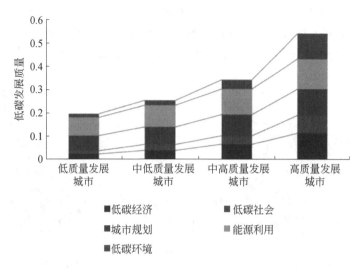

图 7-3   不同维度下四类城市的低碳发展质量

面低碳发展。相比之下，中东部内陆边缘省份城市的低碳发展进程相对滞后，如四川、湖北和河南。中西部地区作为高能耗产业转移的承接地，能源消耗强度和温室气体排放强度都比较高。这些城市应加快产业结构的优化升级，严格控制高能耗、高碳排放产业的发展，逐步实现经济高效、结构低碳的发展。

如图 7-4 所示，259 个地级市低碳发展质量差异巨大。表 7-2 显示了低碳发展质量不同的四类城市的平均得分，并列出得分最高的前两个城市和得分最低的后两个城市。首先，高质量城市、中高质量城市、中低质量城市、低质量城市的平均评价得分分别为 0.582、0.347、0.254、0.196。高质量城市的平均分是低质量城市的三倍。总体来看，259 个城市的低碳发展质量平均得分为 0.242，处于中等较差水平。低碳质量较高的城市是鄂尔多斯、深圳、东莞和广州，得分分别为 0.631、0.560、0.556 和 0.434。鄂尔多斯作为中国西部重要的煤炭资源型城市，人口少，资源丰富，人均 GDP 相对较高。近年来，在"推进结构转型，创新强市"战略的实施下，鄂尔多斯加快了产业转型的步伐，提出了"大旅游"发展战略，以带动区域经济结构转型，提高经济竞争力。现在旅游业已经成为鄂尔多斯经济发展的支柱产业。鄂尔多斯把旅游业作为推动其经济转型的重要工具，走出了一条可持续发展的道路。因此，鄂尔多斯的低碳发展质量在所有城市中排名第一。低碳发展质量较好的城市中，深圳、东莞、广州都属于广东省。广东作为全国首批低碳试点省份，在"十二五"规划中明确提出单位国内生产总值能耗和二氧化碳排放量分别降低 16% 和 17% 的目标。从此，广东省改变了"高投入、高消耗、高污染"的粗放式工业发展模式。广东省各市根据自身优势，努力做大做强特色产业，形成低碳导向的农业、工业和服务业集群。此外，广东省于 2012 年入选首批碳排放权交易试点省份，实现了经济发展和环境治理的双赢，深圳是中国住房和城乡建设部批准的第一个低碳生态示范城市。重点探

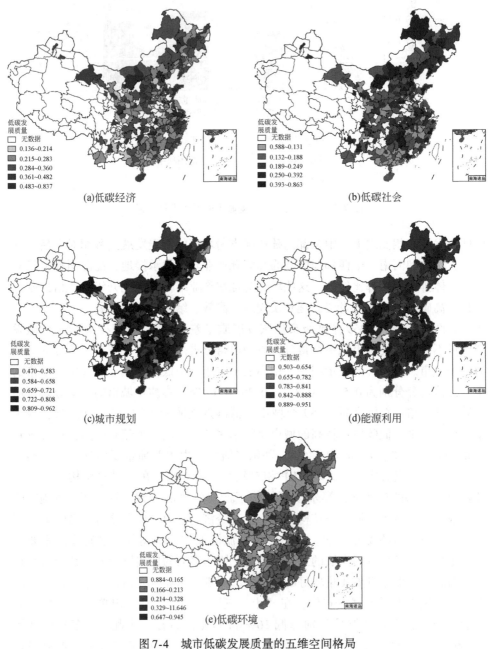

图 7-4　城市低碳发展质量的五维空间格局

索城市发展转型和南方气候条件下的低碳生态城市规划建设模式，广州和东莞是广东省首批碳普惠制试点城市，通过量化个人的节能减排行为，采取丰富的激励措施吸引公众参与低碳行动。

表7-2　城市低碳发展质量得分

城市类型	每种类型的平均得分	代表性城市	排名中的位置	每个城市的得分
高质量发展城市	0.582	鄂尔多斯	前1名	0.631
		深圳	前2名	0.560
		东莞	底部2	0.556
		广州	底部1	0.434
中高质量发展城市	0.347	梅山	前1名	0.415
		黄山	前2名	0.408
		天津	底部2	0.303
		威海	底部1	0.302
中低质量发展城市	0.254	武汉	前1名	0.296
		嘉峪关	前2名	0.294
		新乡	底部2	0.226
		新洲	底部1	0.226
低质量发展城市	0.196	阳泉	前1名	0.224
		济宁	前2名	0.224
		云浮	底部2	0.150
		昭通	底部1	0.146

7.3.2　不同维度的城市低碳发展质量评价

本研究计算了城市低碳发展质量的不同维度。得分最高的前十个城市和得分最低的后十个城市如表7-3所示。

在低碳经济方面，排名前四的城市是鄂尔多斯、广州、深圳和包头，得分分别为0.837、0.668、0.649和0.606。广州和深圳作为珠三角地区的中心城市，一直走在经济发展的前列。显然，碳减排相关经济政策的实施对其经济发展没有实质性影响。鄂尔多斯和包头是内蒙古自治区的资源型城市，资源丰富，人均GDP较高。近年来，这两个城市都把旅游业作为推动其经济转型的重要工具，并走上了可持续发展的道路。深圳作为首个"国家低碳生态示范区"，始终坚持产业结构的低碳发展方向，开展以清洁能源为导向的能源规划和燃气规划。此外，深圳还积极探索公共交通、绿色建筑和低碳城市规划，成为中国低碳生态城市发展的典范。垫底的6个城市是泸州、漯河、吴忠、金昌、福州和昭通，主要为中西部城市。其中，得分最低的泸州，也是中国西部的资源型城市。泸州市在2011年因天然气资源枯竭被列为国家资源枯竭型城市。同时，泸州是以酿酒、化工、机械制造、能源工业为支撑的传统工业城市。2018年泸州市第二产业占GDP比例超过50%，面临严峻的环境问题。并且，排名后十的城市得分都低于0.165，说明城市间经济发展质量参差不齐，两极分化比较严重。

表7-3 城市低碳发展质量的不同侧面

项目	低碳经济		低碳社会		城市规划		能源利用		低碳环境	
	城市	得分	城市	得分	城市	得分	城市	得分	城市	得分
前十名	鄂尔多斯	0.837	深圳	0.863	延安	0.962	白城	0.951	东莞	0.945
	广州	0.668	眉山	0.814	商洛	0.919	龙南	0.951	鄂尔多斯	0.892
	深圳	0.649	沧州	0.392	汉中	0.915	泰安	0.950	黄山	0.646
	包头	0.606	东莞	0.360	云浮	0.907	紫阳	0.946	本溪	0.591
	呼和浩特	0.600	西宁	0.336	宝鸡	0.906	威海	0.945	舟山	0.478
	无锡	0.599	邢台	0.332	丽江	0.873	平凉	0.944	咸阳	0.476
	北京	0.595	长沙	0.330	普洱	0.854	宁德	0.944	乌兰察布	0.451
	长沙	0.569	乌兰察布	0.322	天水	0.852	鹰潭	0.942	广州	0.412
	上海	0.557	昆明	0.310	玉溪	0.838	松原	0.939	克拉玛依	0.397
	苏州	0.556	乌鲁木齐	0.309	定西	0.834	商洛	0.933	晋中	0.378
倒数十名	保定	0.164	阜阳	0.082	咸宁	0.538	玉溪	0.654	普洱	0.127
	淮北	0.164	昭通	0.080	龙海	0.526	阜阳	0.650	河池	0.127
	紫阳	0.161	六安	0.080	北海	0.526	吉林	0.633	赤峰	0.125
	滁州	0.156	莆田	0.076	武威	0.520	乌海	0.625	运城	0.124
	昭通	0.155	贺州	0.074	白山	0.519	克拉玛依	0.588	三门峡	0.122
	福州	0.153	亳州	0.072	阜阳	0.516	石嘴山	0.584	吉林	0.118
	金昌	0.151	贵港	0.072	莆田系	0.498	上海	0.549	荆州	0.111
	吴忠	0.138	钦州	0.072	鸡西	0.480	广州	0.516	阳泉	0.108
	漯河	0.136	云浮	0.062	辽源	0.474	嘉峪关	0.507	商洛	0.105
	泸州	0.136	茂名	0.059	七台河	0.470	重庆	0.503	龙南	0.088

要提高低碳发展质量，城市必须努力实现低碳社会生活，通过推动生活方式

和消费方式的低碳转型，建设资源节约型和环境友好型社会。在低碳社会方面，深圳和眉山的评价得分分别为 0.863 和 0.814，表明这两个城市具有较高的社会发展水平和社会低碳质量。近年来，眉山十分重视立体交通建设：一方面，它可以促进旅游业的发展，这对当地经济的发展具有重要意义；另一方面，公共交通的建设可以减少交通部门的碳排放，同时提高人们的生活质量。沧州、东莞等城市的评价得分从 0.224 ~ 0.392 不等。这些城市在社会各方面呈现出不同的发展水平，但总体社会发展质量仍然处于较高水平。其余城市社会低碳质量相对较低，得分低于 0.224。可见，这些城市尚未形成资源节约型、环境友好型的生活方式和消费模式，需要在全社会形成共建共享低碳城市的社会共识。

中国的城市化和工业化进程需要大量的基础设施建设作为城市正常运行的保障，这就增加了对能源的需求。从低碳城市规划来看，排名前十的城市分别是延安、商洛、汉中、云浮、宝鸡、丽江、普洱、天水、玉溪和定西，评价得分在 0.833 以上。这些城市的城镇居民人均居住面积排在 120 名之后，2018 年地区生产总值排在 100 名之后。显然，城市低碳建设水平的提高主要取决于城市居住密度，而非经济发展水平。因此，人地矛盾相对温和的城市，城市规划的优势更为突出。西部地区城市规划得分高于东部和中部地区。具体来看，排名前十的城市中，除了云浮属于东部地区外，其他 9 个城市全部位于西部地区。云浮是中国最早实行"三规合一"的城市之一。这三个规划包括国民经济和社会发展规划、城市总体规划及土地利用规划，是中国空间规划体系的主要内容。实现"三规合一"可以促进各部门规划任务的充分协调，进一步优化空间资源配置，实现土地集约利用和城市高效管理。而我国西部地区地域辽阔，城市化进程相对中东部地区起步较晚，在城市规划方面有后发优势。

低碳经济的本质是提高能源效率，优化能源利用结构。能源利用效率是评价城市低碳发展质量的重要指标。在 259 个地级市中，评价得分高于 0.873 的城市有 100 个，主要分布在四川、江西、江苏、山东、广东等省份。这些城市能源利用率高，能源利用结构合理。南通、崇左和玉林等 105 个城市得分在 0.807 ~ 0.873。这些城市在低碳能源利用方面仍有很强的优势。深圳、西安等 43 个城市得分在 0.692 ~ 0.799。其余能源消耗导致碳排放严重的城市普遍得分较低，包括上海、广州等一线城市。例如，上海是一个工业密度高、经济总量大、人口多的特大城市，大量的人流和物流增加了上海的对外交通负荷。与伦敦、纽约等国际大都市相比，上海的重化工业在经济中仍占较大比例，工业能耗巨大。总体来看，259 个地级市间得分无显著差异，说明城市间能源利用两极分化不明显。

健康的低碳发展不仅要求减少温室气体排放，还要求减少其他污染物的排放。因此，工业固体废物综合利用率、工业废水集中处理率、生活垃圾无害化处理率等指标可以从末端治理技术的角度衡量低碳城市的环境治理水平。东莞、鄂尔多斯、黄山、本溪、舟山、咸阳、乌兰察布、广州位列低碳环境质量排名前八，评价得分均在 0.412 以上。例如，东莞作为全国制造业名城，曾经以劳动密集型产业为主，造成了土地利用效率低下、环境污染等一系列问题。2007 年，东莞开始建设生态工业园区，探索城市发展模式的转变，成功实现了从污染地区向环境友好型生态城市的转变。同时，东莞还建立了与绿地生态系统、交通系统以及旅游系统紧密结合的绿道网络，森林资源的碳储存能力显著提高。低碳环境得分排名后 6 位的城市分别是三门峡、吉林、荆州、阳泉、商洛和陇南。其中，三门峡、吉林、阳泉、陇南均为资源型城市，资源的过度开发增加了这些城市的生态环境压力，产生了大量的环境污染物，阻碍了城市的低碳发展（Chen et al.，2019）。

7.4　影响城市低碳发展质量的障碍因子分析

7.4.1　准则层障碍因素分析

本研究运用障碍分析模型，计算了 259 个地级市的障碍度，找出了主要障碍因素。如图 7-5 所示，低碳经济、低碳社会和低碳环境是制约城市低碳发展质量的主要障碍，而城市规划和能源利用的影响相对较弱。具体来说，低碳社会因子是质量较好城市的主要障碍因子，障碍度高达 36.5%。这些城市应该在不断提高人民生活质量的前提下，倡导健康、经济的低碳生活方式和消费模式。对于其他

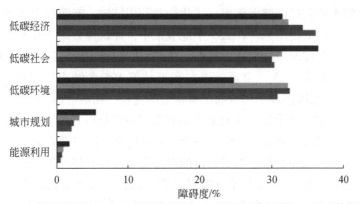

图 7-5　准则层中四类城市的障碍度

三类城市，低碳经济和低碳环境是影响低碳发展质量的主要障碍因素。对于这些城市来说，在追求经济效益的同时，注重环境保护，发展环境友好型"绿色经济"是提高城市低碳发展质量的关键。

7.4.2 指标层障碍因素分析

由于篇幅所限，我们从四类城市中选取了三个有代表性的城市进行障碍分析。根据 25 个指标，对各城市低碳发展质量的阻碍程度进行排序，选取前 5 个因素进行分析。如表 7-4 所示，各城市前五大障碍因子的总障碍度超过 78%，表明其在 25 个障碍因子中的影响较为突出。此外，人均公共绿地面积（x_{18}）和每万人拥有的公共汽车量（x_6）是最重要的障碍因素，平均障碍度分别为 28.2% 和 25.6%。

表 7-4 选定城市指标层主要障碍因子排序

类型	城市	项目	主要障碍因素排序（%）				
			第一	第二	第三	第四	第五
高质量发展城市	鄂尔多斯	障碍因素	x_6	x_{23}	x_2	x_3	x_5
		障碍度/%	54.841	8.741	8.187	8.061	6.230
	深圳	障碍因素	x_{18}	x_4	x_1	x_3	x_5
		障碍度/%	45.419	9.868	9.076	8.422	8.192
	广州	障碍因素	x_6	x_{18}	x_1	x_4	x_5
		障碍度/%	31.859	26.748	10.488	5.186	4.241
中高质量展城市	克拉玛依	障碍因素	x_6	x_{18}	x_3	x_2	x_1
		障碍度/%	26.553	23.199	12.963	10.524	9.464
	北京	障碍因素	x_{18}	x_6	x_1	x_4	x_9
		障碍度/%	36.132	28.257	12.976	8.330	2.183
	济南	障碍因素	x_{18}	x_6	x_1	x_4	x_8
		障碍度/%	30.581	27.471	14.799	5.829	4.237
中低质量发展城市	武汉	障碍因素	x_{18}	x_6	x_1	x_3	x_2
		障碍度/%	33.304	26.272	12.100	6.026	5.307
	成都	障碍因素	x_{18}	x_6	x_1	x_4	x_3
		障碍度/%	30.575	24.609	15.129	8.381	6.053
	石家庄	障碍因素	x_{18}	x_6	x_1	x_3	x_4
		障碍度/%	30.475	25.316	17.196	5.204	4.983

类型	城市	项目	主要障碍因素排序（%）				
			第一	第二	第三	第四	第五
低质量发展城市	大同	障碍因素	x_{18}	x_6	x_1	x_4	x_3
		障碍度/%	28.775	25.651	18.509	7.265	4.931
	宝鸡	障碍因素	x_{18}	x_6	x_1	x_3	x_2
		障碍度/%	26.916	23.581	15.484	10.383	8.039
	攀枝花	障碍因素	x_{18}	x_6	x_1	x_3	x_2
		障碍度/%	26.258	23.275	12.790	10.373	8.288

每万人拥有的公共汽车数量（x_6）是高质量发展城市的主要障碍因素，而这一障碍因素对鄂尔多斯和广州的制约作用更大，障碍度分别为54.841%和31.859%。广州的轨道交通比较发达，所以公交车比较少。近年来，随着鄂尔多斯经济的快速发展，居民对日常交通有了更高的要求。因此，鄂尔多斯发展公共交通，引导城市居民选择公共交通是可取的。而影响深圳低碳发展质量的最大障碍因素是人均公共绿地面积（x_{18}）。深圳作为中国人口密度和建设强度最高的特大城市之一，绿化用地越来越稀缺。因此，发展立体绿化是今后深圳绿化发展的主要方向。对于中高质量发展城市，人均公共绿地面积（x_{18}）对城市低碳发展质量的影响最大。以克拉玛依为例，克拉玛依是中国重要的石化石油基地，面临着资源枯竭、环境恶化、经济衰退的危机，每万人拥有的公共汽车数量、人均公共绿地面积及第三产业和第二产业在经济中的占比成为低碳发展质量的主要障碍。在中低质量发展城市中，选取了武汉、成都和石家庄三个省会城市进行分析。对三个城市有共同影响的障碍因素，即人均公共绿地面积（x_{18}）、每万人拥有的公共汽车数量（x_6）、人均GDP（x_1）。人均公共绿地面积是主要的制约因素，三个城市的障碍度都在30%以上。武汉、成都、石家庄都是人口超过1000万的大城市，面对人口增长和城市化进程的压力，如何合理利用城市空间，实现土地与社会经济的协调发展是这些城市面临的首要问题。人均GDP（x_1）是低质量发展城市低碳发展的主要障碍因素之一，平均障碍度为0.170。大同、宝鸡、攀枝花是我国重要的资源型城市，在经济发展过程中，过度依赖资源开采，导致生态环境遭到严重破坏。近年来，随着可利用资源的枯竭，这些城市的发展陷入困境，经济发展的可持续性也面临严峻挑战。

7.5 政策建议

根据研究结果，本章对中国建设高发展质量的低碳城市提出以下建议。

如前文所述，发展质量较好的城市一般是经济发达的特大城市，经济发达，科技创新能力强，如深圳、广州等。因此，政府必须改变粗放型发展模式，实施创新驱动发展战略，提高能源效率。一方面，建议企业加强环境规制，促进技术创新。另一方面，地方政府应进一步扩大区域开放，引进国外先进技术，促进本地创新技术的提高。鄂尔多斯和包头是低碳经济得分较高的资源型城市，仍然需要进一步优化产业结构，减少高能耗和高污染产业的比例，鼓励发展与当地资源相关的高科技产业和服务业。

东部地区城市的低碳经济和低碳社会得分高于中西部地区。因此，有必要合理引导东部地区向中西部地区转移劳动力、资本和技术。东中部地区的低碳城市规划得分低于西部地区，东部和中部地区的城市必须在土地利用方面大力推进节约用地的发展模式，全面实施绿色建筑标准，加快形成与生态资源禀赋和环境承载能力相适应的城市空间格局。例如，广州、北京、重庆等人口密度大的城市，要在有限的城市空间内，节约城市建设用地，提高土地配置效率。

障碍因子分析表明，绿地面积和公交车数量是城市低碳发展质量的关键制约因素。因此，所有的城市都应该大力鼓励公共交通，增加绿化面积，特别是在人口密度和建设强度较高的特大城市，应该提倡发展立体绿化。具体来说，在建筑设计阶段，城市要充分考虑立体绿化的需求，分配相应的立体绿化面积。此外，当地政府应加大立体绿化的推广力度，并制定相应的激励机制，动员市民绿化阳台和屋顶。

7.6 本章小结

城市低碳发展已成为中国应对气候变化、促进可持续发展的重要举措。本章从经济、社会、城市规划、能源利用和环境等方面建立了城市低碳发展质量评价指标体系。根据 TOPSIS 法计算的低碳发展质量得分，将 259 个城市划分为四个等级。结果表明，高质量发展和中高质量发展的城市主要集中在中部和东部地区，西部地区没有质量较好的城市。259 个城市的低碳发展质量平均得分为0.242，其中高质量发展城市的平均得分是低质量发展城市的 3 倍。障碍分析表明，低碳经济、低碳社会和低碳环境是制约城市低碳发展质量的主要障碍，而城市规划和能源利用的影响相对较弱。

第8章 | 城市群空间结构对碳排放的影响

随着中国城市化进程的加快，城市群的发展逐渐成为国民经济发展的重要着力点。"十四五"规划特别强调要发展壮大城市群，形成疏密有致、分工协作、功能完善的城镇化空间格局。空间结构是城市群发展在空间维度的体现，能够对经济、社会和环境产生溢出效应。不合理的空间结构和不完善的环境保护机制会限制城市群的可持续发展。因此，优化城市群空间结构、制定合理的碳减排政策是促进区域可持续发展的重要手段。本章以 2005~2019 年的中国六大城市群为研究对象，主要从人口和经济的角度计算六大城市群的综合指数，利用地理和时间加权回归模型（GTWR）分析不同城市群空间结构对碳排放影响的时空差异，对于政府规划城市群空间布局、促进区域碳减排、实现经济可持续发展具有重要现实意义。

8.1 城市群空间结构的时空特征

8.1.1 城市群空间结构的测算

城市群具有单中心或多中心的空间结构特征，即元素可以分布在一个中心城市或者多个核心城市。空间结构特征还涵盖了这些元素在城市地区的集中程度，或者以非集中的方式在非城市地区的分散程度。城市群空间结构的中心性可以从形式和功能两个维度来衡量，其中形式对中心性的反映最直观。在形式多中心性测度中，通常采用经济、人口、就业等单尺度指标来衡量城市群在这一方面的集聚程度。从理论上讲，一个城市的人口规模会随着经济规模的扩大而提升，两者存在高度的正相关关系。然而，随着城市化的不断加强和城市人口的不断扩张，大量的人口在财富创造和劳动力供给带来的积极影响被公共基础设施建设及其他支出引起的消极影响所抵消。对于一些承载力不足的中小城市来说，人口已经成为一种负担，这直接导致了经济规模增长的停滞甚至经济规模的下降。也就是说，城市具有较大的人口规模并不一定代表其同时具有较大的经济规模。伴随着城市的不断发展和趋于成熟，城市群这一最高空间组织形式便开始出现，其显著特点就是较大的人口规模和较大的经济规模。因此，选取将人口规模和经济规模同时纳入城市群空间结构中心度测度体系的位序–规模规则。衡量城市群空间结构的公式如下：

$$N_i = \frac{N_1}{R_{N_i}{}^{q_N}} \tag{8-1}$$

$$M_i = \frac{M_1}{R_{M_i}{}^{q_M}} \tag{8-2}$$

式中，N_i 和 M_i 分别为城市 i 的人口规模和经济规模，其中人口规模以常住人口表示，经济规模以 GDP 表示；N_1、M_1 分别表示城市群中最大城市的人口、经济规模；R_{Ni}、R_{Mi} 是城市 i 在人口和经济方面的排名；q_N 和 q_M 是要估计的参数。

将式（8-1）和式（8-2）转换为对数形式：

$$\ln N_i = \ln N_1 - q_N \ln R_{N_i} \tag{8-3}$$
$$\ln M_i = \ln M_1 - q_M \ln R_{M_i} \tag{8-4}$$

式中，q_N 是基于人口分布的城市群空间结构指数；q_M 是基于经济分布的城市群空间结构指数。

将上述两个指数相乘得出式（8-5）：

$$q_{\text{UASS}} = q_N \times q_M \tag{8-5}$$

式中，q_{UASS} 表示基于人口和经济分布的城市群空间结构指数。因此，当 $q_{\text{UASS}} > 1$ 时，城市群的规模分布相对集中，呈现单中心结构；当 $q_{\text{UASS}} < 1$ 时，城市群的规模分布相对分散，呈现多中心结构。

8.1.2 城市群空间结构的时空特征

本节以京津冀城市群、长江三角洲城市群、珠江三角洲城市群、长江中游城市群、成渝城市群和中原城市群为研究对象，根据 2005～2019 年六大城市群的空间结构数据，分析其 2005～2019 年空间结构的动态空间分布变化（表 8-1）。一般来说，根据空间结构指数的定义，如果指数大于 1，则为单中心结构；如果指数小于 1，则为多中心结构。同时该指数越大，城市群的人口和经济分布越集中，结构越单一；指数越小，人口和经济分布越分散，空间结构呈现多中心性。根据 2019 年城市群空间结构指数排列，最大的为成渝城市群，其次为珠江三角洲城市群，京津冀城市群位列第三，长江三角洲城市群、长江中游城市群紧随其后，最后为中原城市群。

表 8-1 六个城市群空间结构指数的时空分布

年份	城市群空间结构指数					
	长江三角洲	珠江三角洲	成渝	长江中游	中原	京津冀
2005	0.8327	0.9040	1.2385	0.4387	0.2939	0.7183
2006	0.8350	0.9253	1.2355	0.4412	0.2990	0.7361
2007	0.8438	0.9431	1.2150	0.4346	0.3019	0.7465
2008	0.8435	0.9604	1.1884	0.4374	0.3024	0.7624
2009	0.8520	0.9735	1.2305	0.4517	0.3003	0.8000
2010	0.8596	0.9806	1.2742	0.4525	0.2894	0.8144
2011	0.8064	0.9719	1.2831	0.4569	0.2896	0.8285
2012	0.8105	0.9743	1.2888	0.4627	0.2893	0.8484
2013	0.8103	0.9816	1.2949	0.4668	0.2879	0.8661
2014	0.8105	0.9805	1.3042	0.4722	0.2848	0.8683
2015	0.7713	1.0050	1.3005	0.4824	0.2897	0.8687
2016	0.7766	1.0287	1.4174	0.4858	0.2932	0.8785
2017	0.8051	1.0629	1.4520	0.4840	0.2965	0.8608
2018	0.7827	1.0545	1.4518	0.5032	0.2936	0.8675
2019	0.8103	1.0769	1.5620	0.5054	0.2914	0.8601

　　从时间演变的角度来看，城市群之间存在着明显差异。珠江三角洲城市群和长江中游城市群的变化趋势相似，其空间结构指数均呈现出明显的上升趋势，这表明随着社会发展和城市化的演进，人口和经济分布呈现出明显的要素集聚现象。不同的是，2005～2019年，长江中游城市群一直处于多中心结构状态，但多中心结构特征逐渐减弱。2014～2015年，珠江三角洲城市群经历了从多中心结构到单中心结构的演变，但其空间结构指数始终围绕"1"波动，呈现出相对均衡的空间分布体系。在研究期间，成渝城市群的空间结构指数大于1，表现出明显的单中心结构特征，且单中心化程度随时间的推进而提升，但空间结构指数的增长率小于珠江三角洲城市群和长江中游城市群。此外，2005～2019年，京津冀城市群的空间结构呈"倒U型"分布，2016年达到峰值，2017～2019年呈下降趋势，表明最近几年京津冀城市群的多中心结构程度有所提升。2005～2017年，中原城市群的人口和经济多中心结构减弱，2008～2017年呈"U型"分布，2017年后多中心结构得到加强。长江三角洲城市群空间结构在研究期间呈现多中心特征，且在时空演化层面没有呈现出明显的变化趋势。

　　总体来看，成渝城市群和珠江三角洲城市群呈现出单中心结构的特征，而其他四个城市群则呈现出多中心结构的特征。2019 年，长江中游城市群由于其各城市经济发展相对落后，城市间的发展水平差异较小，城市的主导性较低，导致其多中心结构特征明显，且元素分布分散。尽管珠江三角洲城市群具有较大的人口规模和经济规模，但该城市群的内部发展极不平衡，导致其呈现显著的单中心结构特征。其中，珠江三角洲城市群中的广州和深圳两大中心城市的经济实力最强，而其他城市与这两个城市相比劣势明显，肇庆的 GDP 仅占广州和深圳的十分之一。在城市发展的早期，出于对经济利益最大化目标的追求，"自行其是"这一特点似乎广泛存在于各地方政府行政体制中，导致优势区位无法顺利获得区域资源要素，各个城市的发展受到了制约。此外，由于区域内部各城市没有依据区域经济一体化这一大方向来确定发展方向，导致各城市缺乏统筹协调，项目、资源和中心竞相争夺的现象层出不穷，使得产业雷同和重复建设等问题日渐突出。

8.2 城市群空间结构对碳排放的时空影响

城市地区能源活动产生的碳排放主要来源于工业生产、交通运输、居民生活、商业部门及二次能源消费。基于 2006 年 IPCC 国家温室气体清单指南的能源部分所提供的指标，我们对城市群碳排放量的数值进行了估算。2005 ~ 2019 年 6 个城市群能源消费的碳排放计算公式如下：

$$CE = \sum_{k=1}^{10} C_k = \sum_{k=1}^{10} E_k \times SC_k \times CF_k \tag{8-6}$$

式中，CE 表示碳排放量；E 表示能耗；SC 表示标准煤的换算系数；CF 代表碳排放系数。选取焦炭、汽油、柴油、天然气、电力、液化石油气、原煤、原油、燃油和煤油这 10 种能源，并计算它们的碳排放量。

在评估城市群空间结构对碳排放的时空影响时，采取了 GTWR 模型，这种模型相比传统的多元线性回归模型，能够更有效地考察影响因素的空间非平稳性。同时，GTWR 模型也在 GWR 模型的基础上增加了时间维度，能够综合考察影响因素时间和空间两方面的非平稳性。数据选择方面，为了更好地解释碳排放的影响因素，基于面板数据评估城市群空间结构对碳排放的时空影响。因此，GTWR 模型的表达式为：

$$y_i = \sum_{k=1}^{p} \beta_k(u_i, v_i, t_i) x_{ik} + \varepsilon_i + \beta_0(u_i, v_i, t_i) \tag{8-7}$$

式中，y_i 是因变量；x_{ik} 是自变量；β_0 表示坐标点（u_i, v_i, t_i）处的截距；β_k 表示第 k 个变量在时空坐标点（u_i, v_i, t_i）的局部影响；ε_i 是观测点 i 的随机误差项。

采用高斯函数法确定时空权重矩阵：

$$W_{ij}^{ST} = \exp\left[-\left(\frac{d_{ij}^{ST}}{b_{ST}}\right)^2\right] \tag{8-8}$$

$$d_{ij}^{ST} = \sqrt{\lambda\left[(u_i - u_j)^2 + (v_i - v_j)^2\right] + \delta(t_i - t_j)^2} \tag{8-9}$$

式中，W_{ij}^{ST} 是时空权重矩阵；d_{ij}^{ST} 代表了观测点 i 和点 j 之间的时空距离；i 和 j 表示不同的样本区域；b_{ST} 是带宽。

以各城市群的碳排放量（CE）为因变量，以各城市群的空间结构（UASS）为核心自变量。此外，将人均 GDP（PGDP）、产业结构（IS）和能源强度（EI）作为控制变量引入回归模型。如表 8-2 所示，该表给出了每个变量的详细信息。根据人均 GDP 的水平，可以大致判断经济体所处的经济发展阶段，而经济体的不同发展阶段也对应着不同的能源消耗特征与碳排放特征。产业结构是影响区域碳排放的重要因素，随着经济不断发展，中国的主导产业由原来的高耗能产业逐步变为低耗能产业。低耗能强度产业比例的提升，将抑制原本占主导地位的高耗能产业的环境影响的增长，从而放缓碳排放的增长甚至逐渐减少城市群的碳排放。因此本章选择第三产业产值占城市群 GDP 的比例来反映产业结构。能源强度是衡量技术水平和能源效率的重要指标，能源强度的增加将直接导致碳排放的增加，因此选择单位 GDP 能耗来表示能源强度。

表 8-2　变量定义

变量	含义	单位
碳排放（CE）	各城市群的碳排放量	吨
空间结构（Q_{UASS}）	各城市群的空间结构	—
人均 GDP（PGDP）	各城市群的实际人均 GDP	元
产业结构（IS）	各城市群的第三产业占比	%
能源强度（EI）	各城市群的单位 GDP 能耗	吨标准煤当量/万元

回归分析结果如表 8-3 所示，分别显示了 2005 年、2010 年、2015 年和 2019 年城市群空间结构对碳排放影响的时空特征。整体来看，城市群空间结构对碳排放的影响呈现明显的时空异质性。此外，随着时间的推进，各城市群空间结构对同一区域碳排放的回归系数呈现出显著的正负变化和强度变化。长江三角洲城市群和珠江三角洲城市群的空间结构对碳排放的影响经历了从正面影响向负面影响转变的过程；成渝城市群和中原城市群的空间结构对碳排放呈现负面影响。换句话说，如果这四个城市群呈现出多中心的空间结构特征，不仅不会有助于碳减排，反而会促使碳排放强度进一步提升。以中原城市群为例，它正处于工业化和城市化的中期，其特点是较严重的环境污染、高能耗及高碳排放。因此，多中心

分布的空间结构可能难以实现预期目标。需要指出的是，研究发现，2010 年成渝城市群的单中心空间结构也促进了碳排放强度的提升，这可能是因为随着城市群中心度增加，要素不断向单中心城市靠拢，由此造成污染源的聚集，进一步导致碳排放的增加。然而，随着城市群空间结构的不断优化，在 2015 年和 2019 年成渝城市群的单中心空间结构反而可以促使碳减排。

表 8-3　城市群空间结构回归系数的时空分布

年份	城市群空间结构回归系数					
	长江三角洲	珠江三角洲	成渝	长江中游	中原	京津冀
2005	0.4843	0.0312	−0.4417	−0.0376	−0.3248	−1.1708
2010	0.0800	−0.4596	0.8413	0.2730	−0.3790	−0.1543
2015	0.1576	−0.4122	−0.0734	0.3647	−0.3341	0.1035
2019	−0.2305	−0.2419	−0.4360	0.1350	−0.3378	0.0390

2005～2019 年，空间结构对京津冀城市群和长江中游城市群的碳排放的影响经历了从负到正的转变的过程，这意味着多中心结构可以有效控制碳排放。即单中心的空间结构使人口和经济聚集，导致环境恶化，而多中心结构可以抑制碳排放的增长，这主要是由于城市群人口的增长在各空间结构下对碳排放造成了不同的空间溢出效应。例如，2010 年后，长江中游城市群的空间结构对城市群碳排放的影响系数始终为正，表明多中心空间结构能够有效地促进碳减排。

8.3　城市群碳排放空间关联网络结构特征

空间结构是城市群发展在空间维度的体现，优化城市群空间结构、制定合理的碳减排政策是促进区域可持续发展的重要手段。碳排放的引力强度是反映城市群碳排放空间关联网络结构特征的重要指标之一，因此本节选取引力模型测量各城市碳排放的引力强度，将碳排放量等变量引入引力模型对其进行修正，并采用网络密度、网络等级度和网络效率来反映碳排放空间关联的整体网络特征。进一步根据京津冀、长江三角洲与珠江三角洲三个城市群的碳排放空间关联网络计算各个城市的度数中心度、中间中心度与接近中心度，基于此，本节展开中心性分析。

8.3.1 模型构建

引力模型最早起源于物理学中的万有引力,现广泛应用于经济、贸易和金融等领域,被用于刻画空间相互作用能力。庞庆华等(2019)借助引力模型利用社会网络分析方法对长江三角洲城市群的碳排放空间关联性进行了分析。根据现有文献,引力模型适用于总量数据,且能综合考虑经济地理因素,因此选择引力模型测量各城市碳排放的引力强度。此外,进一步将碳排放量等变量引入引力模型对其进行修正,修正后的引力模型为:

$$y_{ij} = k_{ij} \frac{\sqrt[3]{P_i E_i G_i} \sqrt[3]{P_i E_i G_i}}{D_{ij}^2}; k_{ij} = \frac{E_i}{E_i + E_j}, D_{ij} = \frac{d_{ij}}{g_i - g_j} \tag{8-10}$$

式中,i、j 代表城市;P_i、E_i、G_i、g_i 分别代表城市 i 的年末总人口、CO_2 排放、GDP 和人均 GDP;y_{ij}、k_{ij}、D_{ij}、d_{ij} 分别表示城市 i 与城市 j 之间的碳排放关系、碳排放系数、综合经济地理距离、城市 i 与城市 j 之间的最短距离。

式(8-10)的引力矩阵能够很好地反映城市之间碳排放的关联程度。现有研究指出,相对于数值矩阵而言,关系矩阵能够更好地反映出区域碳排放空间关联网络的特征。因此,选取矩阵每一行的平均值作为临界值,高于该值记为"1",表示两个城市间的碳排放具有关联性;低于该值则记为"0",表示两城市间的碳排放不具有关联性,由此得到碳排放的空间关联关系矩阵。

8.3.2 网络特征指标

8.3.2.1 整体网络特征

采用网络密度、网络等级度和网络效率来反映碳排放空间关联的整体网络特征。网络密度反映的是网络关联的紧密程度,如式(8-11)所示,整体网络密度越大,城市群碳排放的空间联系就越紧密,该网络对网络所包含的城市的碳排放产生的影响就越大。网络等级度反映的是节点非对称可达的程度,计算公式如式(8-12)所示,网络等级度越高,表明各市之间的等级结构越森严,个别城市会处于主导地位,但更多的城市会处于边缘地位。网络效率反映的是网络中存在多余线的程度,如式(8-13)所示,网络效率越低,说明城市间的连线越多、联系越紧密,网络结构越稳定。

$$ND = \frac{m}{\frac{n(n-1)}{2}} \tag{8-11}$$

$$NH = 1 - \frac{S}{\max(S)} \tag{8-12}$$

$$NE = 1 - \frac{V}{\max(V)} \tag{8-13}$$

式中，ND、NH、NE 分别代表网络密度、网络等级度和网络效率；m 表示空间关系矩阵中的实际关系数；n 表示网络节点数；S 表示空间关系矩阵中对称可达的点对数目；$\max(S)$ 表示 i 可达 j 或者 j 可达 i 的点对数目；V 代表多余线的条数；$\max(V)$ 代表最大可能的多余线的条数。

8.3.2.2 各节点网络特征

中心性是社会网络分析研究的重点之一，通常以度数中心度、中间中心度和接近中心度来刻画各节点的中心度。度数中心度分为绝对度数中心度与相对度数中心度两类。其中，绝对度数中心度用点入度与点出度来表示，相对度数中心度 $C_{RD}(i)$ 用公式（8-14）来表示，度数中心度越大，网络中行动者自身的交易能力越强。中间中心度 $C_{RB}(i)$ 测量的是一个行动者居于另外两个行动者之间的程度，如式（8-15）所示。中间中心度越大，表明该节点对网络中其他节点之间的关系的控制程度越强。接近中心度 $C_{RP}(i)$ 刻画的是该节点脱离其他节点控制的程度，如式（8-16）所示。一个点越是与其他点接近，在传递信息方面就越容易，在交易中越少地依赖于他人，越可能居于网络的中心位置。总之，某一城市的中心度越高，则该城市对城市群内其他城市的碳排放之间联系的控制力就越强。

$$C_{RD}(i) = \frac{C_{AD}(i)}{n-1} \tag{8-14}$$

$$C_{RB}(i) = \frac{2\sum_{j<k}\dfrac{r_{jk}(i)}{r_{jk}}}{(n-1)(n-2)} \tag{8-15}$$

$$C_{RP}(i) = \frac{n-1}{\sum_{j=1}^{n} d_{ij}} \tag{8-16}$$

式中，$C_{AD}(i)$ 表示与点 i 相连的其他点的数目；r_{jk} 表示第 j 市和第 k 市之间存在关系路径的条数；$r_{jk}(i)$ 表示要经过第 i 市的路径的条数。

选取京津冀城市群、长江三角洲城市群和珠江三角洲城市群作为研究区域，以各个城市作为网络的节点，利用式（8-10）建立空间关系矩阵。其中，碳排放数据取自基于 IPCC 提供的方法估算的各类化石燃料燃烧产生的二氧化碳总量。计算的化石燃料主要包括煤炭、焦炭、汽油、燃料油和柴油，相应数据来源于各城市统计年鉴。各城市年末总人口、GDP 和人均 GDP 均来自《中国城市统计年鉴》，并以 2010 年为基期进行平减，以消除价格因素的影响。地理距离根据各市之间的政府间距离进行测算。

8.3.3 结果与分析

8.3.3.1 整体网络结构特征

运用引力模型分别确定三大城市群的碳排放空间关联矩阵，使用 Netdraw 软件分别绘制 2011 年和 2017 年的网络图，如图 8-1 所示。总体来看，长江三角洲城市群由于拥有更多的城市数和关系数，比京津冀城市群和珠江三角洲城市群呈现出更复杂的网络结构。

根据各年三大城市群的关系矩阵，可以计算出 2011~2017 年京津冀城市群的关联关系数，分别是 39、42、32、43、36、46、39，长江三角洲的关联关系数分别是 76、70、72、63、68、63、64，珠江三角洲的关联关系数分别是 21、19、21、17、17、18、19。三大城市群各年碳排放空间关联网络的网络密度、网络等级度和网络效率如表 8-4 所示。

表 8-4　三大城市群各年碳排放空间关联网络的整体网络特征指标

年份	京津冀			长江三角洲			珠江三角洲		
	网络密度	网络等级度	网络效率	网络密度	网络等级度	网络效率	网络密度	网络等级度	网络效率
2011	0.25	0.7288	0.7273	0.3167	0.125	0.619	0.2917	0.5455	0.7857
2012	0.2692	0.1538	0.7424	0.2917	0.125	0.6667	0.2639	0.5455	0.7857
2013	0.2051	0.7333	0.803	0.3	0.3417	0.6667	0.2917	0.5455	0.75
2014	0.2756	0.1538	0.7273	0.2625	0.125	0.7429	0.2361	0.5455	0.8571
2015	0.2308	0.7544	0.7576	0.2833	0.125	0.7333	0.2361	0.5455	0.8571
2016	0.2949	0.1538	0.6818	0.2625	0.125	0.7333	0.25	0.5455	0.8214
2017	0.25	0.2857	0.7424	0.2667	0.125	0.7429	0.2639	0.6875	0.75

由表 8-4 可知，三大城市群的网络密度差距逐渐缩小，但各年份的网络密度总是表现为长江三角洲城市群>珠江三角洲城市群>京津冀城市群。长江三角洲城市群内各城市之间的联系最为紧密，其次是珠江三角洲城市群，京津冀城市群内各城市之间的联系则相对较弱。三大城市群的关系数与最大可能的空间关联关

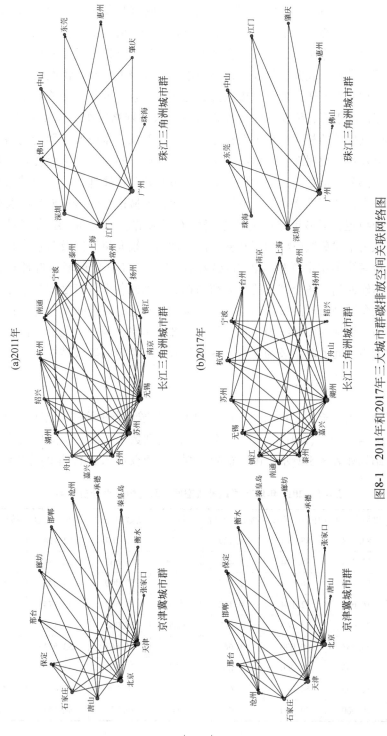

(a)2011年

(b)2017年

图8-1　2011年和2017年三大城市群碳排放空间关联网络图

系数 $n*(n-1)$ 之间均有较大差距，因此三大城市群存在很大的协作空间以共同推进碳减排。但是，网络中冗余过多会导致碳排放流动的成本增加，反而对碳排放流动产生抑制作用，因此要在合理的范围内进一步提升网络密度。三大城市群的网络等级度相差较大，长江三角洲城市群的等级度最小，说明长江三角洲城市群等级结构并不严格，各个城市碳排放之间存在较大的相互影响；京津冀城市群的等级度波动下降，说明京津冀城市群碳排放的网络等级结构在被逐渐打破，城市之间的碳排放的相互影响关系在逐渐增强；珠江三角洲城市群的网络等级度较高且较为稳定，说明珠江三角洲城市间的碳排放空间关联网络存在相对稳定的等级结构，部分城市处于主导地位，部分城市则处于从属地位。三大城市群的网络效率均较高，数值围绕0.7上下波动，说明三大城市群的碳排放空间关联网络结构均较为稳定，但城市之间的联系仍然有很大的改善空间。综合考量以上结果，我们认为京津冀城市群功能互补、区域联动、轴向集聚以及节点支撑的空间布局，使得京津冀城市群呈现较为稳定的网络；长江三角洲城市群地理位置优越，交通运输便利，各个城市的产业结构相近，因此各个城市之间的联系更加紧密；珠江三角洲城市群的城市均位于广东省，其布局是以广州为核心，以广州至珠海和广州至深圳的发展线为主轴，形成中部、东岸、西岸三大都市区，因此珠江三角洲城市之间的联系较为紧密，网络具有相对稳定的等级结构。

8.3.3.2 中心性分析

根据京津冀、长江三角洲与珠江三角洲三个城市群的碳排放空间关联网络，利用式（8-14）~式（8-16）计算出各个城市的度数中心度、中间中心度与接近中心度，结果如表8-5所示，由于篇幅限制，这里仅展示2017年的分析结果。

表8-5　2017年城市群碳排放空间关联的中心性分析结果

城市	度数中心度	中间中心度	接近中心度	城市	度数中心度	中间中心度	接近中心度
北京	83.333	85.714	31.439	张家口	16.667	52.174	0.152
天津	83.333	85.714	31.439	承德	16.667	52.174	0.152
石家庄	50.000	66.667	2.803	沧州	50.000	54.545	5.682
唐山	16.667	52.174	0.152	廊坊	16.667	52.174	0.152
秦皇岛	25.000	57.143	1.667	衡水	25.000	57.143	1.667
邯郸	33.333	60.000	1.667	上海	26.667	53.571	0.265
邢台	33.333	60.000	1.667	南京	26.667	51.724	0.296
保定	33.333	60.000	1.667	无锡	40.000	57.692	4.185
扬州	20.000	50.000	0.000	舟山	13.333	40.541	0.190

续表

城市	度数中心度	中间中心度	接近中心度	城市	度数中心度	中间中心度	接近中心度
镇江	40.000	55.556	2.550	台州	26.667	50.000	2.889
泰州	46.667	60.000	4.873	广州	87.500	88.889	44.643
杭州	33.333	60.000	13.153	深圳	75.000	80.000	19.643
宁波	33.333	60.000	13.153	珠海	37.500	50.000	3.571
嘉兴	60.000	71.429	17.556	佛山	12.500	50.000	0.000
湖州	73.333	78.947	29.492	江门	37.500	61.538	5.952
绍兴	13.333	40.541	0.190	肇庆	25.000	53.333	0.000
常州	26.667	51.724	0.487	惠州	25.000	53.333	0.000
苏州	40.000	57.692	4.185	东莞	37.500	61.538	5.952
南通	40.000	57.692	1.772	中山	37.500	61.538	5.952

　　京津冀城市群中的度数中心度超过均值的城市包括北京、天津、石家庄和沧州，这四个城市与京津冀城市群中其他城市的关系数均较多，北京、天津和沧州的碳排放的空间受益关联数较多，而石家庄、邯郸、邢台的碳排放的空间溢出关联数较多，说明北京、天津和沧州的碳排放量大，这三个城市的生产要求其他城市的资源向其聚集，对其他城市的资源依赖程度高，而石家庄、邯郸、邢台则主要向其他城市提供生产资源。京津冀城市群碳排放中间中心度高于均值的城市包括北京、天津和石家庄，说明这三个城市在碳排放的空间关联关系中控制其他城市之间的碳排放转移的能力较强，发挥了"桥梁"以及"中间"的作用，而其他城市的中间中心度较低，说明京津冀城市群的碳排放主要通过北京、天津和石家庄实现转移。京津冀城市群的接近中心度均值为 6.177，高于均值的城市包括北京和天津，表明它们能够更快速地与其他城市产生内在联系，与其他城市的"距离"较短，从而与其他城市更"接近"。

　　长江三角洲城市群的度数中心度超过均值的城市包括湖州、嘉兴、泰州、苏州、南通、无锡和镇江。其中嘉兴和湖州两个城市的度数中心度均超过 60，这是因为嘉兴的碳排放与长江三角洲城市群中的 5 个城市存在溢出关联关系，又与 9 个城市存在受益关联关系；湖州的碳排放与长江三角洲城市群中的 4 个城市存在溢出关联关系，同时与 11 个城市存在受益关联关系（城市的关联关系结果见图 8-1）。长江三角洲城市群的中间中心度高于均值的城市包括湖州、嘉兴、泰州、杭州、宁波、苏州、南通和无锡，长江三角洲城市群的碳排放主要通过这些城市实现转移。长江三角洲城市群的接近中心度均值为 5.952，城市群中高于均值的城市包括湖州、嘉兴、杭州和宁波，说明这些城市能够更快速地与其他城市产生内在联系，与其他城市的"距离"较短，从而与其他城市更"接近"，这意味着这些城市更接近网络的中心。

珠江三角洲城市群的度数中心度超过均值的有广州和深圳两个城市。其中，广州的碳排放与珠江三角洲城市群中的 2 个城市存在溢出关联关系，又与 7 个城市存在受益关联关系；深圳的碳排放与珠江三角洲城市群中的 3 个城市存在溢出关联关系，同时与 5 个城市存在受益关联关系，说明广州和深圳的碳排放量较大，对其他城市的资源依赖度高。珠江三角洲城市群的中间中心度高于均值的同样是广州和深圳两个城市，它们的中间中心度均超过 80，而其他城市的中间中心度则相对较低，说明珠江三角洲城市群的碳排放主要通过广州和深圳实现转移。珠江三角洲城市群的接近中心度均值为 9.524，高于均值的城市仍然为广州和深圳，这意味着它们能够更快速地与其他城市产生内在联系，与其他城市的"距离"较短，从而与其他城市更"接近"。

从表 8-5 可以看出，京津冀城市群中度数中心度、中间中心度和接近中心度均排名前两位的城市分别为北京和天津，长江三角洲城市群中则为湖州和嘉兴，珠江三角洲城市群中为广州和深圳。这意味着这些城市与对应的城市群中的其他城市的直接联系较多，是城市连接的重要"桥梁"。

8.4　城市群空间结构对经济高质量发展的影响研究

随着中国城市化的推进，城市群的发展十分迅速，大量研究表明科学合理的城市群空间结构能够通过优化产业结构、提高资源配置效率及增强溢出效应等途径，在提高经济绩效的同时减少碳排放。目前，关于城市群空间结构对经济发展或碳排放的单独影响机制已经存在较为广泛的研究。然而，关于城市群空间结构与经济发展和碳减排三者之间的关系，学者们尚未达成共识，如何对城市群的空间结构进行调整，以及如何实现经济发展和碳减排的双赢局面，从而实现经济高质量发展等问题还需要进一步研究。本节侧重研究城市群空间结构在促进经济发展、减少碳排放量两方面的作用，并且构建了绿色发展指数，用于测度经济发展和碳减排协调发展的程度，实证分析城市群空间结构对经济高质量发展的影响，为促使经济发展和碳减排的"双赢"提供理论依据。

8.4.1 指标测算方式

8.4.1.1 经济发展的测算

借鉴王磊和李成丽（2018）的研究，选取各城市群实际人均国内生产总值作为衡量经济发展程度的指标。前人研究主要使用名义总产值和人均收入等指标来衡量经济绩效，为了剔除在衡量城市群空间结构对经济绩效的影响时城市人口总量增长所起的作用，我们基于现有指标选取了"人均国内生产总值"（单位：元/人）来衡量经济绩效。

8.4.1.2 碳排放量的测算

借鉴吴建新和黄蒙蒙（2016）的研究，将各个城市碳排放总量定义为电能、煤气、液化石油气和热能消耗产生的碳排放的和，城市群碳排放总量为该城市群中各城市的碳排放总量的总和。利用 IPCC 提供的相关转化因子可计算直接能源消耗造成的碳排放。参考 Glaeser 和 Kahn（2010）的做法，用各区域电网基准线排放因子和城市电能消耗量的乘积计算各城市电能消耗所产生的碳排放，利用供热量、热效率和原煤发热量系数计算原煤数量，再利用原煤折算标准煤系数计算出集中供热消耗的能源数量，最后基于热能消耗的原煤数量计算集中供热产生的碳排放，作为热能造成的碳排放。

8.4.1.3 绿色发展指数（GDI）的测算

借鉴原伟鹏和高志霞（2021）的研究，利用脱钩系数的思想构建绿色发展指数，分母为人均国内生产总值变化率，定义为人均国内生产总值的变化量与期初人均国内生产总值的比值，分子为碳排放量变化率，定义为碳排放量的变化量与期初碳排放量的比值，期初均定为 2005 年。经查阅相关文献资料可知，2006～2019 年各城市群的人均国内生产总值均大于 2005 年，增长量为正值。若 GDI>1，则表明碳排放量的增幅大于经济发展水平的增幅；若 GDI 在 0 到 1 之间，则表明经济发展水平的增幅大于碳排放量的增幅；若 GDI<0，则表明碳排放量随着经济发展水平提高而减少。

8.4.2　研究设计

8.4.2.1　样本选取和数据来源

考虑数据可得性，选取 2006～2019 年为研究年限，以全国 19 个城市群的面板数据作为研究对象，数据主要来源于《中国统计年鉴》《中国能源统计年鉴》《中国工业经济统计年鉴》《中国区域经济统计年鉴》《中国城市统计年鉴》和考察期内各省份统计年鉴及国家统计局统计网站等，各类经济数据均以 2005 年作为基期进行换算，对于研究年限中缺失的部分数据，采用线性插值法运算补齐。

8.4.2.2　变量选取

绿色发展指数（GDI）是重要的因变量，利用脱钩系数的思想构建绿色发展指数，定性显示城市群经济发展与碳减排是否实现"双赢"，并定量分析两者"双赢"的程度。分母为人均国内生产总值的变化量与期初人均国内生产总值的比值，分子为碳排放量的变化量与期初碳排放量的比值，计算公式如下：

$$\text{GDI} = \frac{\dfrac{\Delta\text{CE}}{\text{CE}}}{\dfrac{\Delta\text{pgdp}}{\text{pgdp}}} \tag{8-17}$$

自变量城市群空间结构指数（q）的构建，借鉴 Meijers 和 Burger（2010）的方法，采用位序–规模法则来测度各地区的空间结构指数，计算公式如下：

$$\ln N_i = C_1 - q_N \ln R_{N_i}$$
$$\ln M_i = C_2 - q_M \ln R_{M_i}$$
$$q = q_N \times q_M \tag{8-18}$$

式中，N_i、M_i 分别代表城市群中城市 i 的人口和经济规模，其中人口规模用常住人口数量表示，经济规模用实际 GDP 表示；C_1、C_2 为常数；R_{N_i} 和 R_{M_i} 分别为城市 i 的人口和经济规模在城市群中的位序；q_N 和 q_M 分别为用人口和经济指标计算出的城市群空间结构指数；q 为综合人口和经济指标计算出的城市群空间结构指数，q 值越大则说明城市群越趋向于单中心空间结构，值越小则说明越趋向于多中心空间结构。

对于中介变量和调节变量的构建，考虑到在城市群空间结构影响绿色发展指数的过程中可能受其他变量中介或调节作用的影响，为深入研究其作用机理和影响机制，综合现有文献，选取科技水平（ST）和分工水平（DL）作为中介变量，产业结构（IS）作为调节变量。科技水平利用所获专利授权量的自然对数衡量，分工水平借鉴于斌斌和郭东(2021)、齐讴歌等(2018)的做法,利用城市群中"生产性服务业从业人员/制造业从业人员"与全国"生产性服务业从业人员/制造业从业人员"的比值来衡量,该值越大表明该城市群在全国范围内管理部门集中程度越高,该城市群的功能专业化程度越高。产业结构用第三产业的增加值与第二产业的增加值的结构衡量。

关于控制变量的选取,借鉴范秋芳等(2021)、邵帅等(2019)、程晨等(2020)、张军涛等(2021)、王雅楠和赵涛(2016)的研究,选取对外开放水平、政府干预程度、人力资本水平、贸易开放度作为本研究的控制变量。其中,对外开放水平利用城市群外商直接投资额占当年 GDP 的比例来衡量,政府干预程度利用地方财政支出占 GDP 的比例来衡量,人力资本水平利用城市群内每百人中的大学生数量来衡量,贸易开放度利用城市群进出口贸易额占 GDP 的比例来衡量。

8.4.2.3 模型构建

基于上述的理论分析,选取面板数据模型检验城市群空间结构对绿色发展指数的影响,基准模型如下所示:

$$\text{GDI}_{ij} = \alpha_0 + \alpha_1 q_{ij} + \sum \alpha_j \text{Control}_{ij} + \gamma_j + \eta_i + \varepsilon_{ij} \tag{8-19}$$

式中,i 表示城市群;j 表示年份;α_0 为常数项;GDI 表示城市群的绿色发展指数;q_{ij} 为核心解释变量,表示城市群 i 在 j 年的空间结构指数;Control_{ij} 表示其他影响城市群绿色发展指数的控制变量;γ_j 表示时间效应;η_i 表示个体效应;ε_{ij} 表示误差项。

同时,在模型中加入了核心解释变量的平方项和立方项,以进一步考察城市群空间结构指数与城市群绿色发展水平是否存在非线性关系,构建的模型如下所示:

$$\text{GDI}_{ij} = \alpha_0 + \alpha_1 q_{ij} + \alpha_2 q_{ij}^2 + \sum \alpha_j \text{Control}_{ij} + \gamma_j + \eta_i + \varepsilon_{ij} \tag{8-20}$$

$$\text{GDI}_{ij} = \alpha_0 + \alpha_1 q_{ij} + \alpha_2 q_{ij}^2 + \alpha_3 q_{ij} + \sum \alpha_j \text{Control}_{ij} + \gamma_j + \eta_i + \varepsilon_{ij} \tag{8-21}$$

由于城市群空间结构对绿色发展指数的影响存在较大差异,为进一步探究其影响机制,探讨城市群产业结构(IS)在空间结构影响绿色发展指数的过程中可能存在的调节效应。为此,在基准模型的基础上引入了产业结构与城市群空间结构的交互项,构建如下交互项模型:

$$\text{GDI}_{ij} = \alpha_0 + \alpha_1 q_{ij} + \alpha_2 \text{IS}_{ij} + \alpha_3 q_{ij} \text{IS}_{ij} + \sum \alpha_j \text{Control}_{ij} + \gamma_j + \eta_i + \varepsilon_{ij} \tag{8-22}$$

为考察城市群空间结构对绿色发展指数的影响和作用机制,引入科技水平(ST)和分工水平(DL)作为中介变量,构建中介效应模型如下:

$$\text{GDI} = cq + c_1 X_{it} + e_1$$

$$M = aq + a_1 X_{it} + e_2 \tag{8-23}$$
$$GDI = c'q + bM + c'_1 X_{it} + e_3$$

式中，c 表示城市群空间结构对绿色发展指数的影响系数；M 表示中介变量；X_{it} 表示进行回归分析时采用的其他控制变量；a 表示城市群空间结构对中介变量的影响系数；b 表示中介变量对绿色发展指数的影响系数；c' 表示纳入中介变量后城市群空间结构对绿色发展指数的影响系数；e_1、e_2、e_3 表示误差项。

8.4.3 实证结果与分析

8.4.3.1 描述性统计分析

对中国 19 个城市群 2005～2019 年的空间结构演变特征进行分析，将 19 个城市群每年的空间结构指数求均值，结果如表 8-6 所示。城市群空间结构均值在 2005 年最小，在 2019 年最大，总体呈现递增趋势。表 8-7 反映了 19 个城市群在 2005 年、2010 年、2015 年和 2019 年的空间结构指数，从表中可以看出，中国城市群空间结构指数总体上呈现"西高东低"的特征，天山北坡城市群、成渝城市群和兰溪城市群等单中心程度较高，呼包鄂榆城市群、中原城市群、山东半岛城市群等单中心程度较低。从空间结构指数的时间演变趋势来看，中国多数城市群的单中心程度逐年增长，少数城市群保持稳定或减少。需要指出的是，随着时间的推移，各城市群的空间结构指数差距在增大。

表 8-6　城市群空间结构指数均值

年份	城市群空间结构指数	年份	城市群空间结构指数
2005	0.580	2013	0.727
2006	0.604	2014	0.730
2007	0.601	2015	0.736
2008	0.613	2016	0.751
2009	0.651	2017	0.755
2010	0.682	2018	0.763
2011	0.711	2019	0.772
2012	0.706		

表 8-7　2005 年、2010 年、2015 年、2019 年城市群空间结构指数

城市群	2005 年	2010 年	2015 年	2019 年
北部湾城市群	0.393	0.347	0.325	0.312
成渝城市群	1.043	1.093	1.146	1.192
滇中城市群	0.736	0.755	0.808	0.840
关中城市群	0.714	0.790	0.793	0.963
哈长城市群	0.574	0.567	0.528	0.628
海峡西岸城市群	0.245	0.272	0.270	0.288
呼包鄂榆城市群	0.211	0.156	0.146	0.174
晋中城市群	0.146	0.244	0.257	0.588
京津冀城市群	0.585	0.670	0.688	0.693
兰西城市群	0.687	0.923	0.958	0.998
辽中南城市群	0.628	0.652	0.678	0.799
宁夏沿黄城市群	0.451	0.672	0.692	0.750
黔中城市群	1.021	0.971	0.947	0.911
山东半岛城市群	0.208	0.204	0.201	0.222
天山北坡城市群	1.706	2.831	3.740	3.433
长江中游城市群	0.260	0.297	0.313	0.336
长江三角洲城市群	0.665	0.688	0.644	0.627
中原城市群	0.181	0.189	0.186	0.203
珠江三角洲城市群	0.569	0.631	0.671	0.712

8.4.3.2　基准回归分析

本研究利用面板数据模型对上述模型进行实证分析，Hausman 检验结果表明，应采用双向固定效应模型进行实证分析，结果如表 8-8 所示。模型一的回归系数为负，表明当城市群空间结构趋向单中心时，更有利于降低绿色发展指数。也就是说，城市群要素集聚带来的集聚效应大于拥挤效应。为进一步研究城市群空间结构指数与绿色发展指数之间是否存在非线性相关关系，模型二将城市群空间结构指数的二次方项引入模型，模型三将城市群空间结构指数的三次方项引入模型，结果表明三次方项通过了 1% 的水平上显著性检验，系数为正，并且该模型的拟合程度较模型一和模型二更高。这说明城市群空间结构指数与绿色发展指数之间为"N"型关系。

表 8-8　基准模型回归结果

变量	模型一	模型二	模型三
q	−1.359***	0.336	3.617***
	(0.283)	(1.332)	(0.898)
q^2		−0.312	−3.302***
		(0.221)	(0.808)
q^3			0.537***
			(0.154)
K_1	−6.240**	−4.622	−4.244*
	(2.326)	(2.702)	(2.110)
K_2	4.242*	3.140	2.355
	(2.302)	(2.642)	(2.272)
K_3	0.397	0.174	0.009
	(0.571)	(0.583)	(0.554)
K_4	0.214	0.235	0.423
	(0.330)	(0.360)	(0.303)
常数项	1.425***	0.790	0.188
	(0.489)	(0.689)	(0.700)
个体固定	是	是	是
时间固定	是	是	是
Adjust−R^2	0.462	0.484	0.562

注：括号内为各个变量系数的稳健标准差；*、**、***分别代表在10%、5%、1%条件下显著；q 表示空间结构指数，q^2 表示空间结构指数的二次项系数，q^3 表示空间结构指数的三次项系数；K_1 为对外开放水平，K_2 为政府干预程度，K_3 为人力资本水平，K_4 为贸易开放度

　　如图 8-2 所示，随着单中心程度的提高，城市群的绿色发展指数呈现"增加-减少-增加"的变化趋势，拐点值分别为 0.65 和 3.45。我们认为，绿色发展指数越低代表碳减排与经济发展的"双赢"程度越高。因此，当城市群空间结构指数小于 0.65 时，单中心程度的提高反而抑制了碳减排和经济的协同发展，此时城市群的要素集聚还未能发挥出规模经济效应和集聚经济效应带来的"提质增速"作用，反而由于人口增长和工业化水平提高促进了碳排放强度的提升。当城市群空间结构指数处于 0.65 和 3.45 之间时，城市群要素集聚带来的规模经济效应和集聚经济效应逐渐显现，要素集聚促进了更加有效的要素市场和更加紧密的产业关联的形成，更有利于实现产业间的技术交流并提升知识溢出水平，从而促进碳减排与经济发展的同向推进。当城市群空间结构指数大于 3.45 时，城市群发展到成熟阶段，此时要素集聚带来的拥挤效应大于集聚效应，过度单中心的

空间结构带来的交通拥挤、环境污染等问题使碳排放的增速大于经济增长的速度，反而不利于实现碳减排和经济发展的"双赢"。

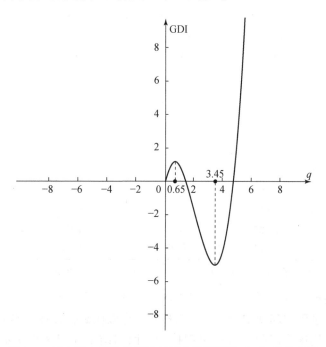

图 8-2　城市群空间结构指数与绿色发展指数"N"型关系图

在控制变量中，对外开放水平（K_1）、政府干预程度（K_2）均通过了显著性检验，并且在模型一至模型三中系数符号均一致，这证明了实证结果的稳健性。其中，对外开放水平的系数显著为负，说明引入外资可以带来显著的竞争效应、溢出效应及联系效应，促使企业采用更先进的生产技术并服从更严格的环保标准，在促进城市群经济发展和降低碳排放方面起到了积极作用。政府干预程度的系数显著为正，反映出政府的过度干预反而不利于实现碳减排和经济发展的"双赢"，这意味着政府应充分发挥市场调节的在资源配给方面的决定性作用，提高市场化程度，进行合理克制的宏观调控从而使经济发展与碳减排在结构、效率和方向等方面相匹配。

8.4.3.3　中介效应分析

基于上述理论分析，我们推测科技水平和分工水平在城市群空间结构影响绿色发展指数的过程中起到重要的中介作用。为检验中介效应的存在性，我们构建中介效应模型，并采用逐步回归法进行机制检验，检验结果如表 8-9 所示。

表 8-9 科技水平和分工水平的中介效应检验

	科技水平		分工水平	
	(1) ST	(2) GDI	(3) DL	(4) GDI
q	0.147**	−1.331***	0.207***	−1.317***
	(0.061)	(0.287)	(0.060)	(0.294)
ST		−0.198***		
		(0.044)		
DL				−0.201**
				(0.089)
控制变量	是	是	是	是
时间固定	是	是	是	是
个体固定	是	是	是	是
常数项	0.235	1.417***	0.858***	1.397**
	(0.174)	(0.491)	(0.163)	(0.560)

注：括号内为各个变量系数的稳健标准差，*、**、***分别代表在10%、5%、1%条件下显著

　　根据上述理论分析可以推测，科技水平和分工水平在城市群空间结构影响绿色发展指数的过程中起到中介作用。为检验中介效应是否存在，本研究构建中介效应模型，采用逐步回归法进行机制检验，回归结果如表8-9所示。模型（1）中城市群空间结构指数的系数显著为正，说明随着城市群单中心空间结构的增强，人才、资金等要素逐渐集聚产生了规模经济效应和溢出效应，提高了城市群的科技水平。模型（2）中城市群空间结构指数和科技水平的系数显著为负，说明科技水平提高一方面促进了城市群经济的发展，另一方面也使企业有机会使用更高技术水平的设备，实现了绿色发展。结合模型（1）和模型（2）的分析，研究证明了科技水平的中介效应是存在的。同样，以分工水平作为中介变量，城市群空间结构指数作为解释变量，绿色发展指数作为被解释变量，构建中介效应模型，检验步骤与上文相同。在模型（3）中，空间结构指数的系数显著为正，说明单中心空间结构能够提高城市群的分工水平。在模型（4）中，城市群空间结构指数和分工水平的系数均显著为负，表明分工水平的中介效应成立。

8.4.3.4 异质性分析

　　前文将19个城市群作为研究对象进行实证分析，结果表明城市群空间结构与绿色发展指数呈现"N"型的相关关系。基于此，我们以计算得到的城市群空间结构的第一个拐点值0.65为分界点，按照2019年的城市群空间结构指数将19个城市群分为低中心度城市群和高中心度城市群两组，并对两组城市群分别进行

基准回归，结果如表 8-10 和表 8-11 所示。

表 8-10　19 个城市群分类

类型	城市群
低中心度城市群	北部湾城市群、哈长城市群、海峡西岸城市群、呼包鄂榆城市群、晋中城市群、山东半岛城市群、长江中游城市群、长江三角洲城市群、中原城市群
高中心度城市群	成渝城市群、关中城市群、滇中城市群、京津冀城市群、辽中南城市群、兰西城市群、宁夏沿黄城市群、黔中城市群、天山北坡城市群、珠江三角洲城市群

表 8-11　异质性分析结果

变量	GDI（低中心度城市群）	GDI（高中心度城市群）
q	1.431*** (0.356)	-1.535*** (0.126)
K_1	-3.888 (5.698)	-5.190*** (1.497)
K_2	-3.233* (1.564)	8.002** (2.942)
K_3	-0.875* (0.381)	0.593 (0.631)
K_4	0.440 (0.329)	0.476 (0.391)
常数项	1.511*** (0.212)	1.158 (0.674)
个体固定	是	是
时间固定	是	是
Adjust-R^2	0.606	0.536

注：括号内为各个变量系数的稳健标准差；*、**、***分别代表在10%、5%、1%条件下显著

在控制了个体效应和时间效应并加入全部控制变量后，低中心度城市群核心解释变量的系数显著为正，而高中心度城市群核心解释变量的系数显著为负。这表明低中心度城市群由单中心向多中心的空间结构演变、高中心度城市群由多中心向单中心的空间结构演变时更有助于实现经济发展和碳减排的"双赢"。异质性分析的结果与基准回归的结果相同，证明了我国城市群空间结构与绿色发展指数呈现"N"型关系这一结论的可靠性。

8.4.3.5 稳健性检验

为进一步检验上述实证结果的可靠性，我们进行了增加滞后项和替换控制变量的两种稳健性检验。现有的大量研究结果表明，城市群空间结构的改变能影响经济发展和碳排放，而经济发展与碳减排同样也会对城市群空间结构的演化产生影响，两者可能存在双向因果的内生性问题。为解决可能存在的内生性问题，我们将绿色发展指数的滞后一阶项纳入模型，估计结果如表8-12所示。结果表明，将被解释变量的滞后一阶项作为解释变量纳入模型后，核心解释变量系数的符号并未发生变化，证明了研究结果的稳健性。进一步以城市群常住人口的自然对数值替换贸易开放度作为新的控制变量进行回归检验，结果如表8-12所示。替换控制变量的结果显示，稳健性检验结果符号与基准回归始终保持一致，再次证明了基准回归结果的有效性。

表8-12 稳健性检验

变量	增加滞后项	变量	替换控制变量
q	1.686*** (0.520)	q	3.482*** (1.019)
q^2	−1.148** (0.519)	q^2	−3.051*** (0.791)
q^3	0.174* (0.088)	q^3	0.478*** (0.149)
IS	−0.128 (0.126)	IS	−0.380 (0.231)
IS * q	0.132*** (0.032)	IS * q	0.254*** (0.074)
L. GDI	0.349*** (0.101)	ln(pop)	−1.938** (0.803)
控制变量	是	控制变量	是
常数项	是	常数项	是
Adjust-R^2	0.376	Adjust-R^2	0.585

注：括号内为各个变量系数的稳健标准差；*、**、***分别代表在10%、5%、1%条件下显著

8.5 政策建议

本章在对中国六大城市群的空间结构和碳排放进行测算的基础上，运用地理

与时间加权回归（GTWR）模型分析不同城市群空间结构对碳排放影响的时空差异，揭示了空间结构对碳排放的影响机制。结果表明，优化城市群空间结构和实现可持续发展需要各利益相关方共同努力，应根据城市群的时间演变和内部特征，制定适宜的政策以优化城市群的空间结构。基于此，本章提出如下的政策建议：

首先，中国幅员辽阔，不同城市群之间存在巨大的经济差距。南北地区在自然环境、地域文化、发展基础等方面存在巨大的不同，城市群建设模式不能简单复制。因此，中央政府应根据不同城市群的发展现状和未来规划制定适宜的指导方针，以优化城市群空间结构，促进经济社会的可持续发展。城市群发展是城市间的联合行动，需要不同地方政府突破属地管理的局限性，建立地区间的政策、组织、人员、信息和行动的联动机制，实现各地区生态共建和环境共治，这就要求城市人口规模和经济活动的集聚程度不能超过区域生态环境承载能力的上限。政府应加强城市群碳排放的目标控制，促进分工合作，优化资源配置，实现一体化和低碳发展，实现区域碳平衡。例如，对于长江中游城市群来说，城市群协调发展不仅落后于长江三角洲城市群、珠江三角洲城市群、京津冀城市群，而且与西部成渝城市群也有一定差距。目前，长江中游城市群已形成以武汉、长沙、合肥、南昌为核心的多中心空间结构，政府可以从交通和产业两个方面强化多中心结构，从而促进碳减排。建议建立以四个中心为换乘枢纽的两小时交通圈，打破省际壁垒。

其次，工业是能源消耗和二氧化碳排放的主要领域。工业企业绿色低碳转型是实现碳达峰和碳中和的关键。一方面，建议工业企业转型升级走低消耗、高收益的绿色之路，不断研发新技术，提高能源效率，积极参与碳交易；另一方面，城市群要引进高端制造业、大数据、总部经济、现代服务业等低污染、低排放企业。

再次，根据 IPCC 报告，交通运输部门是继能源部门和工业部门之后重要的温室气体排放源。因此，控制居民通勤碳排放是实现减排目标的有效措施。随着城市群多中心空间结构的进一步发展，城市周边和城际公共交通的供给逐步改善。居民应响应低碳号召，减少私家车出行，尽量乘坐地铁、公共汽车等公共交通工具。此外，应提高居民绿色消费意愿，改变居民日常消费方式。

最后，各城市群应充分打破行政壁垒，结合自身实际情况选择不同的发展方式。目前城市群空间结构指数小于 0.65 或大于 3.45 的城市群，应实施多中心发展战略，加大对中小城市的政策倾斜和资源支持。空间结构指数位于 0.65 ~ 3.45 的城市群，应当加强核心城市的影响力，发挥增长极的辐射带动作用，进而实现区域协调发展。充分重视科技水平、分工水平和产业结构升级对城市群高质量发展的积极影响，特别是以科技进步引领城市群经济增长和碳减排互动发展。根据各城市群的发展状况和内部中心度的差异实施差异化的发展策略。高中心度城市群要依托"中心—外围"结构，促使周边城市通过学习效应获取知识溢出的正外部性。低中心度城市群要积极向多中心空间结构演变，在推动经济发展的同时重视环境保护，避免"竭泽而渔"地恶性发展。

8.6 本章小结

本章以 2005~2019 年中国六大城市群为研究对象，分析了六大主要城市群的空间结构的时空特征，并利用 GTWR 模型分析了不同城市群空间结构的时空差异。结果显示，珠江三角洲城市群、长江中游三角洲城市群、成渝城市群的单中心化程度逐年上升，中原城市群和京津冀城市群的多中心结构先减弱后加强，长江三角洲城市群则没有明显变化。成渝城市群和珠江三角洲城市群表现出单中心结构特征，其他四个城市群则表现出多中心结构的特征。此外，研究发现城市群空间结构对碳排放的影响具有显著的时空一致性。随着时间的演化，各城市群空间结构对同一区域碳排放的回归系数也呈现出明显的正负变化和强度变化。

随后，本章利用双向固定效应模型实证分析了 2006~2019 年中国 19 个城市群空间结构对绿色发展指数的影响及其作用机制。结果显示，成渝城市群和天山北坡城市群为单中心空间结构，其余城市群为多中心空间结构。北部湾城市群、呼包鄂榆城市群、黔中城市群的空间结构逐渐向多中心转变，山东半岛城市群、长江三角洲城市群的空间结构基本保持稳定，其余城市群向单中心转变。城市群空间结构指数和绿色发展指数之间呈现"N"型关系，随着单中心程度的提高，绿色发展指数呈现"增加-减少-增加"的变化趋势。此外，我们发现科技水平和分工水平能够起到间接中介作用。低中心度城市群向多中心空间结构演变、高中心度城市群向单中心空间结构演变更有助于降低城市群绿色发展指数，从而实现经济增长与碳减排协同发展。

| 第9章 | 城市群经济集聚对碳强度的影响

经济集聚是一种复杂的、多维度的集聚状态，相邻区域的经济集聚与环境污染存在交叉效应，对能源需求和碳排放具有明显的空间效应。然而，从空间角度研究经济集聚、能源强度和碳强度的双向效应与相互作用的文献相对较少。鉴于此，本章从三个方面构建经济集聚的测度体系，并利用空间联立方程模型分析经济集聚与能源强度、碳强度之间的相互作用。

9.1 理 论 框 架

一般来说，经济集聚是指单位空间内人类经济活动的密度。经济集聚程度与空间单元的产出规模呈正相关关系，即当经济集聚程度较高时，相同的产出规模所占空间较小。经济集聚可以从要素集聚、产业集聚和城市集聚三个层面来衡量。要素集聚是资本、土地、劳动力等要素在市场化背景下的空间集聚，是资源配置的重要形式。随着工业化的发展，产业资本要素吸引同一产业在特定空间内集聚，形成产业集聚。这些产业基本处于同一产业链上，存在着竞争与合作的关系。集聚在区域内的企业得益于溢出效应，充分共享了信息、技术、政策、人才和其他相关产业要素资源，从而形成规模经济，使得产业群的整体竞争力得到大幅提升。产业集聚促进了劳动力的转移。随着城市化进程的加快，人口正在加速向中心城市和城市群转移。与此同时，城市集聚效应为交通基础设施带来便利，具体表现为航空、港口、城际铁路、地铁等设施为城市群服务。

经济集聚是经济增长的重要动力，与节能减排具有双向机制。一方面，经济集聚通过规模经济、技术溢出和知识扩散产生正外部性，有利于提高能源利用效率和减少碳排放。但过度的经济集聚又会导致"拥挤效应"，因此不断扩大生产和基础设施投资将导致更多的能源消耗和碳排放。另一方面，由于区域间的碳排放存在空间相关性，环境成本的变化会通过替代效应和成本效应的共同作用影响产业结构和产业布局的变化，进而影响区域经济集聚格局。理论框架如图9-1所示。

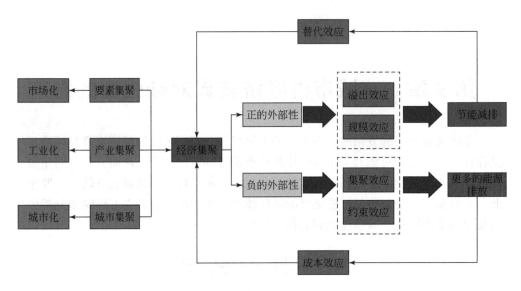

图 9-1　理论框架

9.2　城市群经济集聚水平

9.2.1　经济集聚水平的测算

在经济集聚程度的测算方面，通常采用区位熵、就业密度、泰尔指数和经济密度等方法。本节采用熵权法来度量六个城市群（京津冀、长江三角洲、长江中游、珠江三角洲、成渝、中原）的经济集聚水平。熵权法源于信息熵这一概念，熵出现在信息论中，作为衡量随机变量不确定性的标准。信息熵越小，信息量越大，相应的权重就越高。

熵权法的基本步骤如下。

第一步，构建由 n 个索引和 m 个被评估对象组成的决策矩阵：

$$\boldsymbol{P}_{nm} = \begin{bmatrix} X_{11} & X_{12} & \cdots & X_{1m} \\ X_{21} & X_{22} & \cdots & X_{2m} \\ \vdots & \vdots & & \vdots \\ X_{n1} & X_{n2} & \cdots & X_{nm} \end{bmatrix}_{n \times m} \tag{9-1}$$

式中，X_{ij} 是城市 j 的经济集聚指标中的变量 i；$i = 1,2,3,\cdots,n$，$j = 1,2,3,\cdots,m$。

由于各变量的维度和幅度不同，如果不对数值进行标准化处理，可能会造成维度较大的观测变量对结果的影响较大，因此使用标准化处理的方法来削弱维度较大的观测变量的权重。将数值标准化后，不同的观测变量具有相同的尺度，可以消除不同观测变量之间的差异，加速权重参数的收敛，使评价指标更加合理。

第二步，根据以下公式对数据进行归一化处理，负指数通过减法的一致性处理：

$$M_{ij} = \begin{cases} \dfrac{X_{ij} - \min\{X_{ij}, \cdots, X_{nj}\}}{\max\{X_{ij}, \cdots, X_{nj}\} - \min\{X_{ij}, \cdots, X_{nj}\}}, & (X > 0) \\[4mm] \dfrac{\max\{X_{ij}, \cdots, X_{nj}\} - X_{ij}}{\max\{X_{ij}, \cdots, X_{nj}\} - \min\{X_{ij}, \cdots, X_{nj}\}}, & (X < 0) \end{cases} \tag{9-2}$$

第三步，经过归一化处理，得到：

$$P_{ij} = \frac{M_{ij}}{\sum_{i=1}^{n} M_{ij}} \tag{9-3}$$

第四步，根据信息熵的定义得到：

$$E_i = -\ln(n)^{-1} \sum_{j=1}^{n} P_{ij} \ln P_{ij} \tag{9-4}$$

如果 $P_{ij} = 0$，那么定义 $\lim\limits_{P_{ij} \to 0} p_{ij} \ln P_{ij} = 0$。

第五步，指数 i 的权重计算方法是：

$$W_i = \frac{1 - E_i}{m - \sum_{i=1}^{m} E_i}; \ 0 \leqslant W_i \leqslant 1, \sum_{i=1}^{m} W_i = 1 \tag{9-5}$$

第六步，各城市经济集聚水平的衡量标准如下：

$$\mathrm{eco}_j = \sum_{i=1}^{8} W_{ij} X_{ij} (i = 1, 2, \cdots, 8) \tag{9-6}$$

式中，eco_j 代表城市 j 的经济集聚水平；X_{ij} 是城市 j 的经济集聚指标中的变量 i；W_{ij} 是变量 i 在城市 j 中的权重。

经济集聚从三个方面来衡量：特征集聚、产业集聚和城市集聚。从要素角度看，劳动力、土地和资本是主要因素。Cai 等（2002）发现，劳动力流动将扩大区域间的经济差距。城市土地已逐渐成为影响生产的稀缺资源，土地资源的支撑能力影响着区域集聚的特征。此外，具有空间异质性的资产因素是另一个影响城市集聚动力的因素。因此，本节选择第二产业劳动力占总劳动力的比例（X_1）代表人力要素，单位面积的建筑面积（X_2）代表土地要素，单位面积的固定资产投资（X_3）代表资本要素。

产业集聚可以加强区域间的横向和纵向经济联系，形成更紧密的产业群和投入产出关系。专业化产业和多元化产业的集聚程度可以通过企业数量、企业规模、市场结构等来衡量。本节在衡量企业规模时，选择了规模以上企业的单位面积产值（X_4），并以第三产业产值占国内生产总值的比例（X_5）来反映产业结构。

　　城市集聚在提高资源利用效率和财务收益方面具有很强的外部效应，经济发展使市场更加多元化。城市化质量对二氧化碳排放的影响存在明显的空间和时间差异。本节采用城市化率（X_6）、人均房地产建筑面积（X_7）、全年公路客运总量与常住人口的比率（X_8）来反映城市集聚。具体指标如表 9-1 所示。

表 9-1　经济集聚的测量指标体系

	测量尺寸	描述	单位
经济集聚	特征集聚	第二产业劳动力占总劳动力的比例（X_1）	%
		单位面积的建筑面积（X_2）	%
		单位面积的固定资产投资（X_3）	10^8元/平方公里
	产业集聚	规模以上企业的单位面积产值（X_4）	10^8元/平方公里
		第三产业产值占国内生产总值的比例（X_5）	%
	城市集聚	城市化率（X_6）	%
		人均房地产建筑面积（X_7）	平方米/人
		全年公路客运总量与常住人口的比率（X_8）	%

9.2.2　经济集聚水平的时间分布特征

　　如图 9-2 所示，2005～2019 年，各城市群的经济集聚水平是不断上升的。其中，经济集聚水平最高的是珠江三角洲城市群，成渝城市群的经济集聚水平最

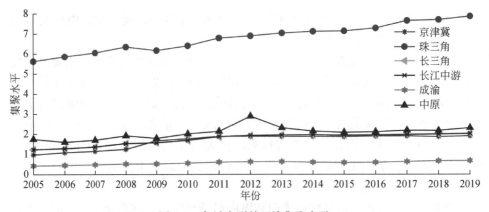

图 9-2　各城市群的经济集聚水平

低，京津冀、长江三角洲和长江中游三个城市群的经济集聚水平相当。各城市群于 2011~2015 年经济集聚水平上升最快，这可能是由于"十二五"期间，各城市群持续推进区域规划，促进了各城市群经济集聚水平的提升。

9.2.3 经济集聚水平的空间分布特征

本节分别选取六个城市群 2005~2019 年的经济集聚水平，进行空间分布特征分析。如表 9-2 所示，可以看出，从空间维度来看，有两个城市群的核心城市对周边城市起到了较好的辐射作用，即珠江三角洲城市群和长江三角洲城市群，它们除自身的经济集聚程度较高外，其周围城市经济集聚程度的提高也较为明显；而其他城市群则是中心城市极化作用较强，即只是核心城市的经济集聚程度提升较为明显，周边城市的经济集聚程度提升较为缓慢。具体而言，珠江三角洲城市群和长江三角洲城市群的城市经济集聚程度较高，且随着时间的推移，越靠近核心城市，城市的经济集聚程度将会逐渐提高；京津冀城市群则是北京和天津两个核心城市的经济集聚程度较高，且随着时间的推移，北京市经济集聚程度的提高较为明显，其余城市则变化不大；长江中游城市群则是武汉市的经济集聚程度提升明显，其周边城市变化不大；成渝城市群的成都市经济集聚程度提升较快，中原城市群的郑州市经济集聚程度提高明显，而周围城市的经济集聚程度提升速度较慢。

表 9-2　各城市群经济集聚的空间分布

年份	京津冀城市群	珠江三角洲城市群	长江三角洲城市群	长江中游城市群	成渝城市群	中原城市群
2005	0.98	5.63	1.25	1.25	0.44	1.76
2006	1.10	5.87	1.30	1.30	0.46	1.61
2007	1.16	6.06	1.37	1.37	0.49	1.71
2008	1.26	6.35	1.54	1.54	0.53	1.93
2009	1.68	6.18	1.58	1.58	0.53	1.80
2010	1.78	6.41	1.69	1.71	0.57	2.02
2011	1.89	6.79	1.87	1.89	0.62	2.14
2012	1.90	6.90	1.94	1.94	0.64	2.90
2013	1.89	7.04	1.97	1.96	0.64	2.32
2014	1.89	7.12	1.97	1.97	0.61	2.16

年份	京津冀城市群	珠江三角洲城市群	长江三角洲城市群	长江中游城市群	成渝城市群	中原城市群
2015	1.88	7.14	1.96	1.95	0.60	2.09
2016	1.91	7.28	1.96	1.96	0.61	2.12
2017	1.91	7.66	2.00	1.98	0.64	2.19
2018	1.88	7.70	2.01	2.00	0.68	2.18
2019	1.91	7.87	2.04	2.03	0.69	2.32

9.3 城市群阶段识别

借鉴已有研究，选择人均 GDP 指数（Chenery et al.，1975）和产业结构（Ding et al.，2019）进行城市群阶段识别。其中，将人均 GDP 利用美元购买力平价和汇率将 20 世纪 70 年代的分类标准推演至 2005～2019 年的人民币标准（表 9-3）。随后，通过 GDP 加权法提取 2005～2019 年六个城市群的人均 GDP 和产业占比（Liu et al.，2020），共得到 90 个样本点（图 9-3）。根据人均 GDP 标准和产业结构阈值定义了五个不同的发展阶段，包括初级产品阶段、初期发展阶段、中期发展阶段、后期发展阶段和发达阶段。

表 9-3 不同发展阶段的标准

发展阶段	人均 GDP 标准			产业结构标准
	1970/美元	2012/美元	2012/元	/%
初级产品阶段（PPS）	100～280	591～1656	3729～10449	$P>S$
初期发展阶段（PDS）	280～560	1656～3321	10449～20899	$P>20$ and $P<S$
中期发展阶段（MDS）	560～1120	3321～6623	20899～41791	$10≤P≤20$
后期发展阶段（LDS）	1120～2100	6623～12418	41791～78358	$P<10$ and $S>T$
发达阶段（DS）	2100～5040	12418～29804	78358～188063	$P<10$ and $S<T$

注：不同年份的人均 GDP 标准不同，由于篇幅所限，仅提出 2012 年的人均 GDP 标准，行业标准历年不变。P、S、T 分别代表第一、第二、第三产业占 GDP 的比例

因城市群尺度识别阶段的复杂性，参考 Liu 等（2020）提出的城市群发展阶段识别方法，共得到三种城市群发展阶段的识别准则：

准则 1：仅考虑产业结构标准。如图 9-3（a）所示，可以看出人均 GDP 在 4～6 万元时，城市群样本中同时存在有中期、后期和发达三个发展阶段，导致

城市化发展阶段识别不明确。

准则 2：仅考虑人均 GDP 标准。如图 9-3（b）所示，可以看出所有城市群样本均可被识别为不同发展阶段，并且识别结果明确且符合各发展阶段的实际情况。

准则 3：同时满足人均 GDP 标准和产业结构标准。如图 9-3（c）所示，可以看出有 38 个样本点未能识别出发展阶段，因此也不能作为城市群发展阶段的识别结果。

最终，本节将所有城市群样本识别为四个发展阶段，即初期发展阶段、中期发展阶段、后期发展阶段和发达阶段。

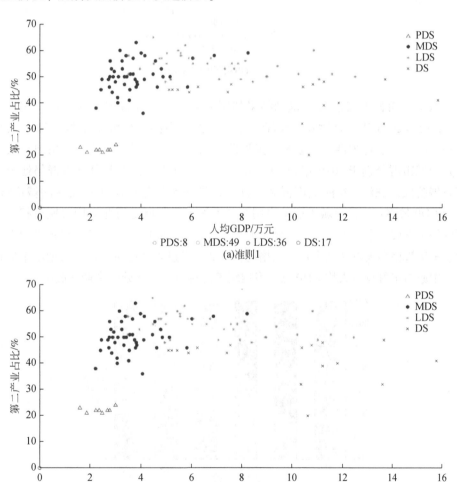

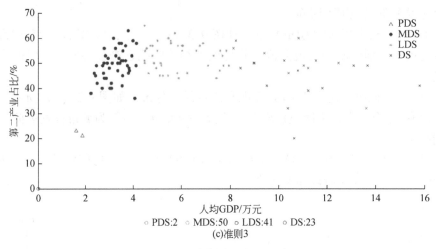

(c)准则3

图9-3　城市群的阶段识别

　　六个城市群的发展阶段识别结果如图9-4所示，各城市群发展阶段各不相同。2005～2019年，京津冀、长江三角洲、长江中游和成渝城市群经历了三个发展阶段，工业化中期占据了整个发展阶段的大部分时间。除珠江三角洲和长江三角洲城市群分别于2010年和2012年进入发达阶段外，大部分城市群仍处于后期发展阶段。珠江三角洲城市群和长江三角洲城市群是中国相对发达的城市群，人均GDP较高；京津冀城市群是中国第三大城市群，但受河北省周边城市相对较弱的经济发展水平所限，京津冀城市群尚未进入发达阶段。成渝城市群也表现为成都、重庆被诸多欠发达城市包围的格局，因此尚未进入发达阶段。与其他城市群相比，中原城市群具有人均GDP低、发展缓慢的特点，因此处于中期发展阶段。

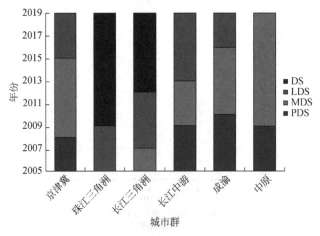

图9-4　城市群各发展阶段

9.4 城市群的碳强度水平

9.4.1 碳强度水平的测算

碳强度（CI）一般表示为 CO_2 排放总量与 GDP 的比值，即单位产出的碳排放量。化石燃料是碳排放的主要来源，因此，本节基于 IPCC 提供的方法对碳排放量（CE）进行计算，化石燃料能源包含焦炭、汽油、柴油、天然气、电力、原煤、原油、煤油、燃料油和液化石油气（LPG）10 种。

$$CI = \frac{CE}{GDP} \tag{9-7}$$

$$CE = \sum_{k=1}^{10} C_k = \sum_{k=1}^{10} E_k \times SC_k \times CF_k \tag{9-8}$$

式中，CE 表示碳排放量；CI 代表碳强度；E 表示能耗；SC 表示标准煤的换算系数；CF 为碳排放系数；k 代表所选取的化石燃料能源。

9.4.2 碳强度水平的时间分布特征

城市群不同阶段碳强度水平的时间变化如图 9-5 所示。从整体上看，2005～2019 年，经过 15 年的发展，除珠江三角洲城市群和成渝城市群外，其余城市群的碳强度水平均有不同程度的提高。可能是源于中原城市群快速增长的经济持续依赖资源和环境，中原城市群的碳强度水平最高。碳强度水平最低的是珠江三角洲城市群。在时间维度上，大多数城市群在整个阶段的变化通常是先上升后下

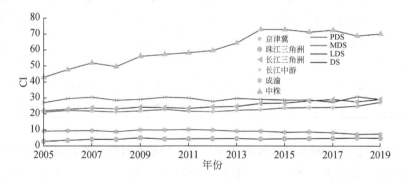

图 9-5　各阶段碳强度的分布特征

降，呈现倒"U"型格局。大部分城市群的碳强度水平在后期发展阶段（LDS）和发达阶段（DS）具有缓慢下降趋势；而在初期发展阶段（PDS）和中期发展阶段（MDS），大多数城市群的碳强度水平则呈上升趋势。

9.4.3　碳强度水平的空间分布特征

城市群碳强度水平的空间分布变化如表9-4所示。从整体上看，珠江三角洲城市群碳强度最小。与2005年相比，2010年部分城市的碳强度水平有所增加，且碳强度水平越高的城市，其邻近城市的碳强度水平也高。在2015年，除个别城市的碳强度水平与2010年相比是上升的，其余城市均有所下降；到2019年，大部分城市的碳强度水平与2015年相比存在显著降低。

表9-4　各城市群碳强度的空间分布

年份	京津冀城市群	珠江三角洲城市群	长江三角洲城市群	长江中游城市群	成渝城市群	中原城市群
2005	21.22	2.95	22.08	27.09	9.26	42.85
2006	22.29	3.59	23.07	29.68	9.46	47.72
2007	21.91	4.18	23.80	30.53	9.69	51.90
2008	21.38	4.17	23.33	28.65	8.95	49.64
2009	22.03	5.16	24.36	29.24	10.13	56.05
2010	22.96	4.36	24.07	30.56	10.01	57.21
2011	21.74	4.48	23.57	30.02	10.24	58.25
2012	21.39	4.56	24.46	27.91	9.92	59.60
2013	22.36	4.65	24.77	29.77	9.22	64.38
2014	22.81	4.38	26.66	29.19	9.27	72.93
2015	23.91	4.53	26.89	28.79	8.60	72.90
2016	24.10	4.66	28.26	28.84	8.81	71.24
2017	24.15	4.80	29.17	27.51	8.35	72.47
2018	24.99	5.10	27.76	30.89	7.40	68.90
2019	27.45	4.95	29.33	29.24	7.63	70.19

中原城市群中有较多城市的碳强度较高，且随着时间的推移并未呈现下降趋势，如长治、运城和平顶山，这可能是与当地重工业为主的产业结构有关，而其邻近的城市，如晋城、邯郸、邢台的碳强度水平也较高。长江中游城市群中，各地市的碳强度水平为中等偏上，其中九江和娄底的碳强度水平随着时间的推移先

升高后下降，其余各地市的碳强度水平并未呈现显著变化。珠江三角洲城市群中，惠州和江门的碳强度水平高于邻近城市，这是由于惠州以电子信息和石油产业为主的产业结构，其重工业占比较大，而江门的第一支柱产业是新材料产业，这都导致两者的碳强度水平比邻近城市更高。长江三角洲城市群的碳强度水平属于中等且在研究期间相对稳定。成渝城市群中，各城市的碳强度水平和其他城市群相比属于中等偏下。其中，重庆的碳强度水平在研究期间内呈现较为显著的上升趋势，但相较于其他地区仍然保持较低水平。成都市周围城市的碳强度水平普遍高于自身，这可能归因于周围城市较多依赖自然资源的经济发展模式，进而导致了碳排放强度的上升。

9.5　经济集聚对碳强度的影响

在城市群的发展过程中，碳强度与经济集聚、能源强度和劳动生产率有关，且不同发展阶段的经济集聚对碳强度的影响不同。本节以经济集聚为核心解释变量，能源强度和劳动生产率等为控制变量，在识别城市群发展阶段的基础上，构建空间计量模型探讨不同阶段下经济集聚对碳强度的影响，为城市群制定具有针对性的减排政策打好基础。

9.5.1　空间相关性检验

为了检验利用空间计量模型研究经济集聚对碳强度的影响是否合理，本节首先对各城市群的碳强度进行了空间自相关性检验。检验与社会和经济现象相关的空间效应是否存在的常用方法是空间莫兰指数（Moran's I），Moran's I 是一种在空间分析中被广泛用于检验空间自相关存在性的重要方法（Xu et al.，2017b），它解释了一种特定现象的总体分布。此外，它还可以表明该现象在给定空间中是否具有聚类特征。

$$\text{Moran's I} = \frac{n \sum_{i=1}^{n} \sum_{j=1}^{n} W_{ij}(y_i - \bar{y})(y_j - \bar{y})}{\sum_{i=1}^{n} \sum_{j=1}^{n} W_{ij} \sum_{n=1}^{n} (y_i - \bar{y})^2} \tag{9-9}$$

式中，n 表示每个城市群中的城市数量；y_i 表示所研究现象的特征值；i 表示一个城市群中的第 i 个城市；j 表示第 j 个城市；$\bar{y}$ 为城市群所包含城市的碳强度均值；W_{ij} 为空间权重矩阵。本节应用了二元 Queen 邻接空间权重矩阵，如果两个城市相邻，其元素为 1，否则为 0。Moran's I 的取值范围为 [−1，1]，当指数为正值时，说明空间正相关，且正值越大代表空间相关性越强；该指数为负值时，则意味着空间相关性为负相关，负值越小代表空间差异性越强；当它取 0 时，表示随机空间分布，此时空间不相关。

2005 年、2010 年、2015 年和 2019 年 Moran's I 的结果如表 9-5 所示。结果表明，除成渝城市群外，大部分城市群均通过了显著性检验，即京津冀、珠江三角洲、长江三角洲、长江中游和中原城市群的碳强度具有空间自相关性，为空间计量模型的应用提供了理论基础，成渝城市群则采用面板数据模型。

表 9-5　Moran's I 的结果

年份	京津冀城市群	珠江三角洲城市群	长江三角洲城市群	长江中游城市群	成渝城市群	中原城市群
2005	0.247 **	0.292 **	0.123 *	0.685 ***	0.035	0.299 ***
2010	0.291 **	0.445 **	0.042	0.042	0.049	0.211 **
2015	0.315 **	0.471 **	0.159 *	0.530 ***	0.312	0.247 ***
2019	0.225 *	0.488 **	0.147 ***	0.417 ***	0.117	0.351 ***

*：$p<0.10$；**：$p<0.05$；***：$p<0.01$

9.5.2　变量选取与数据说明

为了综合分析影响碳强度的因素，本节选取 2005～2019 年的数据样本进行研究，相关的因变量、自变量和控制变量如下。

(1) 因变量

碳强度（CI）：采用单位 GDP 对碳排放量进行衡量。

(2) 自变量

经济集聚（EA）：采用熵权法来衡量城市群的经济集聚水平。

(3) 控制变量

能源强度（EI）：由单位产出的能源消耗来衡量。能源强度与能源利用效率负相关，即能源消耗强度越低，则能源利用效率越高，对环境的污染程度也就越低，反之亦然。

劳动生产率（LP）：劳动生产率可以衡量一个地区工业水平的发展，劳动生产率的提高有利于从源头降低能源强度，抑制大气污染物的排放（田成诗等，2019）。因此，本节采用产值与劳动力数量的比值来衡量劳动生产率。

人均 GDP（A）：碳强度与人均 GDP 之间可能存在着更加复杂的关系。因此，本节将人均 GDP 纳入控制变量，分析其对碳强度的影响。

工业化水平（IL）：工业化以第二产业为主，而工业生产势必带来高污染、高能耗，它作为主要的碳排放源，对碳强度产生重要影响。因此本节选取第二产业增加值占 GDP 的比例来衡量地区工业化水平，将其作为控制变量进行研究。

市场开放程度（FD）：开放的市场可以吸引外商投资，外商投资的涌入促进了本地企业的快速发展，从而有效推动了区域的经济发展。但是，当地环境也因此受到了两种影响效应：一方面，发达国家的企业为达到降低碳减排成本的目的，一般以外包的形式，将重污染企业或产品从高环境标准的区域转移到环境标准相对较低的其他国家或地区，从而转移了承担环境污染的后果。另一方面，发达国家的外商投资企业在母国时，由于受到的环保监管较为严格，随之就形成了良好的环保经营理念，当其进入别国投资办企时，由于技术溢出效应和知识扩散效应的存在，东道国国内的生产效率也会随之提高，从而减少了其国内的环境污染。因此，本节采用当年实际外资占城市群 GDP 的比例来探究外商投资对碳强度的影响。

能源消费结构（ES）：用煤炭消费量占能源消费总量的比例衡量。能源消费结构中，清洁能源占比越大，消费相同能源产生的碳排放就越少。以煤炭为主的化石能源是主要的碳排放源，会对碳强度产生影响。

数据来源：产出、区域面积、能源消耗、人均 GDP、非农劳动力、第二产业增加值、外商直接投资、煤炭消费等数据均来自 2006～2020 年《中国城市统计年鉴》。由于部分城市缺乏相关信息，采用各省（自治区、直辖市）历年统计年鉴的数据进行补充。其中，各类货币量指标以 2005 不变价格进行平减，以确保研究的严谨性和合理性。此外，计算碳排放的能源消耗数据来自每个城市的统计年鉴，标准煤转换系数来自《中国能源统计年鉴》，碳排放系数来自 IPCC。变量的描述性统计（均值、标准差、最小值和最大值）如表 9-6 所示。

表 9-6 变量的描述性统计

变量	含义	均值	标准差	最小值	最大值
碳强度（CI）	单位 GDP 的碳排放量/（吨/万元）	1.313	1.300	0.050	10.260
经济集聚（EA）	从特征集聚、产业集聚和城市集聚三方面来衡量	0.351	0.351	0.084	3.834
能源强度（EI）	单位产出的能源消耗量/（吨煤/万元）	1.772	1.711	0.070	13.63
劳动生产率（LP）	劳均产出值/（亿元/万人）	3.766	4.456	0.001	15.223
人均 GDP（A）	年末 GDP 与人口之比/（万元/人）	3.420	2.733	0.008	7.941
工业化水平（IL）	第二产业增加值占 GDP 的比例/%	0.518	0.972	0.051	1.925
市场开放程度（FD）	FDI 占 GDP 的比例/%	0.027	0.039	0.0002	1.240
能源消费结构（ES）	煤炭消费占能源消费总量的比例/%	0.709	0.262	0.002	1.319

9.5.3 模型构建与实证分析

9.5.3.1 模型构建

不同的空间计量模型适合不同的研究数据集,对空间计量模型的适当选择有利于更准确地分析。本节涉及 6 个城市群,使用单一的模型可能会降低分析的准确性。因此本节构建空间自回归模型(SAR)、空间误差模型(SEM)和空间杜宾模型(SDM),并结合 LM 检验和 LR 检验,根据不同城市群的不同阶段选择适当的空间计量模型。

结果如表 9-7 所示,根据 LM 检验和 LR 检验的结果,空间自回归模型(SAR)适用于京津冀城市群的各阶段和珠江三角洲城市群的发达阶段,中原城市群的中期发展阶段适合采用空间杜宾模型(SDM),其余阶段则宜用空间误差模型(SEM)。当回归分析仅限于少数特定个体时,固定效应是更好的选择,这与本节的研究一致,因此本节采用固定效应空间计量模型。此外,根据 Hausman 检验,成渝城市群也应使用固定效应模型。

表 9-7 模型选择结果

城市群	阶段	N	T	LM-Lag	Robust LM-Lag	LM-error	Robust LM-error	LR-Lag	LR-error	Model
京津冀	PDS	14	4	20.236 ***	20.045 ***	0.200	0.001	−45.739	−23.408	SAR
	MDS	14	7	44.051 ***	42.646 ***	2.956	1.551	55.258 ***	88.428 ***	SAR
	LDS	14	4	22.465 ***	22.585 ***	0.001	0.121	−108.343	−80.737	SAR
珠江三角洲	LDS	9	5	0.034	0.075	4.022 **	4.064 **	−119.331	−126.257	SEM
	DS	9	10	16.799 ***	9.634 ***	13.253 ***	6.086 **	−391.803	−485.500	SAR
长江三角洲	MDS	26	3	0.353	0.102	5.989 **	5.902 **	11.978	16.010 **	SEM
	LDS	26	5	0.315	0.563	2.617 *	2.865 *	13.386 *	13.619	SEM
	DS	26	7	1.377	2.074	3.376 *	4.073 **	4.373	4.209	SEM
长江中游	PDS	27	5	2.204	2.210	5.764 **	7.358 **	5.090	6.376	SEM
	MDS	27	4	2.656	3.110	3.474 **	3.927 **	−22.942	−32.735	SEM
	LDS	27	6	0.002	0.0001	5.062 **	5.061 **	10.213	11.744	SEM
中原	PDS	29	5	0.070	0.001	3.497 *	3.428 *	11.457	8.456	SEM
	MDS	29	10	11.321 ***	15.200 ***	2.872 *	6.751 *	42.328 ***	42.262 ***	SDM
成渝				Hausman test				104.602 ***		

* : $p<0.10$; ** : $p<0.05$; *** : $p<0.01$

基于选择结果，本节构建如下模型：

$$\text{SAR:} \ln(\text{CI}_{it}) = \beta_1 + \rho_1 \sum_{i=1}^{n} \omega_{ij} \ln(\text{CI}_{jt}) + \beta_2 \ln(\text{EA}_{it}) + \delta \sum \ln(X_{it}) + \gamma_t$$

$$(9\text{-}10)$$

$$\text{SEM:} \ln(\text{CI}_{it}) = \beta_1 + \beta_2 \ln(\text{EA}_{it}) + \delta \sum \ln(X_{it}) + \gamma_t + \varphi_{it} \, \varphi_{it}$$

$$= \lambda \sum_{i=1}^{n} \omega_{ij} \varphi_{it} + \varepsilon_{it} \qquad (9\text{-}11)$$

$$\text{SDM:} \ln(\text{CI}_{it}) = \beta_1 + \rho_1 \sum_{i=1}^{n} \omega_{ij} \ln(\text{CI}_{jt}) + \rho_2 \sum_{i=1}^{n} \omega_{ij} \ln(\text{EA}_{jt}) + \beta_2 \ln(\text{EA}_{it})$$

$$+ \delta \sum \ln(X_{it}) + \lambda \sum_{i=1}^{n} \omega_{ij} \ln(X_{jt}) + \gamma_t \qquad (9\text{-}12)$$

$$\ln(\text{CI}_{it}) = \beta_1 + \beta_2 \ln(\text{EA}_{it}) + \delta \sum \ln(X_{it}) + \gamma_t \qquad (9\text{-}13)$$

式中，i 为每个城市群所包含的城市；t 为年份；CI 表示碳强度；EA 为经济集聚；X_{it} 表示控制变量；β_1 是常数项；β_2 和 δ 为要估计的参数；ρ_1 和 ρ_2 分别表示因变量和自变量的空间滞后系数；λ 表示控制变量的空间滞后系数；γ_t 表示时间固定的效果；ω_{ij} 是空间权重矩阵的一个元素，用于描述城市与每个城市群所包含的城市之间的空间邻近性。为了减少估计偏差，本节采用了反距离空间权重矩阵。此外，如果存在空间滞后项，空间测度模型的回归系数无法直接反映自变量的边际效应，需利用偏导数方法（Le Sage and Pace，2009）计算总效应、直接效应和间接效应，从而解决这一问题。其中，自变量对本区域的平均影响用直接效应得出，间接效应表示自变量对邻近区域的平均影响，自变量对所有区域的平均影响则可由总效应获得。本节采用软件 MATLAB 2018B 对模型进行回归求解。

9.5.3.2 实证结果与分析

基于检验结果，长江中游城市群和中原城市群的初期发展阶段、长江三角洲城市群和长江中游城市群的中期发展阶段、京津冀城市群和珠江三角洲城市群的后期发展阶段、长江三角洲城市群的发达阶段应该使用 SEM 模型，其回归系数可以反映自变量与因变量之间的关系。如表 9-8 所示，R^2 均高于 0.90，Log-likelihood 似然值均较高，说明所使用的模型拟合良好。根据结果可以看出，在不同的发展阶段，经济集聚对碳强度的影响会有所不同，随着城市群的不断发展，经济集聚对碳强度具有抑制作用，即经济集聚将有利于碳强度的下降。在初期发展阶段，京津冀城市群和成渝城市群的经济集聚对碳强度具有负向影响，而在中原城市群，经济集聚的增加不利于碳强度的下降。在中期发展阶段，除长江中游城市群外，其余城市群的经济集聚与碳强度之间均呈现负向关系，而在长江三角

表 9-8　各阶段模型的回归结果

城市群	阶段	R^2	Log-lik	LN（EA）	LN（EI）	LN（LP）	LN（A）	IL	FD	ES
京津冀	PDS	0.998	116.934	-0.029***	1.001***	-0.028	0.071**	0.056	-0.090	0.196***
	MDS	0.999	222.231	-0.037***	0.993***	-0.001	0.076***	0.236***	-0.474**	0.255***
	LDS	0.998	119.282	-0.056***	0.992***	-0.005	0.104***	0.442***	-0.045	0.256***
珠江三角洲	LDS	0.997	102.946	0.025***	0.937***	-0.119***	0.005	0.080	-0.420	0.416***
	DS	0.997	120.263	-0.042***	0.849***	-0.079***	0.059**	0.275***	0.103	0.187***
	MDS	0.997	165.058	-0.007	1.001***	0.099***	-0.067***	0.150**	0.014	0.232***
长江三角洲	LDS	0.997	281.536	-0.014*	0.988***	0.057***	-0.027*	0.085**	0.778***	0.204***
	DS	0.996	352.828	-0.013*	0.986***	-0.005*	-0.002	0.023*	0.030	0.084***
	PDS	0.997	246.809	0.047***	1.004***	-0.081***	0.021	0.040	-0.265	0.118***
长江中游	MDS	0.998	209.437	0.043***	1.002***	0.010	-0.031	-0.005	0.124	0.160***
	LDS	0.997	277.852	-0.049***	0.998***	-0.006	-0.035*	0.032	-0.296	0.128***
成渝	PDS	0.998	137.769	-0.069***	0.976***	0.009	0.106***	0.334**	0.041	0.215***
	MDS	0.998	137.340	-0.085***	0.990***	-0.124***	0.138***	0.171**	-1.304***	0.234***
	LDS	0.998	78.37	-0.070***	0.990***	-0.187**	0.020	0.321**	-0.985	0.275***
中原	PDS	0.956	52.023	0.089***	1.101***	-0.311***	0.046*	-0.762***	0.718***	-0.209**
	MDS	0.963	78.477	-0.114***	1.001***	-0.343***	0.095***	0.002	0.113	0.174**

*：$p<0.10$；**：$p<0.05$；***：$p<0.01$；Log-lik 为 Log-likelihood

洲城市群，两者之间不具有显著的相关，此时的经济集聚对长江三角洲的碳强度不具有显著影响。在后期发展阶段，经济集聚对珠江三角洲城市群的碳强度具有正向影响，对京津冀、长江三角洲、长江中游和成渝城市群的碳强度具有负向影响。在发达阶段，经济集聚对珠江三角洲和长江三角洲城市群的碳强度均具有抑制作用。

基于检验结果，京津冀城市群的初期和中期发展阶段、珠江三角洲城市群的发达阶段应选用 SAR 模型，中原城市群中期发展阶段应选用 SDM 模型。由于 SAR 和 SDM 模型都包含了空间滞后项，因此估计结果不能直接反映变量的边际效应，所以利用直接效应、间接效应和总效应进行分析。直接效应意指解释变量对本区域的平均影响，间接效应表示解释变量对邻近其他区域的平均影响，解释变量对所有区域的平均影响则由总效应得出。SAR 和 SDM 模型的分解结果如表 9-9 所示。直接效应方面，在京津冀城市群的三个发展阶段，经济集聚的回归系数均显著为负，且直接效应系数分别为 -0.029、-0.037 和 -0.056，即在初期发展阶段，京津冀城市群的碳强度随着经济集聚水平的提高显著减少，具体为单位面积上产值每增加 1，碳强度就会随之减少 0.029；而到了发展后期，单位面积上产值增加 1 会使碳强度减少 0.056，表明随着城市群发展，经济集聚对京津冀城市群碳强度的抑制作用在不断增加。在中期发展阶段，中原城市群经济集聚对碳强度具有显著负向影响，单位面积上产值增加 1 会使中原城市群碳强度减少 0.115。在珠江三角洲城市群的发达阶段，经济集聚对碳强度具有显著负向影响，表明尽管在该区域的发展后期，经济集聚不利于碳强度的下降，但随着城市群的不断发展，将朝着经济集聚增加有利于碳强度下降的方向发展。

表 9-9　各自变量对碳强度的直接效应、间接效应和总效应

效应类型	变量	京津冀城市群			珠江三角洲城市群	中原城市群
		PDS	MDS	LDS	DS	MDS
直接效应	LN（EA）	-0.029^{***}	-0.037^{***}	-0.056^{***}	-0.044^{***}	-0.115^{***}
	LN（EI）	1.008^{***}	0.994^{***}	0.993^{***}	0.885^{***}	1.005^{***}
	LN（LP）	-0.028	-0.001	-0.005	-0.083^{**}	-0.344^{***}
	LN（A）	0.071^{**}	0.077^{***}	0.105^{***}	0.063^{**}	0.096^{***}
	IL	0.054	0.236^{***}	0.447^{***}	0.289^{***}	-0.001
	FD	-0.088	-0.473^{**}	-0.040	0.106	0.117
	ES	0.197^{***}	0.256^{***}	0.257^{***}	0.195^{***}	0.176^{**}

效应类型	变量	京津冀城市群			珠江三角洲城市群	中原城市群
		PDS	MDS	LDS	DS	MDS
间接效应	LN（EA）	−0.002 **	−0.002 ***	−0.003 ***	0.018 ***	0.019
	LN（EI）	0.071 ***	0.062 ***	0.058 ***	−0.362 ***	−0.160
	LN（LP）	−0.002	−0.000	−0.000	0.034 **	0.054
	LN（A）	0.005 *	0.005 ***	0.006 **	−0.026 **	−0.016
	IL	0.004	0.015 ***	0.026 ***	−0.119 ***	0.001
	FD	−0.007	−0.030 **	−0.003	−0.042	−0.020
	ES	0.014 ***	0.016 ***	0.015 ***	−0.080 ***	−0.028
总效应	LN（EA）	−0.031 ***	−0.040 ***	−0.060 ***	−0.026 ***	−0.096 ***
	LN（EI）	1.079 ***	1.057 ***	1.051 ***	0.523 ***	0.845 ***
	LN（LP）	−0.030	−0.001	−0.005	−0.049 ***	−0.291 ***
	LN（A）	0.076 *	0.082 ***	0.111 ***	0.037 **	0.081 ***
	IL	0.058	0.251 ***	0.473 ***	0.170 ***	0.001
	FD	−0.094	−0.503 **	−0.042	0.062	0.098
	ES	0.211 ***	0.272 ***	0.271 ***	0.115 ***	0.148 *

  $*: p<0.10$；$**: p<0.05$；$***: p<0.01$

　　间接效应方面，京津冀城市群各阶段经济集聚对碳强度的间接效应显著为负，这意味着经济集聚的提升也有利于邻近地区碳强度的下降，但其作用变化不大。而珠江三角洲城市群经济集聚的增加则不利于邻近地区碳强度下降。在中原城市群，经济集聚对邻近地区的碳强度无显著性影响。

　　在控制变量中，能源强度（EI）对京津冀、珠江三角洲、长江三角洲、长江中游、成渝和中原城市群各阶段的碳强度均有显著的正向效应，表明能源强度的增加对碳强度有促进作用。劳动生产率（LP）对珠江三角洲、成渝和中原城市群的碳强度具有抑制作用，对长江三角洲前期和中期的碳强度具有促进作用，到后期则具有负向影响，对其他两个城市群的碳强度虽然无显著性影响，但系数为负，表明可能对区域碳强度具有抑制作用。人均 GDP（A）仅对京津冀、珠江三角洲以及中原城市群的碳强度具有显著正向影响，对其余城市群无显著性影响。工业化水平（IL）对除长江中游城市群和中原城市群外的其余城市群的碳强度具有正向作用，对长江中游和中原城市群虽影响不显著，但系数为正表明可能具有正向影响。市场开放度（FD）对各城市群碳强度影响不同，这可能与各地区的相关政策差异有关。能源消费结构（ES）对各城市群的碳强度影响则显著为正。

各阶段经济集聚与碳强度的关系如表 9-10 所示。可以看出不同城市群在不同阶段下，经济集聚对碳强度的影响是不同的。在初期发展阶段，中原城市群经济集聚的增加不利于碳强度的下降，这可能是由于此时城市群容量的快速扩张导致各种消耗显著增加，进而引起碳强度显著增加，而集聚所带来的正外部性，如规模经济、溢出效应等并没有抵消资源消耗带来的碳强度的增加，使得经济集聚对碳强度具有促进效应。当城市群发展到中期或后期发展阶段，经济发展逐渐由粗放式发展向高质量发展过渡，此时多家企业集中，规模经济凸显，更高层次的经济集聚所产生的各种共享经济、学习效应、知识扩散、集中监管等外部性可以充分容纳负外部性从而达到减排的效果。同时，政府强化了环境监管，以及数字经济的发展、人民消费意识逐渐向绿色低碳环保转变，倒逼企业研发减排技术，生产绿色低碳产品，提高环保意识，未及时转变的污染企业遭到淘汰搬迁。因此，经济集聚的增加对碳强度产生抑制作用，这可能也是长江三角洲城市群和珠江三角洲城市群发达阶段的经济集聚对碳强度有负向影响的原因。在珠江三角洲后期发展阶段和长江中游城市群的中期发展阶段，经济集聚对碳强度具有正向影响，这可能是因为在两城市群的发展过程中，过度的经济集聚可能会带来规模不经济使得区域碳强度增加，也有可能是在向高质量发展过渡过程中产业结构变化使得碳强度增加，不过随着城市群的继续发展，经济集聚最终对碳强度呈现抑制作用，有利于区域碳减排。

表 9-10　不同阶段经济集聚与碳强度的关系

城市群	阶段	关系
京津冀	PDS	负向影响
	MDS	负向影响
	LDS	负向影响
珠江三角洲	LDS	正向影响
	DS	负向影响
长江三角洲	MDS	无显著性关系
	LDS	负向影响
	DS	负向影响
长江中游	PDS	正向影响
	MDS	正向影响
	LDS	负向影响
成渝	PDS	负向影响
	MDS	负向影响
	LDS	负向影响

续表

城市群	阶段	关系
中原	PDS	正向影响
	MDS	负向影响

9.5.4 城市群碳强度的情景预测

在对城市群碳强度进行预测的过程中，本节应用了深度学习方法 LSTM 神经网络，同时使用 IPSO 模型对其进行优化，预测城市群碳强度。测试结果表明 IPSO-LSTM 模型能够实现对碳强度较为精确的预测，为后期各城市群发展及碳减排政策的制定提供了依据。

9.5.4.1 碳强度预测模型的构建

(1) LSTM 神经网络

长短期记忆神经网络（Long Short-Term Memory，LSTM）模型是一种时间循环神经网络模型，源于循环神经网络（Recurrent Neural Network，RNN）模型的改进，也是深度学习方法的重要代表之一。与诸如 BP 神经网络等模型不同的是，它增加了隐藏层元素之间的水平连接，使神经网络间前一个时间序列的值传递给现在的神经元，实现记忆功能。但是，这使得 RNN 在每次迭代中都要输入包含上一时间状态的当前数据，造成随着迭代次数的增加，误差项或快速增大，发生梯度爆炸，或快速缩小，发生梯度消失。上述两种情况会影响训练过程的收敛速度，中断训练过程中的梯度传递，造成"RNN 的长时间依赖问题"。LSTM 模型中，为了能控制时间序列上记忆信息，在 RNN 模型的隐藏层中加入了神经元——"记忆细胞"。具体而言，在隐藏层的各单元，每次网络迭代信息传递时都要通过三个可控门，以此控制信息的记忆和遗忘程度，实现模型的长期记忆功能，能很好地处理长期依赖问题。此外，LSTM 模型能够提取并充分利用具有更抽象、更复杂特征的数据，从而使得预测结果更加准确可靠。

LSTM 神经网络内部构造如图 9-6 所示，其中包含了遗忘门 f、输入门 i、输出门 o 及记忆单元 c，t 表示时刻。其工作原理如下：

1）遗忘门：输入 c_{t-1}，结合上一个时间点输出的 h_{t-1} 和在当前时间点即 t 时刻的输入 x_t，并通过 f_t 来决定遗忘多少 c_{t-1} 中的旧信息。

$$f_t = \sigma(W_f \cdot [h_{t-1}, x_t] + b_f) \tag{9-14}$$

f_t 计算结果的范围为（0，1），信息的保留程度取决于该数值。在值等于 0

（或者接近 0）时，c_{t-1} 的信息应该被完全忘记，若值等于 1，则表示 c_{t-1} 的信息应该被多保留。W 为初始权重矩阵，b 为偏置。

2）输入门：根据上一时间点的输出 h_{t-1} 和当前输入 x_t 生成的两部分信息 i_t 和 g_t，通过 sigmoid 输出 i_t，用 tanh 输出 g_t，之后通过将 i_t 和 g_t 相乘共同决定状态中存储哪些新信息。计算公式如下：

$$i_t = \sigma(W_i \cdot [h_{t-1}, x_t] + b_i) \tag{9-15}$$

$$g_t = \tanh(W_c \cdot [h_{t-1}, x_t] + b_c) \tag{9-16}$$

当前时间点的状态信息 c_t 为

$$c_t = f_t * c_{t-1} + i_t * g_t \tag{9-17}$$

c_{t-1} 的大小由遗忘门控制，g_t 的大小受输入门控制，这是 LSTM 模型中历史信息的积累过程。

3）输出门：通过 sigmid 根据上一个时间点的输出 h_{t-1} 和当前的输入 x_t 输出 o_t，c_t 通过线性方式更新，因此用 tanh 转换 c_t，在其中加入非线性因子，并与 o_t 相乘作为最终的输出。

$$o_t = \sigma(W_o [h_{t-1}, x_t] + b_t) \tag{9-18}$$

$$h_t = o_t * \tanh(c_t) \tag{9-19}$$

在 LSTM 神经网络模型中，信息的记忆和遗忘取决于记忆细胞和三个门的结构，可以较好处理 RNN 模型的长期依赖问题。因此本节选择 LSTM 模型作为基本模型来进行城市群碳强度的预测。

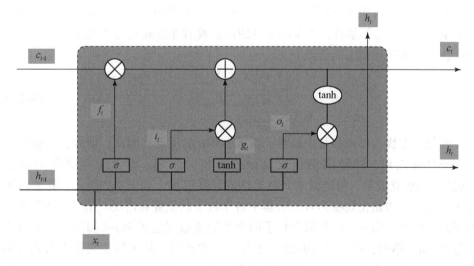

图 9-6　LSTM 神经网络示意图

（2）IPSO-LSTM 模型

1）标准粒子群算法（PSO）。美国学者 Eberhart 和 Kennedy（1995）在 1995年提出一种随机优化技术——粒子群算法（PSO），该算法源于鸟群捕食行为。在该算法中，优化问题的通解就是一个鸟群，而其每一个可能解就是鸟群中的一只鸟，每只鸟都被称为粒子，为区分每个粒子，用三项指标——位置、速度及适应度来标记它们，而适应度值的大小用来衡量粒子的优劣，后来惯性权重的概念被引入该算法，以寻找问题最优解的随机优化方法。

假设在一个 L 维的搜索空间中，粒子数量为 N，粒子群中一个粒子可以表示为：

$$X_i = [x_{i1}, x_{i2}, \cdots, x_{iN}], i = 1, 2, \cdots, N \tag{9-20}$$

粒子群中一个粒子的速度可以表示为：

$$V_i = [v_{i1}, v_{i2}, \cdots, v_{iN}], i = 1, 2, \cdots, N \tag{9-21}$$

粒子群进化：

$$w_t = a \cdot \sin\left[\frac{\pi}{2} \cdot \left(1 - \frac{t}{T_{\max}}\right)^n\right] + b \tag{9-22}$$

$$V_{il}^{t+1} = w_t V_{il} + c_1 r_1 (P_{il}^t - X_{il}^t) + c_2 r_2 (P_{gl}^t - X_{gl}^t) \tag{9-23}$$

$$X_{il}^{t+1} = X_{il}^1 + V_{il}^{t+1} \tag{9-24}$$

式中，w_t 为惯性权重因子；t 为迭代次数；V_{il} 表示第 i 个粒子在第 l 维的速度；X_{il} 表示第 i 个粒子在第 l 维的位置；c_i 代表学习因子，为非负常数；r_i 为 $[0, 1]$ 之间的随机数。其中 X_i 和 V_i 满足公式（9-22），θ 是粒子的最大速度 $V_{\max}$ 与最大搜索空间 $X_{\max}$ 的比例系数，当某维变量的位置或者速度超过边界范围时，粒子在下次迭代时落在搜索空间边界上。

$$\begin{cases} X_i \in [X_{\min}, X_{\max}] \\ V_i \in [V_{\min}, V_{\max}] \\ V_{\max} = \theta X_{\max} \end{cases} \tag{9-25}$$

收敛速度快、可调参数少是粒子群算法具有的优点，因此，该方法已被广泛应用于目标规划、神经网络优化及预测等相关领域。参考王生亮和刘根友（2021）的研究成果，得到标准 PSO 算法的计算流程，如图 9-7 所示，算法步骤如下：第一，初始化规模为 N 的种群中各个粒子的位置和速度。第二，计算各个粒子的适应度。第三，更新每个粒子的个体历史最优位置 Pbest 和群体历史最优位置 Gbest。第四，按公式（9-23）更新粒子的速度，粒子的位置根据公式（9-24）更新。判断粒子速度和位置是否越界，若有，则进行越界处理。第五，判断终止，如果满足条件则终止，输出最优解并结束，不满足则转回第二步继续。迭代终止条件一般为最大迭代次数 $T_{\max}$。

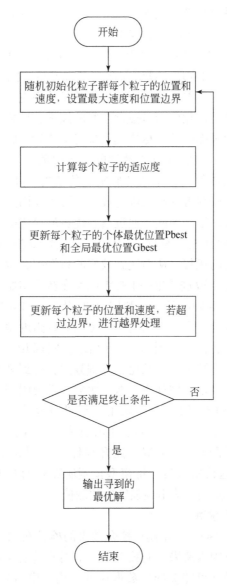

图 9-7　标准 PSO 算法流程图

2）改进的粒子群优化算法（IPSO）。如图 9-8 所示，在 PSO 算法初期，粒子种群中的个体模式大部分集中于适应度值较低的个体上，所以影响更新粒子速度的主要因素为惯性权重，惯性权重越低，种群越难以在整个空间探寻最优值。到算法后期，个体模式集中于高适应度个体，由于此时粒子速度发生变化，相较于初期速度大幅降低，倘若仍然采用低惯性权重，受限于种群的"开发"，将会存在早熟收敛，无法跳出局部极值等缺点。为了克服这些缺陷，本节采用王生亮和刘根友（2021）的非线性动态自适应惯性权重。该算法结合 Sigmoid 函数，给出了一种非线性动态自适应惯性权重因子（Dynamic Adaptive Inertia Weights，DAIW）的计算公式，有效实现了算法前期主要对搜索空间进行探索从而更快到达最优区域，在迭代后期主要对较优区域进行开发从而更快找到最优解。该算法不仅容易实现，有效满足进化前期对搜索空间的探索，还能在进化后期符合较优区域开发的要求，避免早熟收敛，尽快找到最优解或近优解。

3）IPSO-LSTM 模型构建。LSTM 模型的训练时间和预测精度直接受到神经元数、学习率和迭代次数等主要参数的影响。传统的 LSTM 模型在进行预测时，由于各项参数往往根据研究者的经验进行设定，受主观因素的影响较强，构建的模型的最优性也就无法保证。因此，通过具有优良的寻优能力的改进的粒子群优化算法（IPSO），对 LSTM 模型参数进行优化，结合 LSTM 模型可以挖掘影响因素历史数据内有效信息的优势，从而达到较好的数据拟合效果，完成碳强度的预测。IPSO 和 LSTM 的结合改进了单一 LSTM 模型在获取初始连接权重等相关参数时，所获参数的值不够准确的问题，利用 IPSO 优化 LSTM 模型初始权重等相关参数的获取，参数选择的客观性得以增强，可以对碳强度做出更加准确高效的预测。IPSO-LSTM 模型的预测流程图如图 9-8 所示，实现 IPSO-LSTM 模型的具体步骤如下：第一步，预处理数据、标准化和分割数据，得到训练集和测试集。第二步，初始化相关参数，确定群体规模、迭代次数、学习因子、速度的取值。第三步，计算每个粒子的适应。第四步，采用非线性动态自适应惯性权重 W 调节 IPSO 模型的寻优能力，使得算法前期的重心首先放在寻找较优区域上，从而在后期于较优区域更快探寻到最优解，提升整体迭代寻优效率。第五步，满足 IPSO 算法设定的最大迭代次数后，将模型预测所需要的数据输入，利用最优粒子训练好完成的 LSTM 模型，输出碳强度的预测值。

（3）模型拟合效果检验

1）数据预处理。IPSO-LSTM 模型拟合效果的检验在 MATLAB 2018A 环境下运行。由于碳强度影响因素所采用的数据具有不同的量纲和量级，如果直接进行分析，数据的显著差异性可能会导致数据梯度不均、模型难收敛等问题。因此，为了保证结果的可靠性，本节对数据进行了 min-max 标准化处理，将数值映射至 0 到 1 之间，转换函数如下：

$$y_i = \frac{x_i - \min_{1 \leqslant j \leqslant n}\{x_j\}}{\max_{1 \leqslant j \leqslant n}\{x_j\} - \min_{1 \leqslant j \leqslant n}\{x_j\}} \tag{9-26}$$

式中，x_i 为原始数据，y_i 为变换后的数值，值的范围是 [0，1] 且无量纲；$\max\{x_j\}$ 是原始数据序列中的最大值；$\min x_j$ 是原始数据序列中的最小值。

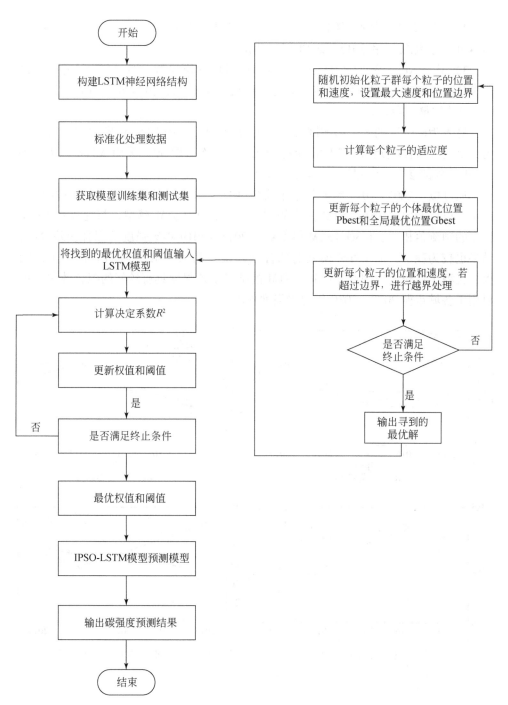

图 9-8　IPSO-LSTM 模型预测流程图

2）数据分割。按照时间顺序，将 2005～2019 年的 15 组数据样本分成 2005～2014 年（训练集）和 2015～2019 年（测试集）。

3）基于 Keras 深度学习框架搭建 LSTM 神经网络模型。通过多次试验确认最优参数，引入决定系数 R^2 去判断拟合准确度，R^2 越大，拟合效果越好，以 $R^2 > 0.8$ 来选取最优参数。

输入为碳强度的 5 个影响因素，输出为碳强度，所以 LSTM 模型的参数设置为 5 个输入层神经元和 1 个输出层神经元，迭代次数取 50。采用 Adam 算法训练 LSTM 的内部参数，学习因子 $q = c_1 = c_2 = 2$。

通过拟合 2005～2014 年的数据来预测 2015～2019 年的碳强度，结果如图 9-9 所示。可以看出，IPSO-LSTM 模型的拟合结果优于 LSTM 模型。与纯粹的 LSTM 模型的预测值相比，IPSO-LSTM 模型对于 2015～2019 年碳强度的拟合误差较小，结果也较为稳定，而 LSTM 模型的拟合结果误差相对于 IPSO-LSTM 模型来说较大，且稳定性较差。因此，IPSO-LSTM 模型对于碳强度具有较好的拟合效果，可以用于各城市群 2020～2030 年的碳强度预测。

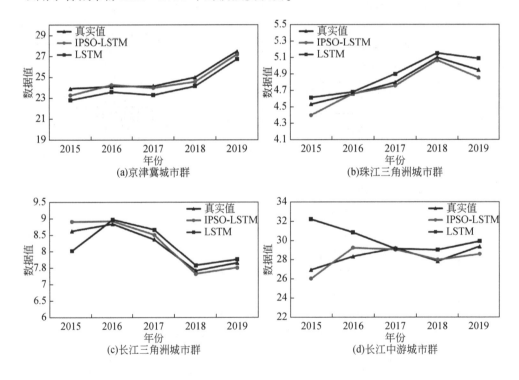

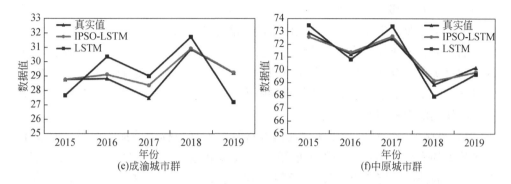

(e)成渝城市群　(f)中原城市群

图 9-9　LSTM 模型和 IPSO-LSTM 模型的预测结果对比

9.5.4.2　情景设置

情景分析中设置的情景不是为了精确估计一些特定经济情况或事件，而是为了反映未来经济社会发展的可能变化趋势。本节对未来城市群碳强度的情景分析预测主要是为了探究经济集聚能否促进城市群 2030 年碳强度目标的实现。因此本节主要基于空间计量模型的结果，选取对碳强度具有较为显著影响的因素，即经济集聚、能源强度、劳动生产率、工业化水平和能源消费结构作为情景构建的指标，并以此设计城市群经济社会在 2020~2030 年可能出现的情景。参考现实背景，各地区经济社会发展目标的设定主要受国家政策规划的影响，且与国家的目标设定差距不大，因此，本节主要参考国家经济社会发展目标，将 2020~2030 年分为两个时间段来对城市群碳强度影响因素的参数进行设定，即 2020~2025 年和 2026~2030 年，拟设计高碳情景、基准情景和低碳情景三种可能出现的情景模式。

（1）情景描述

1）基准情景。该情景表明我国在现有基础上，还采取了一定的政策措施助力节能减排和经济发展。在该情景下，我国促进低碳经济发展，鼓励创新，推动技术进步，提升能源利用率，提高劳动生产率，优化产业结构，减少煤炭消费，提高清洁能源使用，推动经济由粗放式发展转变为高质量发展，促使早日实现经济发展和碳减排等目标。该情景主要反映了在现阶段的发展规划下，碳强度在未来可能出现的发展趋势。

2）低碳情景。该情景反映了我国统筹完成经济发展和节能减排双目标，达到了经济增长与生态保护的"共赢"。在该情景下，我国进一步推进可持续发展，增加技术研发投入资金，技术水平得到明显提高，从而提升了能源效率，资源配置更加优化，资源使用更加高效。同时，产业结构成功优化升级，将第二产业向第三产业转移，第三产业增加值逐步提高，实现向高新技术等现代产业转型，重污染工业逐步减少。该情景注重清洁能源的开发和利用，并大力发展太阳能、潮汐能、风能等清洁能源的消费。公众和企业环保意识大幅提高，政府颁布并贯彻落实更多有针对性的节能减排政策，实现了经济和生态的协调发展。在此情景下，以基准情景为基础，调低对碳强度有促进作用的影响因素的参数，调高有抑制作用的影响因素的参数。

3）高碳情景。该情景以实现我国经济社会发展目标为前提，按照目前节能减排政策的安排和力度，并不采取更多的减排措施。不注重经济发展方式的转变，仍以高速的高能耗模式发展；科技创新投入力度较小，技术发展速度较慢；经济发展仍以第二产业为主，产业较少向第三产业转化；仍以煤为主要能源消费，能源结构优化的动力不足，清洁能源使用没有得到明显的提高。因此，这个情景下的影响因素变化情况以基准情景为基础，将调高对碳强度有促进作用的影响因素参数，将调低有抑制作用的影响因素参数。

（2）影响因素参数设定

1）经济集聚参数设置。在经济集聚测度指标体系中，相较于 GDP，大多数指标在研究的时间范围内变化较小。因此假设其余指标不变，则经济集聚变化主要受 GDP 影响。受全球经济下行，以及全球性的公共卫生事件的影响，我国经济遭遇重创。具体表现有：在疫情发生之初，中国许多经济活动出现了减速或停滞，对中国经济尤其是"十三五"和"十四五"两个阶段造成了较大的冲击。在疫情冲击下，中国 2020 年的 GDP 增长率只有 2.3%，并面临需求萎缩、供给冲击及预期偏低的三重压力，使得中国过去动辄两位数的 GDP 增长率一去不复返。但相对来说，作为第二大经济体的中国，基础设施和经济基础坚实完好，自身修复能力较强。随着一系列对策的落实，发展潜力巨大，长远向好的基本趋势不会改变，"十四五"期间，中国有极大可能在较短时间内取得较大的发展。中国 2021 和 2022 年 GDP 增长率分别为 8.4% 和 3%。随着中国未来进一步深化改革、扩大国内市场、推动要素市场化创新发展，可能具备更为扎实的经济平稳增长基础，具有十分强劲的未来增长动能。林毅夫认为，中国 2020～2035 年的增长潜能在 8% 左右，可能实现 5%～6% 的增长；到 2035 年人均实际 GDP 水平翻倍增长，意味着 2020～2035 年实际 GDP 的年均增速为 4.8%。[①] 虽然"十四五"规划未定量描述 GDP 增长率，但财政研究学者分析认为，为实现 2035 年远景目标，中国实际 GDP 增长率应至少为 4.5%。[②]

---

① 资料来源：httpss://www.nsd.pku.edu.cn/sylm/xw/514705.htm。

② 资料来源：httpss://new.qq.com/rain/a/20221213A05UBQ00。

在此基础上，如表 9-11 所示，本书将 2020～2025 年中国 5.5% 的 GDP 增长率、2026～2030 年的 4.5% GDP 增长率设定为基准情景，在基准 GDP 增速上下浮动 0.5%，分别设置高碳情景和低碳情景的 GDP 变化率。

表 9-11　2020～2030 年 GDP 参数设置

年份	2020～2025 年	2026～2030 年
基准情景	5.5%	4.5%
高碳情景	5%	4%
低碳情景	6%	5%

2）能源强度参数设置。能源强度等于能源消费量与 GDP 之比，因此只需要考虑能源消费量的变化率，再结合 GDP 的变化率即可求出。近年来，中国能源消费量逐年上升，2000～2019 年，中国能源消费量从 10.6 亿吨标准煤上升达到 34.7 亿吨标准煤，年均增长率为 6.4%。具体来看，能源消费量的年均增速在 2000～2004 年达 12.4%，至 2005 年能源消费量的增速开始逐渐下降，"十一五"期间的年均增速为 6.1%，2011～2015 年的年均增速为 4.1%。2016～2019 年终端能源消费量的年均增速为 2.3%，预计 2025 年达到 36.6 亿吨标准煤。"十四五"期间，中国能源消费量的年均增长率预计为 1.2%，较上一个五年计划时期降低 0.5%。《2050 年世界与中国能源展望》预测在 2030～2035 年，中国能源消费总量将达到峰值，2021～2030 年年均增长率为 1.4%。[①] 据此设置基准情景下的能源消费量增长率参数。

基准情景下，2020～2025 年中国能源消费量的年均增长率为 1.2%，2026～2030 年为 1.4%，高碳情景和低碳情景则分别以基准情景为基础上下分别浮动 0.4%（表 9-12）。

表 9-12　2020～2030 年能源消费总量参数设置

年份	2020～2025 年	2026～2030 年
基准情景	1.2%	1.4%
高碳情景	1.6%	1.8%
低碳情景	0.8%	1%

由此得出能源强度参数（表 9-13），因为 GDP 变化率大于能源消费总量的变

[①]　资料来源：httpss://www.in-en.com/article/html/energy-2255134.shtml。

化率，所以能源强度的变化率为负。

表 9-13　2020 ~ 2030 年能源强度参数设置

年份	2020 ~ 2025 年	2026 ~ 2030 年
基准情景	-4.1%	-3.0%
高碳情景	-3.2%	-2.1%
低碳情景	-4.9%	-3.8%

　　3）劳动生产率参数设置。中国劳动生产率增速较快，1996 ~ 2015 年劳动生产率年均增长约 8.6%，而世界平均水平为 1.3%。2016 ~ 2020 年，中国劳动生产率年均增长 5.8%，与 GDP 增长大致同步。"十四五"规划纲要对劳动生产率提出了更高要求，2021 ~ 2025 年劳动生产率增长要高于 GDP 增长。同时，随着中国经济结构的不断优化，创新驱动发展战略的推行，就业市场的日益改进等因素影响，中国人才红利将逐步呈现，未来较长一段时间内劳动生产率可能高效增长，即 2025 ~ 2030 年劳动生产率仍会较快增长。[1] 2020 ~ 2030 年劳动生产率参数设置具体如表 9-14 所示。

表 9-14　2020 ~ 2030 年劳动生产率参数设置

年份	2020 ~ 2025 年	2026 ~ 2030 年
基准情景	5.8%	6%
高碳情景	5.6%	5.8%
低碳情景	6%	6.2%

　　4）工业化水平参数设置。工业化水平指第二产业增加值占 GDP 的比例。2005 ~ 2019 年，中国工业化水平从 47% 下降至 39%。"十四五"时期，中国正呈现全新的发展面貌，在新一代产业革新发展、双碳等相关目标的硬约束等背景下，中国工业将会朝着更为先进、更为环保的新方向发展，预计 2025 年工业化水平将降至 35.5% 左右。[2] 邬贺铨院士表示，预计今后工业化水平会略有下降但不会太快，估计从 2030 年到 2060 年，中国第二产业占比将从 37.8% 下降到 32.9%。[3]

　　根据上述预测的发展趋势，本节设定 2020 ~ 2025 年的基准增长率为 -2%，

---

① 资料来源：httpss://www. gov. cn/xinwen/2021-03/13/content_5592681. htm。
② 资料来源：httpss://www. ndrc. gov. cn/wsdwhfz/202110/t20211012_1299485. html。
③ 资料来源：httpss://new. qq. com/rain/a/20210907A04Q0I00。

2026~2030 年的基准增长率为-1.5%，高碳情景和低碳情景在基准情景参数的基础上，上下分别浮动 0.1%，具体如表 9-15 所示。

表 9-15　2020~2030 年工业化水平参数设置

年份	2020~2025 年	2026~2030 年
基准情景	-2%	-1.5%
高碳情景	-1.9%	-1.4%
低碳情景	-2.1%	-1.6%

5）能源消费结构参数设置。能源消费结构指煤炭消费与能源消费总量之比。2019 年，煤炭消费量在中国能源消费总量中占 57.7%，清洁能源仅占 15.3%（2020 年）。中国能源研究会发布的《中国能源展望》报告称，中国的资源环境约束和碳减排面临一定压力，但随着能源消费结构的持续优化，未来煤炭消费将于 2030 年降至 49%，出现较大幅度的下降。[①]《中国能源革命十年展望（2021—2030）》指出，预计 2025 年煤炭消费占比将低于 50%，2025~2030 年煤炭需求占比将低至 40% 左右。[②] 国务院办公厅印发的《能源发展战略行动计划 2014—2020》指出，截至 2030 年，传统化石能源消费占比将低至 68%，而清洁能源占比将完成从 19% 到 32% 的提升。[③]

依据上述报告的预测信息，本节设定的基准情景参数为 2020~2025 年能源消费结构增速为-3.2%，2025~2030 年能源消费结构增速为-2.5%，其余的两个情景分别根据基准增长率上下浮动 0.4%（表 9-16）。

表 9-16　2020~2030 年能源消费结构增长率参数设置

年份	2020~2025 年	2026~2030 年
基准情景	-3.2%	-2.5%
高碳情景	-2.8%	-2.1%
低碳情景	-3.6%	-2.9%

9.5.4.3　情景趋势预测结果及分析

根据上文所设置的三个情景，利用表 9-11~表 9-16 中设置的 2020~2030 年

---

① 资料来源：httpss://www.cers.org.cn/？siteid=10000&type=1。

② 资料来源：https://www.chinapower.com.cn/zx/hyfx/20210618/82185.html。

③ 资料来源：httpss://www.gov.cn/zhengce/content/2014-11/19/content_9222.htm。

各阶段的具体数据,运用 IPSO-LSTM 碳强度预测模型对各城市群 2020～2030 年间的碳强度进行预测,探究其是否能达成比 2005 年下降 60%～65% 的目标,同时与 2019 年的碳强度比较,获取其未来变化趋势。2020～2030 年各城市群碳强度的预测结果如表 9-17 所示。

表 9-17　2030 年各城市群碳强度预测结果

城市群	基准情景	高碳情景	低碳情景	目标值区间
京津冀	17.084（-37.8%）	19.732（-28.1%）	15.530（-43.4%）	[7.74, 8.85]
珠江三角洲	2.786（-43.7%）	3.269（-33.9%）	2.533（-48.8%）	[1.03, 1.18]
长江三角洲	17.990（-38.7%）	20.545（-29.9%）	15.688（-46.5%）	[7.73, 8.83]
长江中游	18.482（-36.8%）	21.608（-26.1%）	16.829（-42.5%）	[9.48, 10.84]
成渝	5.084（-33.3%）	5.563（-27.1%）	4.544（-40.4%）	[3.25, 3.71]
中原	46.10（-34.3%）	49.98（-28.8%）	38.22（-45.5%）	[15, 17.14]

注:括号内为与 2019 年相比,2030 年碳强度的降幅

从表 9-17 可以看出,虽然三种情景下各城市群的碳强度均有一定程度下降,但均未达到目标值。可能的原因是 2005 年以后,随着快速的工业化和城镇化,粗放式的经济发展方式使得城市群发展前期和中期的碳强度过高,导致即使后期通过实施政策、推动产业转型等方式促进降碳,各城市群也很难达到碳强度同 2005 年相比下降 60%～65% 的目标。但是,根据预测结果可以看出,在低碳情景下,各城市群都显示出较好的减排潜力,只要各地区进一步优化经济发展方式,进一步推进区域一体化,加快设施共享和合作,加强区域间协同治理能力,加大科研投入力度,促进技术水平的提升,加快教育改革,提高劳动人员的技术能力和科学文化素养,提升劳动生产率,改善能源消费结构,那么碳强度将有更大的下降空间,各城市群有很大可能在 2030 年前达到既定的目标。根据以上三种情景的对比分析,还可以得出碳强度减少量将会随着节能减排强度的提升而缓慢降低的结论,也就是说,碳强度降低的难度将越来越高,节能减排工作任重道远,必须持续施力,任何松懈都可能使下降趋势难以为继。如图 9-10 所示,三种情景下六个城市群 2020～2030 年的碳强度发展呈下降趋势,但是由于不同情景设置下,各影响因素参数设置具有一定的差异,所以预测出的各城市群的碳强度以及变化大小也存在差异。从整体上看,2020～2030 年,高碳情景下各城市群的碳强度大于基准情景和低碳情景,低碳情景的碳强度最小。分情景来看,在低碳情景下,各城市群的碳强度与 2019 年相比下降最多,均在 45% 以上,其中珠江三角洲城市群减少的碳强度最多,下降了 48.8%。在高碳情景下,各城市群的碳强度和 2019 年相比下降均在 25% 以上,基准情景下各城市群的碳强度和

2019 年相比分别下降了 30% 以上。在三种情景下，珠江三角洲城市群的碳强度减少最多，这可能是由于珠江三角洲地处东南沿海，经济繁荣，产业发达，以第三产业为主的经济发展有利于碳强度的下降，使其在政策支持推动下能够较快降低碳强度。

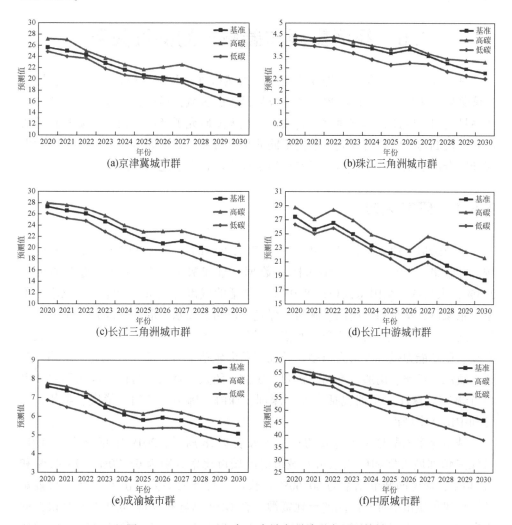

图 9-10　2020～2030 年六大城市群碳强度预测结果

尽管各城市群的碳强度在三种情景下均有不同程度的降低，但都未在 2030 年达到同 2005 年相比碳强度降低 60%～65% 的目标值，这也许是由于早期过快的工业化与城镇化进程，使得粗犷式的经济发展方式堆积了过高的碳强度，而之后的产业转型升级和政策推动也很难在短时间内实现碳强度降低的目标值。但通过低碳情景下的预测可知，各城市群都具有较大的碳减排潜力。未来或许可以通过更丰富的参数范围与更细致的数值设定，推动技术水平提升、促进区域协同治理、进一步改善经济发展方式、优化产业结构、改善能源消费结构，寻求实现碳强度目标的发展路径。

9.6　经济集聚与碳减排的交互关系

京津冀、长江三角洲、珠江三角洲三大城市群是我国城市群发展程度最高，经济集聚效应最明显，同时也是碳排放量最多的区域，经济集聚与碳减排的交互关系最突出。因此，本节通过空间联立方程模型研究了经济集聚、能源和碳排放的互动机制与空间溢出效应。根据不同的集聚特征，为不同城市群的城市协调发展和联合治污提供政策依据，以实现经济稳定增长和节能减排的"双赢"目标。

9.6.1　研究区域

本节选取京津冀、长江三角洲和珠江三角洲的三个城市群作为主要研究领域，并收集了 2011～2019 年的样本数据。京津冀城市群的面积约占国土的2.3%，人口约占全国总人口的8.05%；包括的城市有北京、天津、石家庄、承德、张家口、秦皇岛、唐山、廊坊、保定、沧州、衡水、邢台和邯郸。作为"一带一路"与长江经济带的重要交汇点，长江三角洲城市群活力充沛、对外开放水平高、创新能力强、外来人口多。长江三角洲包括上海、南京、无锡、常州、苏州、镇江、扬州、南通、泰州、杭州、宁波、绍兴、嘉兴、舟山、湖州和台州等16个城市。珠江三角洲包括广州、深圳、珠海、佛山、江门、肇庆、惠州、东莞和中山9个城市。

城市化率无疑是一个重要的指标。如表 9-18 所示，2019 年京津冀城市群、长江三角洲城市群和珠江三角洲城市群的城市化率分别为66.70%、73.02%和71.40%，而全国城市化率为60.60%。长江三角洲的整体经济实力是毋庸置疑的。京津冀城市群拥有广阔的土地资源，在 GDP 总量和人均 GDP 方面有很大的发展空间。从人口增长的角度来看，2011～2019 年，珠江三角洲城市群的常住人口增加了 1016 万，增长率为9.67%，人口凝聚力位居第一。京津冀城市群人口五年内增加了 693 万，增长率为6.53%，人口吸引力相对突出。长江三角洲城市群的人口五年内增加了 639 万，增长率为4.06%。在经济密度方面，珠江三角洲的水平最高，说明珠江三角洲的土地利用效率得到了很好的发展，这与城市化周期和国家政策是分不开的。京津冀城市群和长江三角洲的城市化进程较快，发生时间较早，所以土地利用率降低的现象也较早发生。

表 9-18 2019 年三个城市群的经济和人口比较

城市群	面积/km²	GDP/元	常住人口/万人	城市化率/%	人均 GDP/万元	GDP 密度/每万平方公里
京津冀	217 207.40	84 580.08	11 308	66.70	7.48	3 893.98
长江三角洲	113 847.50	200 138.58	16 348	73.02	12.24	17 579.53
珠江三角洲	54 770.21	107 671.07	11 521	71.40	9.35	19 658.69

9.6.2 模型构建

传统的联立方程忽略了变量可能的空间溢出效应，而传统的空间计量经济学模型，如空间滞后模型（SLM）、空间误差模型（SEM）和空间杜宾模型（SDM）对变量的相互作用缺乏关注。为了解决这个问题，本节选择了空间联立方程模型来考察变量的空间溢出效应和相互作用。空间最小二乘法（GS2SLS）可以捕捉空间相关信息，但它对联立方程之间的内部联系和传导机制缺少关注，而广义空间三阶段最小二乘法（GS3SLS）可以解决内生性和相关性的问题。

GS3SLS 估计器考虑了向量中潜在的跨方程相关性。3SLS 的基本思路是利用两阶段最小二乘法的估计误差，构造随机干扰项的协方差矩阵的统计量，以便对全部模型作出广义最小二乘法估计。考虑到随机误差项的内在相关性，本节采用 GS3SLS 来估计空间联立方程组，该模型被转化为一个同质和非自相关的模型。通过 2SLS 方法处理模型中的内生解释变量问题，同时估计出所有结构参数的数值。为了考察经济集聚、能源强度和碳强度之间的相互作用及其空间溢出效应，构建了如下两个联立方程：

$$\ln EA_{it} = \alpha_0 + \alpha_1 \sum_{j \neq i}^{n} W \ln EA_{jt} + \alpha_2 \sum_{j \neq i}^{n} W \ln EI_{jt} + \alpha_3 \ln EI_{it} + \alpha \ln X_{it} + \varepsilon_{it}$$

$$(9\text{-}27)$$

$$\ln EI_{it} = \beta_0 + \beta_1 \sum_{j \neq i}^{n} W \ln EI_{jt} + \beta_2 \sum_{j \neq i}^{n} W \ln EA_{jt} + \beta_3 \ln EA_{it} + \beta \ln Z_{it} + \eta_{it} \quad (9\text{-}28)$$

式（9-27）和式（9-28）是经济集聚和能源强度的联立方程。式中，EA_{it} 和 EI_{it} 分别代表第 i 个城市在 t 年的经济集聚和能源强度；X_{it} 和 Z_{it} 是一组分别影响经济集聚和能源排放强度的控制变量；α_0 和 β_0 是常数项；ε_{it} 和 η_{it} 是随机误差项；α_1 是经济集聚在周边地区空间溢出的估计系数，表示经济集聚空间的强度和方向；β_1 是能源排放强度在周边地区溢出的估计系数，表示能源排放强度的溢出效应；α_2 和 β_2 用来考察经济集聚和能源排放强度的空间互动关系，前者表征了周边地区的能源强度对当地经济集聚的影响，后者表征了周边地区的经济集聚对当地能源强度的影响；α_3 和 β_3 描述了经济集聚和能源排放强度之间的内生性关系。

$$\ln EA_{it} = \theta_0 + \alpha_1 \sum_{j\neq i}^{n} W\ln EA_{jt} + \theta_2 \sum_{j\neq i}^{n} W\ln CI_{jt} + \theta_3 \ln CI_{it} + \theta \ln X_{it} + \mu_{it} \quad (9\text{-}29)$$

$$\ln CI_{it} = \lambda_0 + \lambda_1 \sum_{j\neq i}^{n} W\ln CI_{jt} + \lambda_2 \sum_{j\neq i}^{n} W\ln EA_{jt} + \lambda_3 \ln EA_{it} + \lambda \ln Z_{it} + \delta_{it}$$

$$(9\text{-}30)$$

式（9-29）和式（9-30）是经济集聚和碳强度联立方程。式中，CI_{it} 代表 i 城市在 t 年的碳强度，用计算出的碳排放与 GDP 的比率来衡量；X_{it} 和 Z_{it} 是一组影响碳强度的控制变量；θ_0 和 λ_0 是常数项；μ_{it} 和 δ_{it} 是随机误差项；λ_1 是周边地区碳强度溢出的估计系数，表示碳强度的溢出效应；θ_2 和 λ_2 用于考察经济集聚和碳强度的空间互动关系，前者表征周边碳消费强度对当地经济集聚的影响，后者表征周边经济集聚对当地碳消费强度的影响；θ_3 和 λ_3 表征经济集聚和碳强度之间的内生性关系。

式（9-27）~式（9-30）中，W 是空间权重矩阵。空间权重矩阵可以反映区域之间的相互作用。在本研究中，地理距离空间权重矩阵被用来描述空间溢出效应。矩阵元素是两个城市的地理中心的直线距离的倒数。

$$W_{ij} = \begin{cases} 1/d_{ij}, i\neq j \\ 0, i=j \end{cases} \quad (9\text{-}31)$$

9.6.3 变量选取

为了考察经济集聚和节能减排的互动关系，本研究分别选择经济集聚、能源强度和碳强度作为因变量。式（9-27）和式（9-28）用于检验经济集聚与能源强度之间的空间互动关系，式（9-29）和式（9-30）用于检验经济集聚和碳强度之间的空间交互作用。经济集聚（EA）从三个维度来衡量：特征集聚、产业集聚和城市集聚。能源强度（EI）代表节能水平，以单位 GDP 能耗来衡量。碳强度（CI）代表减排程度，以单位 GDP 的碳排放量表示。

如表 9-19 所示，式（9-27）和式（9-29）中的控制变量是知识溢出（KS）、技术进步（TP）、能源结构（ES）、经济发展（ED）和对外开放（EO）。本节使用专利授权数量来衡量知识溢出（KS）。新经济地理学者认为，知识溢出将促进城市间的文化交流，推动经济集聚。同时，经济集聚也可以充分发挥知识溢出和共享经济的优势。技术进步（TP）是由研发资金来衡量的。技术进步和区域创新能力的提高，受到研发资金和创新投入的直接影响。技术的全面提升有助于区域经济的发展和集聚的形成。能源结构（ES）是以电力消耗占能源消费总量的比例来衡量的。能源结构的调整可以促进相关产业的发展，推动经济集聚的形成。人均 GDP 用来表示经济发展（ED）。区域经济发展使区域内城市形成优势互补，更有效地促进经济一体化。对外开放（EO）表示对外开放的程度。对外开放程度越高，越能吸引优质企业进入中国市场，从而促使经济集聚程度提高。

表 9-19　控制变量的描述

	变量	描述	单位
式（9-27）和式（9-29）中的控制变量	知识溢出（KS）	获得的专利数量	件
	技术进步（TP）	研发资金	万元
	能源结构（ES）	电力消耗占总能耗的比例	%
	经济发展（ED）	人均 GDP	元
	对外开放（EO）	进口总额	亿美元
式（9-28）和式（9-30）中的控制变量	环境监管（ER）	SO_2 排放	吨
	产业结构（IS）	第三产业产值/GDP	%
	经济发展（ED）	人均 GDP	元
	对外开放（EO）	进口总金额	亿美元

　　式（9-28）和式（9-30）中的控制变量是环境监管（ER）、经济发展（ED）、对外开放（EO）和产业结构（IS）。考虑到数据的可得性，选择 SO_2 排放来代表 ER，它反映了一个地区的环境污染控制程度。在适当的环境监管下，企业会进行绿色技术创新，提高能源效率。环境监管过于严格时，企业的研发资金负担过重，生产成本占用较多，因此企业不愿承担过多的研发资金，为了维持自身的利润，企业会增加对能源要素的需求，从而提高能源强度和碳强度。人均 GDP 是衡量经济增长的重要指标。经济增长通常与二氧化碳排放存在正向关系。当经济增长越过某个拐点时，排放量可能会减少，能源强度也会下降。EO 是由总进口量来衡量。通过对外贸易引进外企，也引进了先进的技术，有利于节能减排。产业结构（IS）是以第三产业产值与 GDP 的比率来衡量。产业结构的变化会影响碳排放总量，而这一影响是通过能源消费总量和能源结构二者进行的。因此，产业结构是决定能源强度和碳强度的重要因素。

9.6.4　数据来源

经济集聚相关指标中，能源与碳排放、劳动力总量、年末劳动力总量、耕地面积、专利受理数、固定资产投资、规模以上工业企业总产值、第三产业产值、房地产建筑面积、公路客运总量、研发经费、用电量、进口总量、二氧化硫排放量、城镇人口、能源消费总量数据来源于2012～2020年《广东统计年鉴》《河北统计年鉴》《江苏统计年鉴》《浙江统计年鉴》《北京统计年鉴》和《上海统计年鉴》。人口总数和GDP数据来源于《中国城市统计年鉴》。政府间气候变化专门委员会（IPCC）在2006年制定了《国家温室气体清单指南》，本节参照该指南中提出的碳排放因子法，来计算碳排放总量。本节的碳排放量是通过煤、汽油、柴油、焦炭和燃料油的排放量来计算的。排放数据来源于38个城市的统计年鉴。

9.6.5　实证分析

本节采用广义空间三阶段最小二乘法（GS3SLS）来估计和检验空间联立方程模型。GS3SLS同时考察了内生变量的潜在空间关系，以及与每个方程的随机扰动项之间所产生的关联，对预测效果产生重要影响。模型1和模型2分别以经济集聚和能源强度作为解释变量。经济集聚和能源强度之间的交互关系如表9-20所示。

表 9-20　经济集聚和能源强度之间的相互作用

变量	京津冀城市群		长江三角洲城市群		珠江三角洲城市群	
	模型 1	模型 2	模型 1	模型 2	模型 1	模型 2
WEI	3.096 *	−4.756 ***	21.938 ***	−25.535 **	10.014 **	−151.148 **
WEA	18.454 *	101.160 ***	−144.133 ***	−131.219 **	−580.844 ***	439.129
EI	0.199 *		−0.093		−0.040 *	
EA		−0.311		−0.309 **		0.665 **
KS	0.091 ***		−0.177 ***		−0.247 *	
TP	−0.011		0.232 *		0.197 **	
ES	0.119 *		0.032		−0.215 **	
ER		0.491 ***		−0.090		0.102 **
ED	0.030 *	−0.092	−0.190 *	−0.065 *	0.256 *	−0.774

续表

变量	京津冀城市群		长江三角洲城市群		珠江三角洲城市群	
	模型 1	模型 2	模型 1	模型 2	模型 1	模型 2
EO	−0.024	−0.225 ***	−0.025 *	0.052	0.025	−0.008
IS		0.568 **		−0.507 *		0.529 **
R^2	0.623	0.804	0.828	0.805	0.734	0.805

* : $p<0.10$；** : $p<0.05$；*** : $p<0.01$

如表 9-20 所示,京津冀地区的能源强度对经济集聚的影响为正,但经济集聚对能源强度有负向影响。经济集聚空间项的估计结果显示,相邻城市的经济集聚对本地经济集聚的影响在 10% 的水平上显著为正,这说明经济集聚具有空间溢出效应。经济发展对经济集聚水平有正影响,但对能源强度有负影响。这表明,随着经济水平的提高,人们对节能和循环利用的认识也更加清晰。环境监管对能源强度有明显的积极影响。环境监管是通过 SO_2 排放来衡量的。换句话说,较少的 SO_2 排放意味着环境监管的效果更好。结果显示,在 1% 的显著水平下,环境监管对能源强度有正向影响,这说明抑制有害气体排放有利于降低能源强度。对外开放程度在 1% 的显著水平上对能源强度有负面的影响。开放程度高的地区有利于在更大的空间内吸收和整合资源,提高能源利用效率,因此,开放程度越高,能源消耗强度越低。

如表 9-20 所示,能源强度对长江三角洲地区的经济集聚有消极影响。经济集聚的空间项对经济集聚和能源强度都是负的,这说明经济集聚在长江三角洲地区有空间溢出效应。周边城市的经济发展可以降低当地的能源强度,但不利于当地经济集聚。能源强度的空间项对经济集聚有积极影响,但对能源强度构成消极影响。技术进步在 10% 的水平上与经济集聚有正相关关系,说明创新能力的提高有利于经济集聚。经济发展和对外开放程度对经济集聚有明显的负向影响,说明一个地区的经济发展和开放程度大并不意味着会导致周边地区的集聚。当把能源强度作为被解释变量时,经济集聚对能源强度的影响在 5% 的显著水平上是负的,因为经济水平的提高有利于提高居民的节能和循环利用意识,最终降低当地的能源消耗强度。产业结构对能源强度有明显的负向影响,即产业结构的优化升级将进一步提高能源利用技术,提高利用效率,降低能源消耗强度。

如表 9-20 所示,珠江三角洲地区能源强度的提高不利于促进区域经济集聚,而经济集聚对能源强度有积极影响。经济集聚的空间项对经济集聚有明显的负影响,但对能源强度没有明显影响。能源强度的空间项对能源强度有明显的负影响,对经济集聚有明显的正影响。知识溢出和能源结构对经济集聚有明显的负面影响。技术进步和经济发展水平对经济集聚表现出明显的正向影响。当把能源强度作为被解释变量时，环境监管对能源强度有正向影响，这与京津冀地区的结果一致。产业结构与能源强度之间存在着明显的正向关系。

　　如表9-21所示，经济集聚与碳强度之间的关系和经济集聚与能源强度之间的互动关系一致。其中，三个城市群碳强度的溢出效应对经济集聚有正向影响，对当地碳强度有负向影响。在京津冀城市群，碳强度与经济集聚之间存在双向关系。长江三角洲城市群碳强度的提高会促进经济集聚，而经济集聚的提高会降低碳强度。碳强度的提高意味着消耗更多的能源。过多的生产活动会促进区域经济的发展，导致经济集聚的效果更强。随着经济集聚度的不断提高，城市群的整体经济水平也在不断提高。节能减排技术可以促进资源的合理、高效利用，降低碳排放强度。珠江三角洲城市群的碳排放强度与经济集聚之间存在着明显的双向制约关系。换句话说，碳排放的增加不利于经济集聚，而经济集聚的提高则有利于减少碳排放。

表9-21　经济集聚和碳强度之间的相互作用

变量	京津冀城市群		长江三角洲城市群		珠江三角洲城市群	
	模型3	模型4	模型3	模型4	模型3	模型4
WCI	2.073 *	−4.465 ***	21.516 **	−55.085 **	41.348 *	−330.244 **
WEA	11.081	106.982 ***	−132.979 ***	−351.775 *	−23.168	112.202
CI	0.142 ***		0.290 ***		−0.129 **	
EA		0.417		−2.568 *		−1.087 **
KS	0.104 ***		−0.080		−0.163 *	
TP	0.015 *		0.227 **		0.112 **	
ES	0.102		0.046		−0.153 **	
ER		0.737 ***		0.359 **		0.254 *
ED		−0.182 *		−0.514 **		−1.297 ***
EO	0.039 **	−0.325 ***	−0.035 *	0.194 **	0.050	0.196
IS		0.497 **		−1.830 *		1.939 **
R^2	0.724	0.840	0.804	0.769	0.701	0.947

　　*：$p<0.10$；**：$p<0.05$；***：$p<0.01$

　　知识溢出、技术进步和能源结构对京津冀城市群的经济聚集构成了积极影响。知识溢出越明显，技术和隐性知识的转移就越有效，这将继续增加对技术知识交流的需求，扩大经济聚集的水平。技术进步可以促进长江三角洲城市群的经济集聚，而对外开放被证明不利于长江三角洲城市群的经济集聚。技术进步可以促进珠江三角洲城市群的经济集聚，能源结构则对珠江三角洲城市群的经济集聚有负面影响。环境监管可以有效促进三个城市群的碳强度。经济发展水平对三个城市群的碳强度有负面的影响。换言之,当经济水平发展到一定阶段,就会形成规模效应。技术进步提高了生产力,提高了资源效率,减少了单位产出的投入要素,进而降低了碳强度。对外开放对京津冀城市群的碳强度有负影响,对长江三角洲城市群的碳强度有正影响;但在珠江三角洲城市群不明显。由于对外开放是传播低碳技术的重要渠道,技术溢出效应可以有效降低碳强度。产业结构仅在长江三角洲城市群对碳强度有负影响,这说明提高第三产业比例有利于降低碳强度。

9.7 政 策 建 议

9.7.1 促进城市群建设,加快区域融合

基于六个城市群的 113 个城市研究发现,经济集聚尽管在城市群发展的某些阶段不利于碳强度的下降,但随着城市群的发展,经济集聚对碳强度呈现抑制作用,且在研究期内,六个城市群经济集聚水平的提高都有利于碳减排。因此,中央政府应继续高度重视城市群经济的发展,促进城镇化和区域一体化,提升城市群经济集聚水平以降低碳强度。可以根据城市群发展阶段的不同,制定差异化政策,对发展中期的城市群给予政策帮扶,可以通过建设产业园区来加强城市内部的经济联系,促进资源要素在城市之间的自由流动,提高经济集聚程度,同时避免过度集聚造成的规模不经济问题。对于发展阶段在后期甚至发达时期的城市群,政府应该通过建立设施共享、协调发展的合作机制,促进区域间的合作和集聚,推动周边相邻区域的发展,充分发挥周边示范和溢出效应的正外部性,实现城市群带动区域发展新模式,使经济集聚发挥更大的减排效应。

9.7.2 推动能源消费结构优化,提高清洁能源占比

能源消费结构对城市群的碳强度具有较大影响,以煤炭为主的能源消费结构会促进碳强度的提升,不利于碳减排。另外,中国的自然资源禀赋也决定了煤炭消费在能源消费中自始至终占比最高,因此改善能源消费结构是节能减排的必然要求。能源消费从传统化石能源向清洁能源的转变已成为全球主流趋势,因此,政府应首先提高对绿色能源、清洁能源和可再生能源的研发力度,积极推动清洁能源技术的转化应用和市场化,推动高耗能产业逐渐从主要消耗煤炭能源的能源消耗结构转向依靠清洁能源。其次,清洁能源的利用可以从源头上有效地降低碳强度,因此还要开发和转化可再生能源,实现能源多元化发展。此外,不仅要加

速推动技术创新，还要注重转化成果，重视技术的实用性和高效性。很多新型技术与传统能源相比不具有竞争优势，如潮汐能、核能、太阳能等，这些技术虽然具有清洁、无污染的优势，但也存在一些不足，如难度大、成本高、稳定性差，在竞争中无法与以煤炭为代表的传统能源相抗衡。在这种形势下，政府应向相关企业提供有针对性的政策支持，如降费降税、资金补贴等，营造良好的营商环境，提升企业主动性，促使行业加快发展。

9.7.3　加大节能减排力度和低碳经济发展

在低碳情景下，各城市群显示出良好的减排潜力，这进一步凸显了强化能减排政策实施力度的紧迫性和重要性。一方面可以利用市场的作用，加速推进碳排放交易市场的建设。碳排放总量可以由后端控制，而碳排放权交易就属于后端控制，因此碳排放总量可以受到碳权交易的控制。另外，市场化制度的有效运用能够让企业在资源配置中的整体功能得到更为良好的发挥，倒逼企业在推进节能减排的过程中，进行技术层面的创新、改造与提升，推动能源消费结构优化，促进资源要素配置效率的提升，并健全有关制度，以维护低碳交易权的公平正义。政府应加强宣传，如举办环保知识竞赛，节能减排公益活动等，普及环保知识，倡导全民参与，改变民众高耗能的生活方式，加强全民节能减排的意识。培育企业低碳生产的观念，改变粗放式投入的生产方式，促进企业在实际生产生活中积极应用节能减排的相关理念、技术和方法。加快教育改革，促进劳动人员的技术能力和科学知识素养，提升劳动生产率，以较少的能源生产较多的产值。全方位为节能减排助力和服务，倡导全民共同建设节约资源、循环利用、低碳生活、绿色环保的社会，建设一个从个人、政府、企业到全社会共同发力的资源节约型、环境友好型国家。

9.7.4　加强城市间合作，促进良性互动和有效整合

研究结果表明，京津冀城市群的经济联系和合作程度较低，因此，有必要加强城市间的经济联系和区域合作。政府应迁移北京的非首都功能，带动河北南部和河北北部经济区的发展，提高京津冀城市群经济网络的平衡性。例如，承德、张家口和秦皇岛位于京津冀地区的北部，拥有丰富的山林、草原、海洋和矿产资源。基于自身特殊的资源禀赋，该区域已经将经济发展重心放到了绿色农牧业、冰雪产业、生态健康、人文旅游、新能源、新材料、数字经济以及特色装备制造业等新产业。通过与京津冀城市群其他省市的经贸与科技协作，实现多元化发

展，增进经贸联系，提高经济效益。对于长江三角洲和珠江三角洲城市群来说，提高集聚程度可以有效降低碳强度。因此，要对各个城市的经济集聚规模进行优化设定，促使城市布局合理化，实现绿色生产、节能减排和可持续发展。要发挥城市群重中心城市的科技溢出效应、行业关联效应和经济拉动效应，以达到经济集聚的目标，并推动节能减排。特别是长江三角洲城市群要依托上海的辐射带动作用，发展以南京、杭州、合肥为中心的城市圈，依托集聚效应，有效遏制二氧化碳的排放。珠江三角洲城市群作为中国科技创新的前沿阵地，应进一步提高生产者服务的发展水平和集聚度，促进其良性互动和有效整合；同时，应充分发挥生产者服务业集聚的碳减排作用，促进城市碳排放的联防联控和协调治理。

9.8 本章小结

首先，本章测算了 2005～2019 年各城市群的经济集聚水平与碳强度水平并对城市群进行了阶段识别，在空间自相关性检验的基础上利用空间计量模型探究了城市群不同发展阶段经济集聚对碳强度的影响。结果表明，经济集聚对碳强度在城市群的不同阶段具有不同影响，但随着城市群的发展，经济集聚的提高有利于碳强度的降低。

其次，本章在建立城市群碳强度实证模型的基础上，结合情景分析法，分别设定高碳、基准与低碳三种不同情景，通过 IPSO-LSTM 网络模型预测六个城市群的碳强度，并将不同情景下的预测结果进行比较分析。结果表明，三种情景下六个城市群 2020～2030 年的碳强度发展呈下降趋势；虽然未达到既定目标，但低碳情景下各城市群显示出较好的减排潜力，加大节能减排力度则有望于 2030 年前达到既定目标。

最后，本章通过构建空间联立方程模型，实证研究了经济集聚与节能减排的互动关系。结果表明，能源强度对经济集聚的影响在京津冀城市群为正值，但经济集聚对能源强度的影响为负值；能源强度对长江三角洲城市群的经济集聚有消极影响，反之亦然；在珠江三角洲城市群，能源强度的提高不利于促进区域经济集聚，而经济集聚对能源强度有积极影响。经济集聚与碳强度之间的关系和经济集聚与能源强度之间的互动关系一致。此外，本章根据不同城市群的特征，为协调发展各城市群和制定节能减排政策提供参考，助力实现"经济稳增长、节能减排"的"双赢"目标。

第 10 章　城市群产业集聚与融合对碳排放的影响

产业集聚和产业融合作为先进制造业的未来演化趋势，属于产业发展过程中可以并存的两种状态，两者之间存在着相互促进和相互制约的关系。产业集聚和产业融合一方面可以促进经济发展，另一方面也可能对碳排放产生积极或消极影响，而区域创新能力在这个过程中扮演着重要的角色。因此，如何优化产业空间布局、促进产业融合以提升区域创新绩效和确保区域低碳健康发展，从而促进全国经济持续稳步增长是本章亟待讨论的问题。

10.1　理　论　框　架

10.1.1　产业集聚与产业融合

产业集聚与产业融合是现代产业发展的新特征和趋势，是先进制造业的未来演化趋势，属于产业发展过程中可以并存的两种状态。产业集聚是指相同产业或上下游关联产业以集群形式进行聚集；产业融合是指不同产业间的渗透交融，在微观层面表现为技术融合、产品融合和组织融合三种新业态。首先，产业融合与产业集聚之间存在密切关系。产业集聚是指在一个地理区域内，多个不同类型企业以及相关的上下游企业和服务业高度密集地聚集在一起，通常是因为资源、市场、技术或劳动力的共享和协同效应。这种集聚有助于提高生产效率、降低成本、加速创新，从而推动经济发展。在产业集聚中，不同企业之间经常会出现合作与竞争，这促使了产业的技术进步和增长。而产业融合则是一种更深层次的融合，它不仅包括不同产业领域内的企业，还涉及制造业与生产性服务业之间的融合。这种融合可以进一步增强产业的创新能力，通过跨界合作创造新的商机，从而提高区域的经济竞争力。产业集聚既促进又依赖产业融合的发展，产业融合倒逼产业集聚的同时又制约着其发展。两者的区别在于产业集聚属于相关产业的产业链分工，产业融合为产业间价值链表现。

10.1.2 产业集聚与区域创新

区域作为创新活动的空间载体，其创新绩效的影响因素研究受到学者的广泛关注。Furman 等（2002）认为，在分析区域创新的影响因素时，主要从三个角度出发，即创新基础设施、以产业集群为基础的微观创新环境、产业集群和创新基础设施的关系。具体来说，首先，区域创新基础设施是创新资源的集中区，能够为促进区域创新绩效创造环境基础和良好平台，主要包括经济发展水平、信息基础设施建设水平和产业结构等经济环境基础设施，区域所处地理位置、市场开放程度等社会文化基础设施，以及政府支持政策、创新服务水平等产学研基础设施。改善区域创新基础设施能够有效提高区域创新绩效水平。其次，产业集聚是为了追求一定的经济规模效益，产业要素在一定区域集聚，达到一定水平后又发生扩散的过程；而产业集群是产业集聚发展形成的一种理想集聚状态。集聚经济通过经济主体追求利益最大化时出现的空间外部性体现其对区域创新绩效的作用，这种外部性为区域创新提供了良好的微观创新环境，从而对区域创新绩效的提升产生积极影响。

集聚作为人类生产活动发展的必然趋势，产业集聚与经济集聚本身就代表着经济增长的内在结构与外在表现，其对环境的影响也包含清洁效应与污染效应两个方面。同时，集聚过程中的知识溢出能够加速先进技术与经验的推广，增加产业创新产出。经济集聚能够提供运输、仓储等基础设施的共享，减少重复建设带来的资源消耗与污染。经济的过度集聚则会产生拥挤效应，引发集群内规模不经济问题，加速环境恶化。并且经济的过度集聚对企业的利润空间压缩会迫使部分企业往外迁移，新环境下竞争压力较小，企业的技术创新动机较弱，创新产出减少。中国经济进入新时期以来，中国区域经济一体化趋势进一步增强，但区域创新发展仍存在许多瓶颈，产业集聚可以显著地影响区域创新绩效。

10.1.2.1 单一产业集聚与区域创新

在研究区域创新发展时，学者发现产业集聚能显著影响区域创新发展进程。从理论上看，不同类型产业集聚形式对区域创新的影响机制不同。根据产业集聚理论，单一产业集聚促进区域创新绩效的提升主要依靠知识溢出、劳动力可得性与匹配性和投入产出关联所产生的规模效应，学习效应与技术推广，缓解信息不对称以及借助激励机制刺激垄断市场竞争等。具体来说，单一产业集聚（亦称产业专业化集聚）能够有效增强区域创新绩效，作用途径有两个，一是促进劳动力市场共享，二是提升技术溢出效应。

　　然而，不同学者认为产业的集聚对区域创新的影响不同，单一产业集聚对区域创新绩效的提升是促进还是抑制，取决于其正向和负向影响的作用强度。熊彼特在对创新领域融合产业集聚的研究中认为，产业集聚对创新的提升有促进作用，产业集聚决定创新，两者相辅相成、相互促进。宋帅邦（2022）认为制造业集聚会促进区域创新能力的提升。陈恩和王惟（2019）基于广东省 21 个地级市的面板数据进行实证分析，发现生产性服务业集聚水平的提高有利于区域创新能力的提升。但是单一产业集聚也会对区域创新绩效产生明显的抑制作用，以制造业和生产性服务业为例，谢露露（2019）研究发现制造业集聚对区域创新效率的提升表现出明显的抑制作用。具体来说，可通过以下三种方式对区域创新绩效产生负向影响：一是制造业集聚多依托产业园区形成，园区内的技术传播和人员流动频繁，产生严重的创新模仿效应，产出大量同质化产品，导致模仿效应的负外部性大于知识交流传播的正外部性，从而阻碍区域创新绩效的提升；二是单一产业过度集聚，导致集聚不经济、规模不经济，出现拥挤效应，降低了产业与创新要素在空间上的集聚程度，从而抑制区域创新；三是生产性服务业是制造业的中间投入产业，在空间上的集聚会导致制造业的"挤出"，若生产性服务业集聚的自身创新促进效应小于其产生的制造业"挤出"的创新抑制效应，则会对区域创新绩效的提升产生消极影响。具体作用机制如图 10-1 所示。

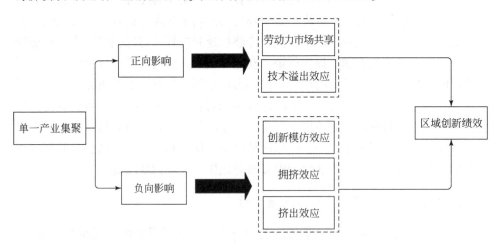

图 10-1　单一产业集聚对区域创新的作用机制

10.1.2.2　协同产业集聚与区域创新

　　制造业、生产性服务业协同集聚主要通过知识溢出、行业间劳动力共享和协同分工形成的上下游关联来提升区域创新绩效。具体来说，一是制造业与生产性服务业集聚产生的协同效应可以有效强化区域内部的集体效率和外部经济，有利于提升区域内在的知识含量，从而为创新产出创造机会与大环境。二是制造业与生产性服务业在地理上的临近，有助于行业间的知识转移与扩散，以及从业人员的互相学习与思想交换，同时两业的关联密切，带来的知识溢出效应更加显著，由此更大程度上促进区域内创新绩效的提升。三是两业协同集聚有利于制造业与生产性服务业形成共享的劳动力池，供给企业研发部门所需的高素质劳动者，并在创新人才和高新科技企业的匹配数量与质量上提供相应保障，从而更好地促进区域创新绩效的提升。四是制造业与生产性服务业本身的上下游关联就非常密切，两个关联产业在空间上的协同集聚进一步促进了产业链分工的精细化，由此催生了更多的新产业链，原有产业链也得以延伸和深化，从而有利于差异化知识和思想的碰撞，进而提升区域创新绩效。此外，两业协同集聚产生的上述正向效应通过跨地区间的行业人才流动、产业链精细分工、知识交流、技术推广等方式外溢到周边地区，从而提升周边地区的创新绩效。综上，产业协同集聚对区域创新绩效的作用机制如图 10-2 所示。

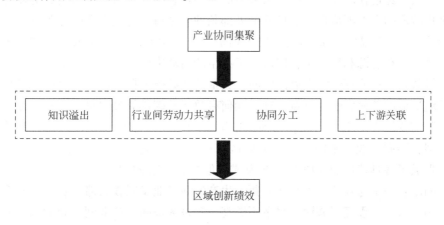

图 10-2　协同产业集聚对区域创新的作用机制

10.1.3　产业集聚与碳排放

经济集聚是指经济活动在特定地理区域内集中发生，这通常伴随着交通、物流、基础设施等方面的效益，但也可能导致资源过度消耗和碳排放问题。产业集聚通常伴随着规模效应和技术进步，但如果不合理管理，也可能导致碳排放的增加。理论上来说，当产业出现集聚时，不同产业的企业可以更好地共享资源和能源，共同寻求碳减排的机会。例如，制造业产业集聚可以促使企业采用更节能、低碳的生产技术，提高能源效益，降低碳排放。同时，产业集聚还可以带来更多的协同创新，推动绿色技术的发展，为碳减排提供新的解决方案。产业集聚不仅有助于提高碳排放效率，还推动了区域创新和城市群经济集聚的发展。产业集聚可以通过促进不同产业之间的合作与创新，为实现碳减排目标和可持续发展做出重要贡献。因此，研究产业集聚对于深入理解区域碳减排机理及制定有效对策至关重要。

10.1.4　产业融合与碳排放

中国是世界制造业大国，也是世界碳排放大国。制造业是国民经济发展的主体，同时也是区域碳排放的主体。中国制造业在发展过程中凸显出产品质量较低且差异化不明显、产能过剩及环境污染严重、创新能力和利润水平低等问题，同时面临着发展中国家更低成本优势和发达国家再工业化战略的双重挤压，制造业转型升级已经迫在眉睫。生产性服务业的蓬勃发展正顺应新时代所需，为制造业突破现阶段的发展困境提供了良好的外部条件。制造业与生产性服务业融合（以下简称"两业"融合）的深化有助于增加经济产出和减少碳排放。碳排放效率反映的是一种能源利用效率，即反映了在生产活动中产生生产效益的同时所引起的碳排放量。在追逐经济发展的同时，大量的能源被消耗，由其产生的二氧化碳对环境造成的负面影响也日益显现。如何有效提升碳排放效率是中国在当今时代背景下需要回答的重要问题。当前，中国"两业"融合程度不断加深、趋势不断增强，不同企业、不同行业、不同区域结合自身特点，在融合发展中探索创新，形成了各具特色的新路径、新模式。但是，目前的"两业"融合也存在着以下问题：一是与发达国家存在差距，生产性服务业发展较为滞后；二是融合发展范围不够广、程度不够深、水平不够高；三是区域间、产业间、企业间协同性不够强，融合发展效益没有充分释放。要充分发挥"两业"融合对碳排放效率的促进作用，必须始终把握发展目标，稳中求进，不断推进。

当前对"两业"融合与碳排放效率关系的研究较少，更多聚焦于两者独立的水平测算，对其影响机制不够重视，缺少相关理论支撑。同时未能有效考虑空间相关等因素，忽略行业和区域异质性的存在，缺乏适合现行条件下发挥"两业"融合促进碳减排作用的有效指导。中国正处"两业"融合新发展阶段，亟须相关理论指导。现有文献对"两业"融合的研究集中于其经济效应，因此探究其生态环境效应能够在一定程度上填补研究空白。同时从新的研究视角切入，利用空间计量模型进一步明晰"两业"融合对碳排放效率的影响路径，检验区域和行业异质性，能够为深入推进"两业"融合、促进绿色发展提供理论和经验支撑。此外，由于互联网信息技术的快速发展和产业分工的不断优化完善，制造业与生产性服务业的融合可以从价值增值、成本降低、产业集聚和结构升级四个方面对碳排放效率产生影响，相关的影响机理如图 10-3 所示。"两业"融合主要体现在规模的适应性、结构的匹配性、空间的协调性和发展潜力的匹配性这四个方面。

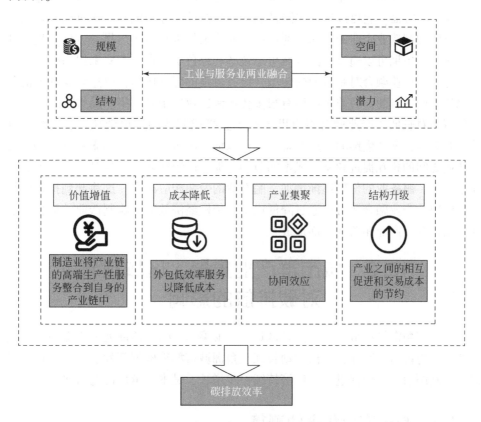

图 10-3　产业融合对碳排放的影响机理

制造业与现代服务业的融合发展，将有助于制造业摆脱长期处于价值链中低端的地位。在这一过程中，制造业将产业链的高端生产性服务整合到自身的产业链中，实现产品和服务的增值。新价值链以制造业的核心价值活动为基础，整合生产性服务业的核心价值活动，可以显著提高制造业的创新能力和生产效率，从而促进区域碳排放的减少。在生产成本方面，落后的生产性服务业将增加传统制造业的投入成本压力，抑制生产效率，并导致不必要的能源浪费和污染排放。技术创新和产业整合的规模效应有助于提高整个制造业的生产效率。大量制造商将其内部效率低下的生产性服务外包给在规模和服务成本控制方面效率更高的专业生产性服务提供商，因为专业生产性服务企业在仓储、物流和财务审计方面的成本较低。在整合的过程中，制造业和生产性服务业的生产效率得到了提升，能够以更少的资源消耗和碳排放实现预期的生产性服务与更高的经济效益，从而促进碳排放效率的提升。

生产性服务业多元化集聚模式能有效促进碳减排。产业融合可以产生地域协同效应：一方面，它可以进一步降低制造业生产性服务的成本，通过服务业的竞争效应增加制造业企业的利润，通过制造业集聚促进碳减排。另一方面，生产性服务业空间集聚可以通过提高区域生态效率和绿色全要素生产率来提高碳排放效率。此外，产业融合对制造业的转型升级有较强的促进作用，以达到实现智能化和绿色生产的目的。目前中国还有很多传统制造业属于高污染、高排放行业，整体价值相对较低，产业融合将有助于减少直接或间接的资源消耗，实现绿色制造，并对碳强度产生影响。产业融合也可以促进区域产业结构的服务型转型，通过产业之间的相互促进和交易成本的节约，促进区域产业结构的升级。在区域产业结构中，服务业的份额逐渐增加，制造业的份额相应减少，这将起到抑制碳排放的作用。产业融合还可以通过降低成本和规模经济效应影响制造业的创新跨越式发展，并在产业相关性方面形成互动关系。

10.2 城市群产业集聚、区域创新对碳排放的影响

长江三角洲城市群作为中国各区域中"创新高地"，具备进一步提高创新绩效的动力与能力。因此，如何推动长江三角洲城市群突破创新发展瓶颈，进一步提高创新绩效，从而促进全国经济持续稳步增长，是本节亟待讨论的问题。

10.2.1 单一产业集聚的测算

从研究历史来看，Marshall 和 Max Weber 等于 19 世纪末 20 世纪初开启了关于产业集聚的研究，经过一段时期的研究沉默期后，集聚的相关研究于 20 世纪 70 年代末 80 年代初再次兴起，产业集聚理论也逐渐形成；之后又经过 Porter 和 Krugman 的进一步研究，产业集聚理论得到发展与完善（史修松，2009）。起初，产业集聚被定义为在某个特定地理区域内同一产业高度集中，同时产业资本要素不断在空间范围内汇集，这个过程就是单一产业集聚，亦称产业专业化集聚。产业集聚的测度是进行产业集聚相关研究中非常重要的一环，因此选取合适的测度方法是得到准确研究结论的基础与前提。

衡量单一产业集聚程度的方法种类繁多，在评估单一产业集聚程度时，目前常用的有区位熵指数法、空间基尼系数、行业集中度、赫芬达尔指数（HHI）和Ellison-Glaeser（E-G）指数等指标。与其他测度方法相比，区位熵指数法描述了某产业在特定区域内相对于全国的专业化水平和集聚程度，具有消除区域规模差异因素以真实反映区域内产业间分布情况的优势（黄庆华等，2020）。因此，本节参考霍春辉和杨锐（2016）做法，在衡量长江三角洲城市群各城市的制造业集聚水平（MAGGL）和生产型服务业集聚水平（PSAGGL）时，采用区位熵指数法，具体衡量公式如下：

$$MAGGL_{it} = \left(\frac{L_{M,it}}{L_{it}}\right) \bigg/ \left(\frac{E_{M,t}}{E_t}\right) \tag{10-1}$$

$$PSAGGL_{it} = \left(\frac{L_{PS,it}}{L_{it}}\right) \bigg/ \left(\frac{E_{PS,t}}{E_t}\right) \tag{10-2}$$

式（10-1）和式（10-2）中，i 城市在 t 年时的制造业就业人数用 $L_{M,it}$ 表示，生产型服务业就业人数用 $L_{PS,it}$ 表示，全部就业人数用 L_{it} 表示。全国范围内，制造业和生产性服务业的就业人数分别用 $E_{M,t}$ 和 $E_{PS,t}$ 代表，全国就业人数用 E_t 代表。该指标数值越大，说明城市制造业或生产性服务业产业集聚水平越高。

本节测算出了长江三角洲城市群所包含的 26 个城市在 2005 年至 2019 年期间制造业和生产性服务业的产业集聚指数，并选取了 2005 年、2009 年、2013 年、2016 年和 2019 年的各市制造业集聚水平值和生产性服务业集聚水平值，分别如表 10-1 和表 10-2 所示。

表 10-1 长江三角洲城市群 26 个城市部分年份制造业集聚程度

城市	2005 年	2009 年	2013 年	2016 年	2019 年
上海市	1.166	1.315	1.178	1.054	0.897
南京市	1.223	1.337	0.933	0.863	0.888
无锡市	1.716	1.923	1.973	2.016	2.265
常州市	1.703	1.635	1.554	1.750	2.022
苏州市	2.325	2.445	2.338	2.542	2.791
南通市	1.688	1.718	0.750	0.830	0.899
盐城市	1.007	1.093	1.053	1.004	0.962
扬州市	1.335	1.224	0.866	0.957	0.865
镇江市	1.335	1.716	1.599	1.822	1.436
泰州市	1.342	1.450	1.003	0.964	0.916
杭州市	1.302	1.260	0.886	0.821	0.931

续表

城市	2005 年	2009 年	2013 年	2016 年	2019 年
宁波市	1.211	1.616	1.583	1.540	1.810
嘉兴市	2.384	2.353	2.106	2.073	2.461
湖州市	1.482	1.819	1.305	1.392	1.609
绍兴市	1.427	1.413	0.963	0.878	1.093
金华市	0.799	0.976	0.607	0.564	0.811
舟山市	0.818	0.974	0.787	0.796	0.796
台州市	0.645	1.143	1.219	1.206	1.547
合肥市	0.953	0.830	0.810	0.878	0.855
芜湖市	1.339	1.420	1.374	1.474	1.610
马鞍山市	1.575	1.630	1.010	1.046	1.326
铜陵市	1.677	1.558	1.446	1.311	1.500
安庆市	0.629	0.459	0.843	0.993	1.134
滁州市	0.749	0.683	1.010	1.164	1.611
池州市	0.495	0.496	0.634	0.758	0.909
宣城市	0.899	0.889	0.566	1.118	1.411
平均值	1.278	1.361	1.169	1.224	1.360

分析表 10-1 发现：①在城市群层面上，长江三角洲城市群的制造业集聚总体水平呈现出"N"型演变趋势。具体来说，2005~2009 年、2013~2019 年呈现上升趋势，而 2009~2013 年间呈现下降趋势。分析认为，2009 年制造业集聚水平之所以由升转降，可能的原因为长江三角洲城市群受到了 2008 年国际金融危机的巨大冲击，其作为中国的"经济高地"和经济外向度最高的区域感受到的负面作用尤为强烈，金融危机造成外贸需求锐减导致制造业不景气，从而使制造业集聚水平从上升趋势转为下降趋势。②在城市层面上，现阶段无锡、常州、苏州和嘉兴呈现出较其他城市更为突出的制造业集聚水平，2019 年集聚指数值均大于 2；而上海、南京、南通、扬州、金华、舟山、合肥等城市的制造业集聚程度偏低，2019 年集聚指数值未达到 0.9。③从城市群 7 个核心城市的集聚演变趋势来看，其趋势各不相同。具体来说，上海市呈现出倒"U"型演变趋势；苏州市、南京市和宁波市为"N"型演变趋势，杭州市为"U"型演变趋势；合肥市为倒"N"型演变趋势；而无锡市则呈现出逐步上升趋势。

表 10-2　长江三角洲城市群 26 个城市部分年份生产性服务业集聚程度

城市	2005 年	2009 年	2013 年	2016 年	2019 年
上海市	1.652	1.842	2.422	1.930	1.823
南京市	1.438	1.196	1.486	1.534	1.528
无锡市	0.973	0.801	0.685	0.725	0.726
常州市	0.891	0.910	0.732	0.756	0.778
苏州市	0.575	0.478	0.630	0.537	0.610
南通市	0.733	0.718	0.482	0.422	0.343
盐城市	0.870	0.871	0.669	0.655	0.752
扬州市	0.784	0.633	0.620	0.512	0.542
镇江市	1.061	0.822	0.801	0.732	0.731
泰州市	0.863	0.854	0.365	0.465	0.457
杭州市	1.342	1.122	1.238	1.311	1.177
宁波市	0.896	0.810	0.913	0.949	0.899
嘉兴市	0.491	0.557	0.689	0.659	0.710
湖州市	1.049	0.592	0.817	0.575	0.589
绍兴市	0.474	0.408	0.303	0.307	0.322
金华市	1.033	0.867	0.652	0.611	0.740
舟山市	1.318	1.445	1.378	1.063	1.418
台州市	0.887	0.745	0.632	0.607	0.729
合肥市	1.424	1.151	0.882	0.941	0.878
芜湖市	0.880	0.923	0.885	0.838	0.764
马鞍山市	0.650	0.708	0.933	0.863	0.828
铜陵市	0.660	0.515	0.589	0.680	0.599
安庆市	0.896	0.772	0.708	0.692	0.632
滁州市	0.787	0.801	0.862	0.813	0.598
池州市	0.911	1.153	1.208	1.032	1.015
宣城市	0.738	0.847	0.709	0.845	0.563
平均值	0.934	0.867	0.857	0.810	0.798

　　分析表 10-2 发现：①从城市群总体来看，长江三角洲城市群的生产性服务业集聚水平整体呈现逐步下降趋势，这一趋势很大可能与中央近年来一直坚持加速落后产能淘汰、推动产业结构优化升级、推动经济发展方式转型有关。②从各城市看，现阶段上海的生产性服务业集聚水平居于首位，2019 年集聚指数为

1.823，远高于其他城市，说明上海作为长江三角洲城市群的"领军城市"，同时也是我国经济、金融、贸易、航运和科技创新中心，其生产性服务业集聚优势显著。另外，南京、杭州、舟山和池州与其他市相比也具有更高的生产性服务业集聚水平，2019 年集聚指数均大于 1；而南通、泰州和绍兴则较低，2019 年集聚指数小于 0.5。

10.2.2 产业协同集聚的测算

随着单一产业集聚的研究逐渐深入，Ellison 和 Glaeser（1997）将研究重点转移到差异化产业间的空间集聚现象，丰富了产业集聚的含义，创新性地界定了"产业协同集聚"的概念。他们提出，并不只有单个产业存在空间集聚，不同的产业之间，也呈现出一种相互集聚的趋势，甚至差异化产业之间也存在内在关联。现实中，由于城市中不可能只存在单一产业（即"完全专业化"）或存在全部产业（即"完全多样化"），而是存在介于专业化与多样化之间的一种情况，所以关联产业的协同集聚现象在城市中普遍存在。

上文已经提及单一产业集聚水平的五种测度方法，也总结了各种方法的使用条件与优缺点。在产业协同集聚水平的测度上，多数学者通过对单一产业集聚程度的差异对比来衡量产业协同集聚水平。在前文构建制造业集聚指数（$MAGGL_{it}$）和生产性服务业集聚指数（$PSAGGL_{it}$）的基础上，本节参照吕平和袁易明（2020）的测度方法，以两产业专业化集聚的差异水平来衡量产业协同集聚程度（COAGGL），计算公式如下：

$$COAGGL_{it} = \left(1 - \frac{|MAGGL_{it} - PSAGGL_{it}|}{MAGGL_{it} + PSAGGL_{it}}\right) + (MAGGL_{it} + PSAGGL_{it}) \quad (10\text{-}3)$$

式（10-3）中，$COAGGL_{it}$ 代表 i 城市 t 年制造业–生产性服务业协同集聚的程度；其中 $[1 - |MAGGL_{it} - PSAGGL_{it}| / (MAGGL_{it} + PSAGGL_{it})]$ 主要反映制造业–生产性服务业协同集聚的质量，$(MAGGL_{it} + PSAGGL_{it})$ 主要反映制造业–生产性服务业协同集聚的深度。该指标数值越大，说明城市的制造业–生产性服务业协同集聚程度越高。

另外，杨仁发（2013）在研究中对服务业进行了分类，即消费性服务业、公共性服务业和生产性服务业。本节沿用此分类方法，并以《国民经济行业分类》（GB/T 4754—2017）为依据，将交通运输、仓储和邮政业，信息传输、计算机服务和软件业，金融业，租赁和商业服务业，科学研究、技术服务和地质勘查业五类行业纳入生产性服务业类别，并根据上述产业协同集聚计算方法，评估了以上五类生产性服务业与制造业的协同集聚情况。需要说明的是，鉴于《中国城市统计年鉴》中未对制造业就业人数进行行业细分，因此本节对制造业不做细分。

本节根据所获取的数据，对长江三角洲城市群的 26 个城市的生产性服务业与制造业集聚情况进行评估，得出其协同集聚指数，选取了 2005 年、2009 年、2013 年、2016 年和 2019 年五个时间截面，具体集聚水平值如表 10-3 所示。

表 10-3　长江三角洲城市群 26 个城市部分年份制造业–生产性服务业协同集聚程度

城市	2005 年	2009 年	2013 年	2016 年	2019 年
上海市	3.646	3.989	4.255	3.691	3.380
南京市	3.580	3.477	3.191	3.117	3.152
无锡市	3.412	3.312	3.172	3.271	3.477
常州市	3.281	3.260	2.927	3.110	3.356
苏州市	3.297	3.250	3.393	3.428	3.760
南通市	3.027	3.025	2.015	1.926	1.794
盐城市	2.804	2.851	2.499	2.448	2.592
扬州市	2.859	2.538	2.320	2.166	2.177
镇江市	3.281	3.186	3.068	3.127	2.842
泰州市	2.987	3.045	1.902	2.080	2.039
杭州市	3.628	3.325	2.957	2.902	2.991
宁波市	2.958	3.093	3.228	3.252	3.372
嘉兴市	3.216	3.293	3.289	3.214	3.618
湖州市	3.360	2.902	2.892	2.553	2.734
绍兴市	2.401	2.268	1.744	1.702	1.870
金华市	2.704	2.784	2.223	2.135	2.506
舟山市	2.902	3.225	2.893	2.715	2.932
台州市	2.375	2.678	2.534	2.482	2.917
合肥市	3.179	2.819	2.650	2.785	2.720
芜湖市	3.012	3.131	3.043	3.036	3.018
马鞍山市	2.810	2.943	2.904	2.813	2.922
铜陵市	2.901	2.570	2.614	2.675	2.670
安庆市	2.350	1.977	2.464	2.507	2.482
滁州市	2.511	2.405	2.793	2.799	2.750
池州市	2.111	2.250	2.531	2.637	2.869
宣城市	2.538	2.711	2.164	2.824	2.545
平均值	2.967	2.935	2.756	2.746	2.826

首先，从整个城市群来看，制造业-生产性服务业协同集聚总体水平呈现出"U型"演变趋势。具体来说，长江三角洲城市群两业协同集聚水平在2005～2016年间逐步下降，2016～2019年间逐渐回升，但观测终期值仍低于2005年集聚水平值。两业协同集聚水平之所以从2016年开始回升，是由于2016年印发并推行的《关于支持长三角G60科创走廊以头部企业为引领推动产业链跨区域协同合作的实施意见》，重点强调要以上海、嘉兴、杭州、金华、苏州、湖州、宣城、芜湖、合肥等9个城市为核心，建立多维度、跨领域的一体化产业合作，进而大力促进了两业协同发展，从而使得关联产业的协同集聚水平得到提升。其次，进一步从城市层面来看，上海、南京、无锡、常州、苏州、宁波、嘉兴、芜湖等8个城市的制造业-生产性服务业协同集聚有比较高的水准。这8个城市的集聚指数均大于3，具有较好的集聚质量与集聚深度；而南通和绍兴的制造业-生产性服务业协同集聚程度明显不如其他城市，集聚指数小于2。

10.2.3 区域创新的测算

区域创新绩效的提升是全国创新绩效总体水平提升的基础。其中，地处我国东部沿海地区的长江三角洲城市群，集中了丰富的人才、技术、资本等创新要素资源，是我国各区域中的"创新高地"，也是我国实现更强创新竞争力的有力突破点，更是带动其他区域创新发展的核心地带。根据复旦大学产业发展研究中心发布的《中国城市和产业创新力报告2017》显示，长江三角洲城市群中的上海、苏州、杭州、南京、无锡、宁波、合肥等7个城市被评为创新指数前20强城市，分别位列第3、第4、第5、第6、第12、第14和第19位，其内部城市创新力的高表现更加说明其具备进一步提高创新绩效的动力和能力。从近年来针对长江三角洲城市群的创新发展发布的相关政策文件，如2020年3月印发的《关于推进国家技术创新中心建设的总体方案（暂行）》、2020年12月印发的《长三角科技创新共同体建设发展规划》等可以看出，国家对该区域的整体发展能力和协同创新能力的重视。但是，在目前发展过程中，长江三角洲城市群的创新驱动发展仍然受到许多限制，如过度依赖传统增长路径、核心城市带动力弱、产业驱动力不强等。从本质讲，区域创新系统是个明显的投入-产出过程，创新投入包括人力、资金、仪器和机器设备等，创新产出包括专利、技术、经济效益等，在选取指标时，通常选择R&D经费内部支出、R&D人员仪器和设备支出、新产品销售收入、专利申请受理量、专利申请授权量、技术市场成交额等进行评估。

囿于城市某些数据报告的缺失与不一致性，本节参考徐向龙和侯经川（2022）的做法，用各城市每万人专利申请受理量来衡量区域创新绩效

（INNAC）。选择该指标的原因有以下两点：一是和专利申请授权量相比，专利申请受理量不需要经过公布、实审、授权等耗时 2~4 年的繁杂流程，从而能够及时地反映长江三角洲城市群当年的创新产出情况，不必担心时序上发生异常变动导致的结果偏误；二是专利申请受理量是一种非经济指标，一定范围内能有效避免寻租行为。据此，本节测算出了长江三角洲城市群所含 26 个城市 2005~2019 年的创新绩效指数。结合现实背景和指数特征发现，在 15 年的观测期内，2009 年因国际金融危机可能会对区域经济、产业和创新发展造成巨大冲击，值得重点研究；2013 年和 2016 年的区域创新绩效指数呈现数值或增幅拐点，需要重点分析。因此，本节选取研究的起始期（2005 年）和终止期（2019 年）以及上述三个重点研究年份的指标值进行展示。2005 年、2009 年、2013 年、2016 年和 2019 年的各市创新绩效水平值如表 10-4 所示。

表 10-4　长江三角洲城市群 26 个城市部分年份创新绩效水平

城市	2005 年	2009 年	2013 年	2016 年	2019 年
上海市	17.321	28.160	35.795	49.567	71.489
南京市	7.579	18.436	66.909	78.837	121.205
无锡市	10.046	38.225	123.797	109.776	101.848
常州市	6.531	27.216	88.883	93.155	101.033
苏州市	8.945	65.463	133.359	100.212	151.766
南通市	4.261	30.705	55.868	62.390	50.168
盐城市	2.011	5.835	23.116	39.404	35.944
扬州市	4.605	16.612	51.063	60.211	74.271
镇江市	6.975	28.045	89.262	107.692	74.575
泰州市	3.511	13.427	55.300	68.014	54.388
杭州市	12.299	31.287	65.897	80.046	109.616
宁波市	11.817	31.255	108.749	86.659	82.304
嘉兴市	9.503	17.742	48.703	69.805	81.767
湖州市	6.527	21.158	43.402	78.222	76.337
绍兴市	7.051	33.737	55.793	142.225	71.331
金华市	13.003	18.330	43.029	47.986	76.910
舟山市	2.439	3.791	21.743	30.604	29.065
台州市	8.496	15.149	28.082	45.923	57.055
合肥市	2.609	6.933	25.526	64.547	74.741
芜湖市	1.964	19.039	52.831	72.698	46.202

续表

城市	2005 年	2009 年	2013 年	2016 年	2019 年
马鞍山市	2.571	5.651	28.977	41.639	44.939
铜陵市	0.803	8.865	40.892	21.736	19.580
安庆市	0.011	0.830	7.393	36.908	18.219
滁州市	0.326	2.499	17.535	31.227	26.733
池州市	0.271	1.345	14.627	28.406	20.007
宣城市	0.519	3.364	17.465	20.227	19.955
平均值	5.846	18.965	51.692	64.158	65.056
前三名城市	上海	苏州	苏州	绍兴	苏州
	金华	无锡	无锡	无锡	南京
	杭州	绍兴	宁波	镇江	杭州

10.2.4　产业集聚对碳排放影响的空间效应

长江三角洲城市群是中国经济发展的重要引擎,是中国最发达的地区,与此同时,其碳排放也远高于中国的其他地区。产业集聚、区域创新绩效和碳排放是一个相互影响的有机系统。为助力中国"双碳"目标的实现,有必要通过区域创新绩效来研究产业集聚对碳排放的空间效应。

10.2.4.1　研究假设

依据上文,产业集聚可以大致分为单一产业集聚和关联产业的协同集聚两类,二者都对碳排放总量的变动存在较为显著的影响。其中,区域创新绩效会在产业集聚对碳排放水平的影响路径中起到重要的中介作用。单一产业集聚促进区域创新绩效的提升主要依靠知识溢出、劳动力可得性与匹配性和投入产出关联所产生的规模效应、学习效应与技术推广,缓解信息不对称,以及借助激励机制刺激垄断市场竞争等。产业协同集聚主要通过知识溢出、行业间劳动力共享和协同分工形成的上下游关联来提升区域创新绩效。

中介效应早先属于心理学领域的重要研究方法,随着后续理论的延伸和发展,如今在更广泛的领域得以应用。本节基于中介效应理论,将区域创新作为产业集聚对碳排放水平的影响路径中的重要中介变量展开分析。区域创新一方面有利于社会技术进步和产业转型,促进环境友好型产业发展,减少生产中的碳排放;另一方面促使企业不断扩张原本的生产规模,加大能源消耗,反而增加了碳排放量。

产业集聚程度和经济增长有着极其紧密的联系，合理的产业集聚有利于技术进步和资本积累，改善整体的社会供给能力并促进社会整体的经济增长。反之，不适宜发展现状的产业集聚对社会供给能力起到抑制作用，同时不利于社会整体的经济增长。而经济增长本身与碳排放量密切相关。根据以上理论分析，本章提出以下研究假设：

H1a：制造业集聚促进碳排放水平的提升。

H1b：生产性服务业集聚促进碳排放水平的提升。

H1c：制造业−生产性服务业协同集聚促进碳排放水平的提升。

H1d：当地创新绩效水平会在产业集聚对碳排放的影响路径中起到中介作用。

H1e：创新水平提升会抑制碳排放水平的提升。

10.2.4.2 模型构建与指标选取

（1）基准回归模型构建

本节重点考察产业集聚对碳排放总量的影响，同时探究区域创新绩效在其中起到的中介作用。为了消除异方差并考察变量间的相对变动关系，对部分变量进行对数处理，从而构建如下基准回归模型：

$$\ln C_{it} = \beta_0 + \beta_1 \ln MAGGL_{it} + \beta_2 \ln PSAGGL_{it} + \beta_3 \ln COAGGL_{it} + \beta_4 \ln INNAC_{it}$$
$$+ \beta_5 \ln PGDP_{it} + \beta_6 \ln IIC_{it} + \beta_7 \ln TIC_{it} + \varepsilon_{it} \qquad (10\text{-}4)$$

式（10-4）中，$\ln C_{it}$ 表示区域合计碳排放水平，作为被解释变量；MAGGL、PSAGGL、COAGGL 分别代表制造业集聚水平、生产性服务业集聚水平以及制造业−生产性服务业协同集聚水平，作为核心解释变量；INNAC 表示区域创新绩效，作为中介变量；PGDP、IIC、TIC 分别表示经济发展水平、信息基础设施建设水平和交通基础设施建设水平，这三个变量被设置为控制变量；下角标 i 和 t 分别表示所研究城市和年份；β_0 代表常数项，β 则代表变量待估系数，ε_{it} 代表随机扰动项。

（2）空间计量模型选取

上述空间自相关检验说明，本节有必要在基准回归模型［式（10-4）］中引入空间因素，以更好地探究产业集聚对本地区碳排放总量的影响及对相邻地区的空间溢出效应。参照现有考虑空间效应的文献（张振等，2021），本节初步选取了以下三种被学者普遍认同并使用的空间计量模型。

1）空间滞后模型（SLM）。SLM 模型表明空间影响与时间有关，认为长江三角洲城市群 26 个城市的碳排放水平存在空间自相关性（前文中已证明），同时本城市碳排放水平受到邻近城市产业集聚及其他变量的影响。具体表达式如式（10-5）：

$$\ln C_{it} = \beta_0 + rho W \ln C_{it} + \beta_1 \ln MAGGL_{it} + \beta_2 \ln PSAGGL_{it} + \beta_3 \ln COAGGL_{it}$$
$$+ \beta_4 \ln INNAC_{it} + \beta_5 \ln PGDP_{it} + \beta_6 \ln IIC_{it} + \beta_7 \ln TIC_{it} + \mu_{it} + v_{it} + \varepsilon_{it} \quad (10\text{-}5)$$

2）空间误差模型（SEM）。SEM 模型考虑空间效应存在于误差项中，形式上表现为空间权重矩阵与误差项相乘，可体现出被遗漏影响因素在空间上的相关关系，认为本城市碳排放总量会受到邻近城市误差项的冲击。具体表达式如式（10-6）：

$$\ln C_{it} = \beta_0 + \beta_1 \ln MAGGL_{it} + \beta_2 \ln PSAGGL_{it} + \beta_3 \ln COAGGL_{it} + \beta_4 \ln INNAC_{it} + \beta_5 \ln PGDP_{it}$$
$$+ \beta_6 \ln IIC_{it} + \beta_7 \ln TIC_{it} + \mu_{it} + v_{it} + \tau_{it}$$

$$\tau_{it} = \gamma W \tau_{it} + \varepsilon_{it} \quad (10\text{-}6)$$

3）空间杜宾模型（SDM）。SDM 模型考虑更加全面且具有更好的普适性，不仅考虑了碳排放水平之间存在空间自相关性，也考虑了城市产业集聚的空间自相关性对碳排放水平的影响。具体表达式如式（10-7）：

$$\ln C_{it} = \beta_0 + rho W \ln C_{it} + \beta_1 \ln MAGGL_{it} + \beta_2 \ln PSAGGL_{it} + \beta_3 \ln COAGGL_{it}$$
$$+ \beta_4 \ln INNAC_{it} + \beta_5 \ln PGDP_{it} + \beta_6 \ln IIC_{it} + \beta_7 \ln TIC_{it} + \beta_8 W \ln MAGGL_{it}$$
$$+ \beta_9 W \ln PSAGGL_{it} + \beta_{10} W \ln COAGGL_{it} + \beta_{11} W \ln INNAC_{it}$$
$$+ \beta_{12} W \ln PGDP_{it} + \beta_{13} W \ln IIC_{it} + \beta_{14} W \ln TIC_{it} + \mu_{it} + v_{it} + \tau_{it} \quad (10\text{-}7)$$

在以上三个表达式中，被解释变量、核心解释变量和控制变量以及常数项和待估系数 β 的符号和含义与式（10-4）一致，下角标 i 和 t 的含义也与式（10-4）相同。需要另外说明的是，参数 rho 为空间自回归系数，W 为地理距离空间权重矩阵，μ_i 为固定效应，v_t 为随机效应；τ_{it} 为误差项，其由空间滞后误差项 $W\tau_{it}$ 和随机扰动项 ε_{it} 共同决定。

进行实证分析时使用以上所列举的三种空间计量模型中的哪一种，以及应采用什么类型的效应模型，是本节需要探讨的问题。因此，本节参照陈强（2014）的做法，使用多种检验方法就以上问题进行检验，检验结果如表 10-5 所示，具体检验步骤如下：

首先，本节运用似然比（LR）检验考察 SDM 模型的退化性。表 10-5 的检验结果显示，以上两个统计量均通过了 5% 的显著性水平检验，说明上述选出的更佳模型 SDM 不能退化为其他模型，SDM 在本节的实证研究中具有稳定性。其次，本节运用 LR 检验判断使用哪种固定效应。若 Spatial-LR 显著则选择个体（空间）固定效应；若 Time-LR 显著则选择时间固定效应；若两个统计量均显著则选择时空双固定效应。检验结果显示，两个指数全部通过了 1% 的显著性水平检验，所以在进行 SDM 估计时使用时空双固定效应模型是最合适的选择。

表 10-5   产业集聚与碳排放总水平空间计量模型设定的相关检验

检验项目	检验统计量	统计值	P 值
SDM 模型退化检验	LR-spatial lag	30.58	0.0000
	LR-spatial error	29.99	0.0000
SDM 固定效应检验	Spatial-LR	26.19	0.0019
	Time-LR	967.30	0.0000

鉴于以上检验与分析，本节采用个体-时间双固定效应的空间杜宾模型来考察产业集聚对碳排放总水平的影响，能较好避免因时空因素导致的结果偏差。

空间效应分析模型是将空间杜宾模型估计出来的系数通过偏微分法进一步分解为直接效应和间接效应（又称空间溢出效应）。结合本章研究主题，直接效应是指本城市产业集聚对碳排放水平的影响；空间溢出效应是指其他城市产业集聚对碳排放水平的影响。本节利用 Lesage 和 Pace（2009）的研究成果，将式（10-7）整理、变形，得到下式：

$$Y = [I-\text{rho}W]^{-1}[s\,I_k + X'\lambda + WX'\lambda + \pi] \tag{10-8}$$

式中，Y 表示 $k{\times}1$ 维区域碳排放水平矩阵；s 为常数项；I_k 表示 $k{\times}1$ 维且元素均为 1 的向量；X' 表示 $k{\times}1$ 维产业集聚及其他控制变量矩阵；rho 为空间自回归系数；λ 为所有解释变量的估计系数；π 为误差项。

随后求 Y 关于第 m 个解释变量 x_{im} 的偏微分方程，得到式（10-9）：

$$\left[\frac{\partial Y}{\partial x_{1m}} \quad \frac{\partial Y}{\partial x_{2m}} \quad \cdots \quad \frac{\partial Y}{\partial x_{km}}\right] = [I-\text{rho}W]^{-1}[I-\lambda_m + W\lambda_m] \tag{10-9}$$

式中，直接效应由矩阵主对角元素的平均值表示；空间溢出效应由其他元素和的平均值则表示；前两者之和即为总效应。

（3）指标选取

1）区域创新绩效与产业集聚。本节参考徐向龙和侯经川（2022）的做法，用各城市每万人专利申请受理量来衡量区域创新绩效（INNAC）；借助区位熵指数法，以长江三角洲城市群为研究对象，以各城市的制造业集聚水平（MAGGL）和生产性服务业集聚水平（PSAGGL）作为单一产业集聚水平，以两类产业专业化集聚的差异水平来衡量产业协同集聚程度（COAGGL）。上述的区域创新绩效、制造业集聚水平、生产性服务业集聚水平以及制造业-生产性服务业协同集聚水平的具体核算方法与公式，已经在前文详细阐明，此处不再重复说明。

2）控制变量。为了避免有比较严重的遗漏变量偏误影响分析结构，本节选择了经济发展水平、信息基础设施建设水平、交通基础设施建设水平三个指标作为控制变量。具体测度方式及选取说明如下：①经济发展水平（PGDP）用人均地区生产总值表示, 其值越大说明地区经济发展水平越高。区域创新在地区经济发展中得到了大力支持, 收获了资金、技术、劳动力等要素, 不同经济发展水平的区域需要"因地制宜"分配创新要素, 从而实现区域创新绩效的提升(李佳等, 2020)。同时, 地区经济发展离不开对能源的消耗, 这与碳排放总量有紧密的联系。②信息基础设施建设水平(IIC)用邮电业务总量表示, 其值越大说明地区信息基础设施建设水平越高。信息基础设施建设能够大幅降低城内与城际的通信和交流成本, 其创造的高信息化水平有利于促进地区创新绩效的提升。同时, 信息基础设施建设在第三产业发展过程中有明显的促进作用, 有助于实现产业结构优化和碳减排。③交通基础设施建设水平(TIC)用人均拥有道路面积表示, 其值越大说明地区交通基础设施建设水平越高。通畅的交通是创新要素传播与创新知识溢出的重要前提。诸竹君等(2019)的实证研究结果表明, 交通基础设施建设的完善可提升城市创新激励程度, 从而大力推动创新绩效的提升。同时, 交通运输领域是第三大碳排放源, 占总碳排放量比例较大, 因此交通基础设施建设水平与碳排放总量有紧密的联系。

10.2.4.3 研究区域与数据来源

本节将研究视野聚焦于科技创新资源相对密集、创新要素流动相对自由、创新合作相对紧密的长江三角洲城市群。作为"一带一路"与长江经济带的重要交会地带, 长江三角洲城市群在国家现代化建设大局和全方位开放格局中十分重要。根据《长江三角洲城市群发展规划(2016)》, 本节选取长江三角洲城市群的26个城市作为研究对象。

根据研究所需与数据可得性原则, 本节将研究期定于2005~2019年。所使用指标的原始数据全部来自于《中国城市建设统计年鉴》《中国区域经济统计年鉴》《中国城市统计年鉴》《上海统计年鉴》《江苏统计年鉴》《浙江统计年鉴》《安徽统计年鉴》《安徽六十年(1949—2009)》《长江和珠江三角洲及港澳台统计年鉴》(2006~2009年), 以及各城市统计年鉴和统计局数据。另外, 本节处理数据时, 为剔除通货膨胀的影响, 以2005年作为基期, 借助GDP平减指数平减GDP, 借助人均GDP平减指数平减人均GDP, 以保证数据的科学性和合理性。

各变量数据的描述性统计如表10-6所示, 区域合计碳排放水平($\ln C$)的最小值为14.1262, 出现在2005年的滁州市, 最大值为18.3132, 出现在2013年的上海市, 该指标的标准差为0.9228。创新绩效(INNAC)的最小值为0.0106, 出现在2005年安庆市, 最大值为151.7661, 出现在2019年苏州市, 该指标数据的标准差较大, 为32.5860, 说明创新绩效存在明显的时空分异特征。制造业集聚(MAGGL)和生产性服务业集聚(PSAGGL)指数的平均值分别为1.2837和

0.8446，说明长江三角洲城市群制造业集聚总体水平略高于生产性服务业集聚总体水平；前者的最小值和最大值分别为 0.4232 和 2.7914，分别出现在 2007 年安庆市和 2019 年苏州市；后者的最小值和最大值分别为 0.2882 和 2.4223，分别出现在 2018 年绍兴市和 2013 年上海市。两业协同集聚（COAGGL）指数的平均值为 2.8407，最小值和最大值分别为 1.6638 和 4.2558，分别出现在 2018 年南通市和 2013 年上海市。在控制变量中，经济发展水平（PGDP）的最小值为 7458.77，最大值为 89 134.32；信息基础设施建设水平（IIC）的最小值为 28 918，最大值为 19 481 855；交通基础设施建设水平（TIC）的最小值和最大值分别为 2.1600 和 46.4000；均表现出明显的时空差异性。

表 10-6　各变量数据描述性统计

变量（单位）	均值	标准差	最小值/年份及城市	最大值/年份及城市
$\ln C$	16.0595	0.9228	14.1262/2005 滁州	18.3132/2013 上海
INNAC/(件/万人)	38.6444	32.5860	0.0106/2005 安庆	151.7661/2019 苏州
MAGGL	1.2837	0.4912	0.4232/2007 安庆	2.7914/2019 苏州
PSAGGL	0.8446	0.3364	0.2882/2018 绍兴	2.4223/2013 上海
COAGGL	2.8407	0.4863	1.6638/2018 南通	4.2558/2013 上海
PGDP/元	31 626.0500	15 082.9200	7458.7700/2006 滁州	89 134.3200/2013 上海
IIC/万元	967 055.0000	1 645 803.0000	28 918.0000 /2005 马鞍山	19 481 855.0000/2019 上海
TIC/平方米	19.8512	7.1746	2.1600/2005 池州	46.4000/2015 滁州

10.2.4.4　实证分析

（1）空间自相关检验

构建合适的空间权重矩阵是准确分析地区之间空间相关关系的重要基础和前提。现有文献在进行空间性分析时大多构建以下三种空间权重矩阵：邻接空间权重矩阵、地理距离空间权重矩阵和经济距离空间权重矩阵。其中，空间邻接矩阵将邻近区域的空间关系相同化，其构建要求不同地区之间存在共同点或共同边，从而忽略了非相邻地区的空间效应；经济距离矩阵用来刻画地区之间的经济差距，但无法准确研究不同地理距离的经济单元之间的关系，同时由于本节将经济发展水平作为控制变量引入模型，若使用经济距离矩阵则会产生内生性问题。鉴于以上分析，本节选取反地理距离空间权重矩阵来进行后续空间性研究，其构建方式如下：

$$W_{ij} = \begin{cases} \dfrac{1}{d_{ij}}, & i \neq j \\ 0, & i = j \end{cases} \tag{10-10}$$

式中，W_{ij} 为构建的空间权重矩阵；d_{ij} 为城市 i 与城市 j 之间的距离。

数据空间自相关是能够使用空间计量方法的前提，"莫兰指数 I"（Moran's I）是检验空间自相关中使用最为广泛的方法。本节利用全局 Moran's I 指数来判断碳排放水平是否存在空间自相关，该指数的计算方式如下：

$$\text{Moran's I} = \frac{\displaystyle\sum_{i=1}^{n}\sum_{j=1}^{n} W_{ij}(x_i - \bar{x})(x_j - \bar{x})}{S^2 \displaystyle\sum_{i=1}^{n}\sum_{j=1}^{n} W_{ij}} \tag{10-11}$$

式中，$S^2 = n^{-1} \displaystyle\sum_{i=1}^{n}(x_i - \bar{x})^2$ 为样本方差；W_{ij} 为空间权重矩阵的 (i, j) 元素（用来度量城市 i 与城市 j 之间的距离）；x_i 与 x_j 分别为城市 i 和城市 j 的观测变量属性值；n 为城市个数（本节中 $n = 26$）。Moran's I 指数的取值一般介于 -1 到 1 之间，若指数大于 0 表示正自相关，说明长江三角洲城市群中碳排放水平相似的城市集聚在一起；若指数小于 0 表示负自相关，说明长江三角洲城市群中碳排放水平相异的城市集聚在一起；若指数等于 0 表示空间分布随机，不存在空间自相关。

本节测算出了 2005~2019 年长江三角洲城市群 26 个城市的碳排放总量的全局莫兰指数值，具体结果如表 10-7 所示。从表 10-7 中可以看出，碳排放总量的 Moran's I 指数在观测期内均为正数。除 2011~2013 年通过 10% 水平的显著性检验外，其他年份均通过了 5% 水平的显著性检验，指数值在 0.007~0.034 浮动，说明碳排放总量的空间分布呈现出集聚的态势，即碳排放水平高的城市与碳排放水平高的城市相邻，碳排放总量低的城市与碳排放总量低的城市相邻，具有较强的空间自相关性。因此，本节在后续开展产业集聚对碳排放总量影响的实证研究时，需要将空间因素引入计量模型，也就是说，纳入空间相关性考虑碳排放总量的影响因素是合理的。

表 10-7　2005~2019 年碳排放总量全局 Moran's I 指数检验

年份	Moran's I	E (I)	Sd (I)	Z-score	P 值
2005	0.023	−0.040	0.030	2.081	0.019
2006	0.030	−0.040	0.030	2.303	0.011
2007	0.034	−0.040	0.030	2.439	0.007
2008	0.031	−0.040	0.030	2.350	0.009

续表

年份	Moran's I	E (I)	Sd (I)	Z-score	P 值
2009	0.022	−0.040	0.030	2.042	0.021
2010	0.019	−0.040	0.030	1.942	0.026
2011	0.008	−0.040	0.030	1.576	0.057
2012	0.007	−0.040	0.030	1.545	0.061
2013	0.008	−0.040	0.030	1.603	0.054
2014	0.010	−0.040	0.030	1.650	0.049
2015	0.016	−0.040	0.030	1.848	0.032
2016	0.022	−0.040	0.030	2.067	0.019
2017	0.018	−0.040	0.030	1.936	0.026
2018	0.020	−0.040	0.030	2.007	0.022
2019	0.027	−0.040	0.030	2.239	0.013

（2）空间杜宾模型估计结果

空间杜宾模型估计结果由表 10-8 的第 2 列所示，可以发现采用 SDM 来研究产业集聚对区域创新绩效的影响是合适的，其中 SDM 选择个体-时间的双固定效应模型。具体来看，单一产业集聚和产业协同集聚对碳排放水平的作用效果存在明显差异。首先，制造业集聚（MAGGL）对区域碳排放水平的系数为正但并不显著，拒绝 H1a。生产性服务业集聚（PSAGGL）对区域碳排放水平的系数显著为负，值为−0.3434。说明长江三角洲城市群的生产性服务业集聚对碳排放水平的提升存在显著抑制作用，拒绝 H1b，且生产性服务业集聚比制造业集聚的外部性所产生的作用更明显。其次，制造业-生产性服务业协同集聚（COAGGL）对区域碳排放水平的系数为正但并不显著，作用系数为 0.1244，说明长江三角洲城市群的关联产业协同集聚对碳排放水平的提升作用并不明显，拒绝 H1c。另外，与产业协同集聚相比，单一产业集聚对碳排放水平的影响更大。

表 10-8 产业集聚影响碳排放水平的空间杜宾模型回归结果及空间效应分解

变量名称	固定效应	直接效应	空间溢出效应	总效应
lnMAGGL	0.0093	0.0261	−0.5792	−0.5530
	(0.1350)	(0.1259)	(0.9389)	(1.0136)
lnPSAGGL	−0.3434 **	−0.3208 **	−0.9942	−1.3150
	(0.1738)	(0.1590)	(1.2895)	(1.3813)

续表

变量名称	固定效应	直接效应	空间溢出效应	总效应
lnCOAGGL	0.1244	0.1104	0.6542	0.7646
	(0.1347)	(0.1275)	(0.8811)	(0.9482)
lnINNAC	−0.0021	0.0007	−0.1123**	−0.1116**
	(0.0071)	(0.0070)	(0.0466)	(0.0469)
lnPGDP	0.0000	0.0000	−0.0000	−0.0000
	(0.0000)	(0.0000)	(0.0000)	(0.0000)
lnIIC	−0.0000**	−0.0000**	−0.0000	−0.0000
	(0.0000)	(0.0000)	(0.0000)	(0.0000)
lnTIC	0.0120***	0.0106***	0.0530***	0.0635***
	(0.0027)	(0.0026)	(0.0183)	(0.0194)
个体效应	控制			
时间效应	控制			
R-squared	0.0136			
样本数	390			
rho	−0.4591*			
	(0.2510)			

*、**和***分别代表在10%、5%和1%水平上显著；括号内为标准误

空间效应分解结果由表10-8的第3列和第4列所示。首先，本地区和周边地区制造业集聚对本地碳排放总量的作用均不显著。其次，本地区的生产性服务业集聚对本地碳排放总量的促进作用较为显著，而周边地区的生产性服务业集聚对本地碳排放总量的促进作用不显著。从直接效应来看，本地区生产性服务业集聚程度提升1%，本地碳排放水平降低0.3208%。产生上述结果的可能性原因在于：第一，生产性服务业集聚，尤其是信息服务、技术服务和金融服务等产业集中度较强，生产性服务业逐渐成为区域创新系统中的主导产业，通过知识溢出效应促进了本地绿色技术创新等环境友好型技术进步，有利于降低碳排放水平。第二，生产性服务业以知识密集、低污染、低能耗、高效能和高就业为特征，即生产性服务业的产业占比提升有利于降低碳排放水平。第三，本地区和周边地区产业协同集聚对本地碳排放水平的作用效果都不显著。周边地区创新绩效水平对本地区的碳排放水平有显著的抑制作用，反而本地区的创新绩效水平并未对本地区的碳排放水平有显著的抑制作用，拒绝H1e。

控制变量的结果显示，本地区经济发展水平对本地碳排放水平的作用效果并不显著，而信息基础设施建设水平对本地区碳排放水平有显著的抑制作用。同时，

周边的信息基础设施建设水平对本地区碳排放水平的溢出效应也并不显著。交通基础设施建设水平对本地碳排放水平表现出显著正向影响，而周边的交通基础设施建设水平对本地区碳排放水平也表现出显著正向影响，增大了区域碳排放量。

（3）中介效应检验

中介效应早先属于心理学领域的重要研究方法，随着后续理论的延伸和发展，如今在更广泛的领域得以应用。早年 Woodworth 将"机体"作为重要的中介变量，提出了"刺激-机体-反应"（S-O-R）模型，随着后续理论的继续发展，出现逐步法这一简单的中介效应模型。本节基于上述理论，采用逐步回归法，选取区域创新作为产业集聚对碳排放影响路径的中介变量，第一步检验自变量与因变量的关系（模型 1），第二步检验自变量与中介变量的关系（模型 2），判断中介效应是否成立，第三步检验自变量、中介变量对因变量的影响（模型 3），如果自变量的系数显著，则称为完全中介，否则，为部分中介。根据制造业专业化集聚、生产性服务业专业化集聚和制造业-生产性服务业协同集聚三个因变量，分别得到了三个中介效应检验结果，如表 10-9 ~ 表 10-11 所示。

表 10-9 区域创新绩效在制造业专业化集聚对碳排放影响路径中的中介效应

变量	$\ln C$ (1)	INNAC (2)	$\ln C$ (3)
INNAC			0.0514***
			(0.0122)
MAGGL	0.3418***	−0.4230	0.3636***
	(0.0685)	(0.2796)	(0.0673)
PGDP	0.0000***	0.0001***	0.0000***
	(0.0000)	(0.0000)	(0.0000)
IIC	0.0000***	0.0000***	0.0000***
	(0.0000)	(0.0000)	(0.0000)
TIC	−0.0003	0.1282***	−0.0069
	(0.0041)	(0.0168)	(0.0043)
Constant	14.5182***	−2.2469***	14.6337***
	(0.1151)	(0.4694)	(0.1160)
Sobel Z			0.155
Observations	390	390	390
R-squared	0.640	0.372	0.656

*、**和***分别代表在10%、5%和1%水平上显著；括号内为标准误

表 10-10　区域创新绩效在生产性服务业专业化集聚对碳排放影响路径中的中介效应

变量	$\ln C$ (1)	INNAC (2)	$\ln C$ (3)
INNAC			0.0499***
			(0.0127)
PSAGGL	−0.1983*	1.0003**	−0.2482**
	(0.1064)	(0.4206)	(0.1052)
PGDP	0.0000***	0.0001***	0.0000***
	(0.0000)	(0.0000)	(0.0000)
IIC	0.0000***	0.0000***	0.0000***
	(0.0000)	(0.0000)	(0.0000)
TIC	0.0004	0.1380***	−0.0065
	(0.0044)	(0.0176)	(0.0047)
Constant	14.8976***	−3.5039***	15.0724***
	(0.1582)	(0.6256)	(0.1615)
Sobel Z			0.042**
Observations	390	390	390
R-squared	0.621	0.378	0.635

*、**和***分别代表在10%、5%和1%水平上显著；括号内为标准误

表 10-11　区域创新绩效在制造业–生产性服务业协同集聚对碳排放影响路径中的中介效应

变量	$\ln C$ (1)	INNAC (2)	$\ln C$ (3)
INNAC			0.0455***
			(0.0125)
COAGGL	0.2488***	0.1073	0.2440***
	(0.0725)	(0.2920)	(0.0714)
PGDP	0.0000***	0.0001***	0.0000***
	(0.0000)	(0.0000)	(0.0000)
IIC	0.0000***	0.0000***	0.0000***
	(0.0000)	(0.0000)	(0.0000)
TIC	0.0052	0.1247***	−0.0005
	(0.0042)	(0.0168)	(0.0044)

续表

变量	ln C (1)	INNAC (2)	ln C (3)
Constant	14.0681 ***	−2.7288 ***	14.1923 ***
	(0.2130)	(0.8574)	(0.2124)
Sobel Z			0.715
Observations	390	390	390
R-squared	0.629	0.369	0.641

*、**和***分别代表在10%、5%和1%水平上显著；括号内为标准误

由表可知，制造业专业化集聚（MAGGL）、制造业与生产性服务业协同集聚（COAGGL）的 Sobel 检验结果不显著，而生产性服务业专业化集聚（PSAGGL）通过了5%的显著性水平的 Sobel 检验。即制造业专业化集聚（MAGGL）和制造业与生产性服务业协同集聚（COAGGL）拒绝了区域创新绩效水平存在中介效应的假设（H1d），而生产性服务业专业化集聚（PSAGGL）承认创新绩效水平在产业集聚对碳排放总水平的影响路径中起到重要的中介作用。

（4）稳健性检验

为了确保数据的稳健性，采用了一种剔除部分样本数据的方法进行检验，囿于研究的局限性，个体-时间双固定效应不能被完全控制，从而未能消除城市水平因时间变动所带来的误差影响，同时考虑到上海作为直辖市所受到的特殊政策照顾会导致实证结果偏离，需要将该样本剔除。因此，在剔除上海市的样本后，重新对数据进行了回归分析，并得出了实证结果，具体数据如表 10-12 所示。可以发现，从直接效应和空间溢出效应来看，生产性服务产业集聚系数仍显著为负，本节结果的稳健性得到了充分验证，其与主回归所得结果高度一致。

表 10-12　样本剔除上海市的稳健性检验

变量名称	固定效应	直接效应	空间溢出效应	总效应
lnMAGGL	−0.0594	−0.0087	−1.2793	−1.2880
	(0.1373)	(0.1267)	(0.8586)	(0.9238)
lnPSAGGL	−0.4517 **	−0.3841 **	−1.8548	−2.2388 *
	(0.1878)	(0.1713)	(1.2403)	(1.3211)
lnCOAGGL	0.1841	0.1442	1.1200	1.2642
	(0.1397)	(0.1310)	(0.8097)	(0.8693)
lnINNAC	0.0102	0.0149 *	−0.1232 **	−0.1083 **
	(0.0079)	(0.0078)	(0.0479)	(0.0483)

续表

变量名称	固定效应	直接效应	空间溢出效应	总效应
lnPGDP	−0.0000	−0.0000	0.0000	0.0000
	(0.0000)	(0.0000)	(0.0000)	(0.0000)
lnIIC	−0.0000***	−0.0000***	0.0000	0.0000
	(0.0000)	(0.0000)	(0.0000)	(0.0000)
lnTIC	0.0114***	0.0094***	0.0506***	0.0600***
	(0.0031)	(0.0028)	(0.0188)	(0.0199)
个体效应	控制			
时间效应	控制			
R-squared	0.0072			
样本数	375			

*、**和***分别代表在10%、5%和1%水平上显著；括号内为标准误

（5）异质性检验

生产性服务业所包含的五类行业在产业特征、分布结构、功能发挥等领域一定程度上存在差异，所以，不能归属同一种类的产业协同集聚，即生产性服务业与制造业，所带来的外部性影响或许存在区别，因此我们以行业特征为出发点进行产业协同集聚对碳排放总量的作用检验。异质性检验结果如表10-13所示。

表 10-13　产业协同集聚对碳排放水平影响的行业异质性检验：直接效应

变量名称	行业类别				
	Ser_1	Ser_2	Ser_3	Ser_4	Ser_5
lnMAGGL	0.0886	0.1057**	0.3094***	0.0902**	0.1076**
	(0.0576)	(0.0494)	(0.0696)	(0.0446)	(0.0533)
lnPSAGGL	−0.2270***	−0.2626***	0.0337	−0.2290***	−0.2154***
	(0.0815)	(0.0849)	(0.0846)	(0.0672)	(0.0719)
lnCOAGGL	0.0633	0.0258	−0.1395***	0.0517**	0.0498
	(0.0492)	(0.0318)	(0.0444)	(0.0231)	(0.0433)
lnINNAC	0.0015	0.0012	0.0015	0.0026	0.0031
	(0.0074)	(0.0073)	(0.0069)	(0.0070)	(0.0073)
lnPGDP	0.0000	0.0000	−0.0000	0.0000	−0.0000
	(0.0000)	(0.0000)	(0.0000)	(0.0000)	(0.0000)
lnIIC	−0.0000**	−0.0000**	−0.0000***	−0.0000*	−0.0000***
	(0.0000)	(0.0000)	(0.0000)	(0.0000)	(0.0000)

续表

变量名称	行业类别				
	Ser_1	Ser_2	Ser_3	Ser_4	Ser_5
lnTIC	0.0098***	0.0076***	0.0096***	0.0086***	0.0084***
	(0.0025)	(0.0026)	(0.0024)	(0.0025)	(0.0025)
个体效应	控制	控制	控制	控制	控制
时间效应	控制	控制	控制	控制	控制
R-squared	0.0022	0.0001	0.0269	0.0425	0.0032
样本数	390	390	390	390	390

*、**和***分别代表在10%、5%和1%水平上显著；括号内为标准误

表 10-13 展示了不同类型产业协同集聚对碳减排影响的直接效应，不难意识到：首先，本地区交通运输、仓储和邮政业（Ser_1）、信息传输、计算机服务和软件业（Ser_2）与制造业的协同集聚对本地碳排放水平作用并不显著。其次，本地区金融业（Ser_3）与制造业协同集聚对本地碳排放水平的直接效应系数为−0.1395，且通过了1%的显著性水平检验。说明两业协同集聚能够促使制造业不断进行系统性和创造性活动或进行结构调整，降低了区域碳排放水平。再次，当地的碳排放水平受到租赁和商业服务业（Ser_4）与制造业的协同集聚的直接影响，其效应系数为0.0517，并且在5%的显著性水平检验中得到了通过。这个结果意味着两业协同集聚显著促进了区域碳排放水平的提升。最后，本地区科学研究、技术服务和地质勘查业（Ser_5）与制造业协同集聚对地区碳排放水平的作用并不显著。

不同类型产业协同集聚对本地碳排放水平影响的空间溢出效应如表 10-14 所示，可以发现：首先，周边交通运输、仓储和邮政业（Ser_1）制造业协同集聚对本地碳排放水平的抑制作用在10%水平上显著。两业协同集聚指数每增加1%，则削减本地碳排放水平0.5925%。其次，周边地区信息传输、计算机服务和软件业（Ser_2）与制造业协同集聚在5%的显著性水平上促进本地碳排放水平的提升。再次，周边地区金融业（Ser_3）与制造业协同集聚对本地碳排放水平的直接效应系数为−0.6217，且通过了5%的显著性水平检验。进一步地，周边地区租赁和商业服务业（Ser_4）与制造业协同集聚对本地碳排放水平的直接效应系数为0.4009，且通过了5%的显著性水平检验，说明两业协同集聚显著促进了区域碳排放水平的提升。最后，周边地区科学研究、技术服务和地质勘查业（Ser_5）与制造业协同集聚对本地区碳排放水平的促进作用在5%水平上显著。

表 10-14　产业协同集聚对碳排放水平影响的行业异质性检验：间接效应

变量名称	行业类别				
	Ser_1	Ser_2	Ser_3	Ser_4	Ser_5
lnMAGGL	0.6655	−0.2073	1.1027 **	−0.1421	−0.2927
	(0.4247)	(0.2727)	(0.4463)	(0.2696)	(0.3016)
lnPSAGGL	0.8891	−1.0704	1.8322 **	−0.1365	−0.3958
	(0.7056)	(0.7202)	(0.7318)	(0.5469)	(0.5869)
lnCOAGGL	−0.5925 *	0.6088 **	−0.6217 **	0.4009 **	0.6762 **
	(0.3534)	(0.2455)	(0.2627)	(0.1740)	(0.2815)
lnINNAC	−0.0776 ***	−0.0601 **	−0.0744 ***	−0.0781 ***	−0.0529 **
	(0.0290)	(0.0252)	(0.0280)	(0.0282)	(0.0255)
lnPGDP	−0.0000	−0.0000 *	−0.0000	−0.0000	−0.0000
	(0.0000)	(0.0000)	(0.0000)	(0.0000)	(0.0000)
lnIIC	−0.0000 **	−0.0000 *	−0.0000 ***	−0.0000	−0.0000 **
	(0.0000)	(0.0000)	(0.0000)	(0.0000)	(0.0000)
lnTIC	0.0486 ***	0.0368 ***	0.0437 ***	0.0350 ***	0.0331 **
	(0.0135)	(0.0124)	(0.0124)	(0.0127)	(0.0130)
个体效应	控制	控制	控制	控制	控制
时间效应	控制	控制	控制	控制	控制
R-squared	0.0022	0.0001	0.0269	0.0425	0.0032
样本数	390	390	390	390	390

*、** 和 *** 分别代表在 10%、5% 和 1% 水平上显著；括号内为标准误

10.3　产业融合对碳排放效率的影响

通过引入产业融合的概念，城市群可以更好地利用不同产业的协同效应，提高资源和能源的利用效率，从而降低碳强度。产业融合也可以促使城市群引入更多的绿色产业和技术，推动碳减排政策的实施。本节将先分析产业融合与碳排放效率之间的关系，探讨为何研究产业融合对于深入理解区域碳减排机理以及制定有效对策至关重要；之后通过耦合评价模型和超效率 SBM 模型来测度整合水平和碳排放效率（碳效率），并探讨两者的空间演化趋势和相关特征。在空间杜宾模型的基础上进一步分析和研究制造业与生产性服务业融合（产业融合）对碳效率的影响及存在的空间溢出效应。

10.3.1　方法和数据

10.3.1.1　评价体系构建

基于 Li 和 Zhao（2021）的研究，本节从产业规模、产业结构、区域优势和发展潜力四个方面构建了制造业与生产性服务业融合的指标体系，如表 10-15 所示。选择就业人数（法人单位数）、固定资产投资额和产业增加值来衡量产业规模。产业结构是用产值比例、就业人数比例和固定资产比例来衡量的。区位优势指数主要从产业是否属于优势产业的角度对产业进行评价，通过区位熵、比较利润税率或相对劳动回报率来衡量。发展潜力指数用增长率指数来衡量。

表 10-15　综合度评价指标体系

	一级指标	二级指标	计算方法
制造业	产业规模	就业人数	制造业就业人数
		固定资产投资额	制造业固定资产投资额
		产业增加值	制造业增加值
	产业结构	产值比例	制造业增加值/第二产业增加值
		就业人数比例	制造业就业人数/第二产业就业人数
		固定资产比例	制造业固定资产投资额/第二产业固定资产投资额
	区位优势	区位熵	（地区制造业从业人员/地区所有产业从业人员）/（全国制造业从业人员/全国所有产业从业人员）
	发展潜力	比较利税率	（地区制造业利税总额/地区制造业总产值）/（全国制造业利税总额/全国制造业总产值）
		产值增长率	（制造业增加值–前一年制造业增加值）/前一年制造业增加值
		资产增长率	（资产总计–前一年资产总计）/前一年资产总计
		利润增长率	（利润总额–前一年利润总额）/前一年利润总额
生产性服务业	产业规模	法人单位数	法人单位数
		产业增加值	生产性服务业增加值
		固定资产投资额	生产性服务业固定资产投资额
	产业结构	产值比例	生产性服务业增加值/第三产业增加值
		就业人数比例	生产性服务业就业人数/第三产业就业人数
		固定资产比例	生产性服务业固定资产投资额/第三产业固定资产投资额

续表

一级指标	二级指标	计算方法
区位优势	区位熵	（地区生产性服务业从业人员/地区所有产业从业人员）/（全国生产性服务业从业人员/全国所有产业从业员）
	相对劳动报酬率	（地区生产性服务业就业人员工资总额/地区就业人员工资总额）/（全国生产性服务业就业人员工资总额/全国就业人员工资总额）
发展潜力	就业人数增长率	（当年从业人员数—前一年从业人员数）/前一年从业人员数
	增加值的增长率	（行业增加值—前一年行业增加值）/前一年行业增加值
	固定资产投资增长率	（固定资产投资额—前一年固定资产投资额）/前一年固定资产投资

生产性服务业

10.3.1.2 耦合评价模型

耦合评价模型能够真实地反映两个或多个系统之间的协调程度，同时耦合评价模型可以避免人为和主观等相关因素的干扰，因此可以使各种复杂情况的评价结果更加客观有效。耦合评价模型中可以得到耦合度，耦合度的主要作用是反映系统之间相互作用和相互影响的强弱。本节采用耦合评价方法对制造业与生产性服务业的整合程度进行测度，如式（10-12）所示：

$$C_{ij} = 2\left[\frac{U_i U_j}{U_i + U_j}\right]^{\frac{1}{2}} \tag{10-12}$$

式中，i，$j=1$，2，$i=j$。U_i 表示制造业子系统，U_j 表示生产性服务业子系统，C_{ij} 表示制造业与生产性服务业的耦合度，取值为 [0，1]，取值越大时，就意味着两者之间的耦合度越高。同时，与耦合度模型相比而言，耦合协调度则能更好地对系统间交互耦合的协调程度进行评价，因此对耦合协调度的进一步评价是非常必要的。耦合协调度函数表示为式（10-13）和式（10-14）：

$$D_{ij} = \sqrt{C_{ij} T_{ij}} \tag{10-13}$$

$$T_{ij} = \alpha U_i + \beta U_j \tag{10-14}$$

式中，D_{ij} 表示制造业与生产性服务业的耦合协调，其值在（0，1）之间；T_{ij} 是反映制造业与生产性服务业整体协同效应的综合评价指标。由于制造业和生产性服务业在分类中是具有相同重要程度的两个子系统，因此决定系数为 $\alpha = \beta = 0.5$。判断系统的耦合程度是依据耦合配合度的取值来进行的，而所依据的判断标准则如表 10-16 所示。

表 10-16 耦合和协调度的评价标准

D 值区间	耦合协调等级分类标准	
	程度	耦合协调度
(0~0.2)	1	极端的失调
[0.2~0.4)	2	轻度失调
[0.4~0.6)	3	中间协调
[0.6~0.8)	4	良好的协调
[0.8~1.0)	5	质量协调

10.3.1.3 超效率 SBM-DEA 模型

效率评估中常用的一种方法是 DEA。建立一个超效率的 SBM-DEA 可以有效地处理输出指标中的浪费。与资源投入少的技术相比,预期产出多而非期望产出少的技术被认为是有生产力的。该模型计算出的碳排放效率值大于 1,可以对效率值大于 1 的决策单元进行排序。效率值大于 1 的意义在于,当投入指标的比例同时增加时,可以衡量 DEA 的有效性。具体模型形式如式(10-15)和式(10-16)所示:

$$\text{Min }\theta^* = \frac{\dfrac{1}{m}\sum\limits_{i=1}^{m} x'/x_{ik}}{\dfrac{1}{r+p}\left(\sum\limits_{s=1}^{r1} y^d y_{sk}^d + \sum\limits_{q=1}^{r2} y^u y_{qk}^u\right)} \tag{10-15}$$

$$\text{s. t}\begin{cases} x' \geqslant \sum\limits_{j=1,\neq k}^{n} x_{ij}\lambda_j; y^d \leqslant \sum\limits_{j=1,\neq k}^{n} y_{sj}^d \lambda_j \\ \lambda_j \geqslant 0 \\ i=1,2,\cdots,m; j=1,2,\cdots,n \\ s=1,2,\cdots,r; q=1,2,\cdots,p \end{cases} \tag{10-16}$$

式中,θ^* 表示碳排放效率,n 表示 DMU 数量,x 表示投入指标,y^d 为期望产出,y^u 为非期望产出。在碳排放效率测度中,以固定资本存量、劳动力投入和能源投入作为碳排放效率评价的投入指标,以 GDP 作为预期产出,以区域二氧化碳排放量作为意外产出。

10.3.1.4 空间自相关检验

空间自相关是指在同一分布区域内某些变量观测数据的潜在相互依赖性。它主要用于衡量空间聚集程度,Moran's I 可以验证这一点。全局自相关和局部自相关具有不同的影响。度量整个区域内不同属性值的空间特征一般采用全局自相关来进行。而验证相邻空间单元属性的相似性和差异性主要使用局部自相关。

全局 Moran's I 公式如式（10-17）所示：

$$\text{Moran's I} = \frac{\sum_{i=1}^{n} \sum_{j=1}^{n} \omega_{ij}(Y_i - \bar{Y})(Y_j - \bar{Y})}{S^2 \sum_{i=1}^{n} \sum_{j=1}^{n} \omega_{ij}} \tag{10-17}$$

式中，$S^2 = \frac{1}{n}\sum_{i=1}^{n}(Y_i - \bar{Y})^2$；$\bar{Y} = \frac{1}{n}\sum_{i=1}^{n} Y_i$；$Y_i/Y_j$ 表示 i/j 省的观测值；n 是省的总数；ω_{ij} 是第 i 行，第 j 列的空间权重矩阵的元素。

局部 Moran's I 公式如式所示（10-18）：

$$I_i = \frac{(x_i - \bar{x})}{s^2} \sum_j \omega_{ij}(x_j - \bar{x}) \tag{10-18}$$

式中，x_i/x_j 表示 i/j 省的观测值。正的 I_i 表示该单元的空间属性与其相邻单元（H-H 或 L-L）相似；而负的 I_i 表示该单元的空间属性与相邻单元（H-L 或 L-H）的空间属性不同。

10.3.1.5 空间杜宾模型

空间测量模型可以解决由空间自相关引起的偏差和参数估计无效的问题。它还可以系统地考虑空间自相关和空间溢出效应。本节采用空间 Durbin 模型（SDM）评估产业融合对碳效率的影响，如式（10-19）所示：

$$\text{CEE}_{it} = \alpha + \rho W\text{CEE}_{it} + \beta\text{IMP}_{it} + \varphi W\text{IMP}_{it} + \theta X_{it} + \mu_i + v_t + \varepsilon_{it} \tag{10-19}$$

式中，CEE_{it} 是此公式的核心解释变量，表示区域 i 在 t 时期的碳排放效率；IMP_{it} 是表示 i 地区制造业与生产性服务业在 t 时期一体化水平的解释变量；α 表示常数项；ρ 和 φ 分别为两产业碳排放效率和趋同水平的空间滞后系数；W 是基于 queen 临近计算的二值空间权矩阵；X_{it} 是一系列控制变量；μ_i 和 v_t 分别表示个体固定效应和时间固定效应；ε_{it} 表示随机扰动项。

根据 Li 和 zhao（2021）的相关研究，本节确定了使用以下六个变量作为控制变量。首先，以人均 GDP 衡量经济发展水平（GDP）；用工业污染治理完成投资与工业增加值之比来衡量环境规制强度（ER）；以国有及国有控股工业企业主营业务收入与规模以上工业企业主营业务收入之比衡量产权结构；以进出口总额占国内生产总值的比例衡量对外开放水平（OPEN）；以区域煤炭消费占总能源消费的比例衡量能源消费结构（ENST）；以每万人获得专利数量表示区域创新水平（INNO）。

本节将 30 个省份划分为东部、南部、中部、北部、西北、西南和东北 7 个区域。生产性服务业分为房地产，租赁和商务服务，信息传输和计算机软件，交通运输、仓储和邮政，金融，科学研究和技术服务，批发和零售等七大行业，以此来研究产业融合的空间和区域分布特征。

10.3.2　产业融合的空间分布特征

2005～2019 年 30 个省份的平均融合程度以及 7 个地区制造业与不同生产性服务业的融合程度如图 10-4 所示。从各省的平均融合程度可以看出，上海、广东、浙江、江苏等处于中国东部地区的省份平均融合程度较高，而中西部地区的融合程度相对较低。各地区制造业与交通运输、仓储和邮政业，批发和零售业的融合程度普遍较高，而与信息传输和计算机软件业、科学研究和技术服务业的融合程度相对较低。东部地区制造业与不同生产性服务业的融合总体上处于协调水平，而其他大部分地区则处于不平衡水平。西北、东北地区传统制造业比例较大，与生产性服务业的子产业融合程度差距较大。华中、华北、华南一体化程度由于经济发展水平相近因此差距较小。

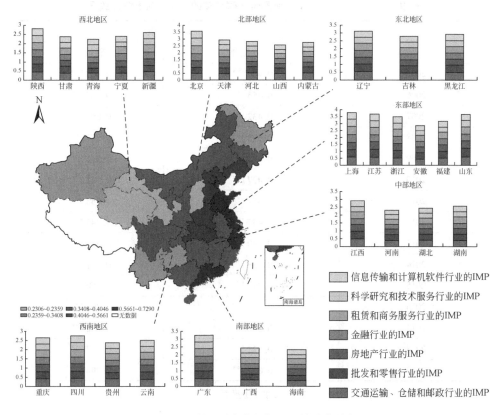

图 10-4　产业融合的空间和区域分布特征

注：本研究暂缺西藏、香港、澳门和台湾数据

由于外部规模经济和范围经济的影响，产业集聚具有明显的空间溢出效应。因此，有待进一步探讨制造业与生产性服务业融合对碳排放效率影响的空间溢出效应。

10.3.3　产业融合与碳排放效率的空间相关性

为了检验产业融合与碳效率之间的空间相关性，分别使用全局 Moran's I 指数和二元局部自相关模型来讨论全局自相关和局部自相关。从表 10-17 可以看出，在研究期间，两个行业的 Moran's I 均为正，且均通过了 1% 的显著性检验。2013年以来，空间集聚逐渐减弱，但仍处于较高水平。研究期间，碳排放效率的Moran's I 也为正，稳定在 0.3 左右。总体而言，在所有研究时期，产业融合和碳效率都表现出相对显著的空间集聚特征。

表 10-17　2005～2019 年产业融合和碳效率的 Moran's I 统计数据

年份	Moran's I 指数	
	产业融合	碳效率
2005	0. 444 ***	0. 307 ***
2006	0. 453 ***	0. 307 ***
2007	0. 432 ***	0. 292 ***
2008	0. 398 ***	0. 281 ***
2009	0. 423 ***	0. 356 ***
2010	0. 427 ***	0. 362 ***
2011	0. 434 ***	0. 355 ***
2012	0. 437 ***	0. 343 ***
2013	0. 390 ***	0. 317 ***
2014	0. 338 ***	0. 291 ***
2015	0. 340 ***	0. 238 **
2016	0. 343 ***	0. 298 ***
2017	0. 338 ***	0. 292 ***
2018	0. 323 ***	0. 294 ***
2019	0. 312 ***	0. 294 ***

*、** 和 *** 分别代表在 10%、5% 和 1% 水平上显著

为了更清晰地区分产业融合和碳效率的高低值是否在空间上集中，本节采用二元局部自相关建立二元局部 Moran 散点聚类，将其分为高–高（H-H）、低–低

（L-L）、高–低（H-L）和低–高（L-H）四种聚类类型，结果如图 10-5 所示。这表明，H-H 型省份的数量呈现明显上升趋势，从 2005 年的 3 个增加到 2019 年的 7 个，且主要集中在东部地区。H-H 型省份意味着两业融合程度高，碳效率高。2005～2019 年，L-L 型省份数量逐渐减少，且主要集中在中西部地区。随着制造业与生产性服务业一体化政策的逐步实施，碳排放效率水平不断提高，这说明产业融合的政策效果是显著的。此外，随着年份的增长，L-H 型和 H-L 型省份的数量越来越少。

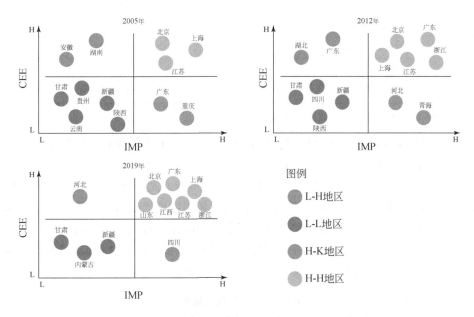

图 10-5   2005 年、2012 年和 2019 年产业融合和碳效率的二元 Moran 散点聚类

10.3.4   产业融合对碳排放效率影响的空间效应

为了确定哪种计量模型最适合使用，使用 LM 检验、Wald 检验、LR 检验和 Hausman 检验来区分，所得到的结果如表 10-18 所示。首先，通过 LM 检验表明，空间滞后模型（SLM）和空间误差模型（SEM）的假设应该被拒绝。其次，使用 Wald 检验和 LR 检验进一步确定 SDM 是否可以降级为 SLM 或 SEM。LR- Lag、LR-Error、Wald-Lag 和 Wald- Error 检验均在 1% 显著水平上拒绝原假设，表明 SDM 优于 SLM 和 SEM。此外，Hausman 检验在 5% 显著性水平下拒绝原假设。因此，本节为了分析产业融合对碳效率的影响，采用固定效应空间 Durbin 模型。

表 10-18　模型检验结果

校准方法	特征值
LM-Lag test	16.143 ***
Robust LM-Lag test	23.231 ***
LM-Error test	2.221 ***
Robust LM-Error test	9.308 ***
LR-Lag test	17.850 ***
Wald-Lag test	3.810 ***
LR-Error test	19.34 ***
Wald-Error test	16.480 ***
Hausman test	11.930 **

＊、＊＊和＊＊＊分别在10%、5%和1%时显著

以确保SDM的稳健性为目的，将OLS、SLM和SEM所得到回归结果进行对比。从表10-19的回归结果可以看出，产业融合对碳效率产生显著的正向影响。产业融合每增加1%，碳排放效率将提高0.473%。此外，产业融合对碳效率的空间溢出效应显著为正，表明产业融合促进了相邻区域的碳效率。从控制变量来看，经济发展水平、产权结构和区域创新水平不同程度地促进了碳排放效率的提高，并表现出正的空间溢出效应。环境规制强度、对外开放水平和能源消费结构系数均显著为负，抑制了区域及邻区碳排放效率的提升。

表 10-19　模型回归结果

变量	OLS	SLM	SEM	SDM
ln IMP	0.394 *** (7.90)	0.367 *** (2.99)	0.372 *** (3.00)	0.473 *** (2.79)
ln GDPper	0.072 *** (5.49)	0.132 *** (9.23)	0.130 *** (9.61)	0.095 *** (8.59)
ln ER	−0.045 * (−1.74)	0.028 * (−1.92)	0.031 * (−1.83)	−0.023 * (−1.89)
ln STRUC	0.153 ** (2.20)	0.129 ** (2.46)	0.127 ** (2.53)	0.132 ** (2.36)
ln OPEN	−0.378 *** (−3.19)	−0.103 *** (−2.80)	−0.110 *** (−3.03)	−0.085 *** (−2.78)
ln ENST	−0.377 *** (−8.07)	−0.043 ** (−2.04)	−0.038 ** (−2.42)	−0.054 ** (−2.26)

续表

变量	OLS	SLM	SEM	SDM
ln INNO	0.082***	0.091***	0.087***	0.126***
	(5.86)	(6.10)	(5.97)	(4.25)
W * ln IMP	—	—	—	0.097***
				(3.51)
W * ln GDPper	—	—	—	0.036**
				(2.43)
W * ln ER	—	—	—	−0.036*
				(−1.95)
W * ln STRUC	—	—	—	0.074**
				(2.18)
W * ln OPEN	—	—	—	−0.069**
				(−2.35)
W * ln ENST	—	—	—	−0.120**
				(−2.19)
W * ln INNO	—	—	—	0.035**
				(2.24)
Constant	1.255***	—	—	—
ρ	—	0.103	—	0.103
		(1.64)		(1.45)
Sigma	—	0.003***	0.003***	0.003***
		(14.96)	(14.99)	(14.96)
R^2	0.534	0.139	0.145	0.156
LogL	—	635.9164	635.1732	644.842

*、**和***分别在10%、5%和1%时显著,标准误差在括号内

空间溢出效应的存在,使得空间杜宾模型的系数难以直接反映产业融合对碳效率的边际效应,因此,本节从直接效应、间接效应和总效应三个方面对两大产业对碳排放效率的空间溢出效应进行分析。分析结果如表10-20所示。对于局部地区,产业融合对碳效率的直接影响显著为正。产业融合可以实现资源、要素、市场的深度整合与共享,提高了产能利用水平,节约生产投入成本,提高绿色发展水平,进一步使得碳排放效率提高。同时,经济发展水平对碳排放效率起到显著正向影响。经济发展水平每提高1%,碳排放效率就提高0.123%。环境调控强度系数在10%时显著为负。由于中国环境监管强度不足,污染监管效率较低,企业逃避环境监管的成本很低,这使得终端治理模式难以有效控制污染排放。产

权结构对碳排放效率的影响是显著且正向的，说明产权结构优化可以使部门资源配置机制得到进一步改善，资源配置和利用效率得到进一步提高。能源转移在高生产率部门和低生产率部门之间的实现将在提高碳效率方面有较大帮助。对外开放对碳效率具有的是负面的影响，产生这个结果的原因可能是中国在一段时间内处于国际产业链分工的低端，导致这一时期的中国存在生产效率低、碳排放强度高的特征。区域创新水平系数为正，说明区域创新带来的技术水平的提高在一定程度上促进了碳排放效率的提高。

表 10-20　SDM 的直接影响和间接影响

变量	直接效应		间接效应		总效应	
	coefficient	Z	coefficient	Z	coefficient	Z
ln IMP	0.418***	2.80	0.141***	2.74	0.559***	2.86
ln GDPper	0.092***	8.30	0.031***	6.34	0.123***	7.21
ln ER	−0.021*	−1.89	−0.031*	−1.72	−0.052*	−1.65
ln STRUC	0.126**	2.27	0.061**	2.01	0.187**	1.99
ln OPEN	−0.071***	−2.59	−0.057***	−2.93	−0.128***	−2.79
ln ENST	−0.033**	−2.33	−0.130**	−2.17	−0.163**	−2.53
ln INNO	0.092***	3.22	0.043***	3.14	0.135***	4.06

*、**和***分别在10%、5%和1%时显著

　　间接效应方面，周边地区产业融合在一定程度上可以促进当地碳排放效率。一方面，产业融合在周边地区带来的信息和知识溢出，可以有效刺激节能环保技术的研发。另一方面，产业融合吸引了更多的低碳专业人才和国外环保产业，提升了整个地区的产业价值，带来了新的发展机遇。经济发展水平的溢出效应可以提高周边地区的发展速度，形成周边覆盖圈的发展，在资金、人才、技术等方面具有传导优势。环境监管强度的提高可能导致碳排放的转移，形成污染天堂假说现象，对相邻区域的碳排放效率产生一定的负面影响。产权结构存在正的空间溢出效应，国有率的提高和产业结构的合理化调整对环境污染治理具有综合的正向影响。对外开放程度的提高不仅会显著增加当地的碳排放，还会加剧周边地区对投资的竞争，进一步导致碳排放增加。同时煤炭存在利用效率低，碳排放量大的特点，能源消费结构的更新将加速能源消费的增长，碳排放综合系数较大。碳排放需求在这种双重效应下会不断积累，并对相邻区域的碳排放效率产生负面影响。区域创新水平的提高对区域内碳排放效率的提高具有显著的促进作用，并且由于技术溢出效应的存在，对相邻区域碳排放效率的提高也会产生影响。

　　由于不同地区在资源储量、发展环境和政策法规等方面存在较大差异，两产

业的整合水平和碳排放效率存在区域异质性。东部地区相对于中西部地区在很多
方面都具有较大优势，具有更高的技术和市场竞争水平，制造业和投资服务业带
来的资源优化和技术创新能够被更充分地吸收。这使得价值链的促进作用和服务
业的竞争效应在制造业与生产性服务业的融合中更加明显。以往的相关研究对
"两业"融合对碳排放效率影响的异质性研究较少，更多关注影响的存在与否，
研究结论具有一定的局限性，实际指导意义有所欠缺，需要充分考虑区域异质性
和行业异质性。不同地区发展水平和产业结构的差异导致产业融合对碳效率的影
响在不同地区存在差异。因此，本节将中国划分为东部、中部、西部三个区域，
分析各区域产业融合对碳效率的影响差异。

10.3.5 异质性分析

东部、中部和西部的区域产业融合对碳效率的异质性分析结果如表 10-21 所
示。本节研究的三个区域的产业融合对碳排放效率均具有为正且显著的直接影
响，但间接影响和总影响存在差异。具体而言，产业融合在东部和中部地区的间
接影响不显著，而产业融合在西部地区的间接影响为正且显著。东部和中部地区
在总体效应上小于西部地区。产业融合的碳排放效率提升效果呈边际递减趋势，
且随着一体化水平的提高而递减。制造业与生产性服务业的早期融合主要集中在
东部发达省份。大量的资本、人才、科技等因素涌入，在技术溢出效应和知识溢
出效应的基础上，东部地区得以快速提升区域碳排放效率。同时，中部地区连接
东西，工业基础良好。随着中部地区崛起战略的实施，创新链和产业链实现了高
效整合。因此，中部地区相较于西部地区具有更高的碳排放效率，而对于增强效
果来说，中部地区则小于西部地区。鉴于西部地区在经济发展水平上相较于其他
地区较为滞后，其主要产业依旧以传统制造业为主导，这导致了制造业与生产性
服务业的融合进程较为缓慢，融合水平相对不高，维持了高碳高产的发展模式。
因此，西部地区的区域整体碳排放效率较低，在此背景下，产业融合对于提升西
部地区的碳排放效率具有尤为关键的促进作用，并且这一效应还显著地展现出空
间上的外溢性，即能够惠及更广泛的地理区域。

此外，本节将生产性服务业分为传统生产性服务业（交通运输、仓储和邮政
业，批发和零售业，房地产业，金融业）和新兴生产性服务业（租赁和商务服
务业，科学研究、技术服务和地质勘查业，信息传输、计算机服务和软件业）。
制造业与传统或新兴生产性服务业融合程度加深对碳排放效率增长的直接和间接
影响均为正的显著效应。也就是说，制造业与传统生产性服务业的融合对碳排放
效率具有更大、更显著的提升作用。中国新兴生产性服务业具有起步较晚、基础

薄弱、发展水平不高以及与制造业的融合程度不高的特点，因此碳排放效率的提升力度较弱。目前总体处于价值链的低端的中国制造业，是以生产加工制造业为主，对传统生产性服务业具有较高和较强的依赖，更容易促进中间服务业的规模经济，具有较强的空间溢出效应。

表 10-21 区域和行业异质性估计结果

项目		东部地区	中部地区	西部地区	传统的生产商服务	新兴生产性服务业
ln IMP	直接效应	0.394*** (2.87)	0.441*** (−0.98)	0.505*** (4.18)	0.421*** (4.98)	0.345*** (3.29)
	间接效应	−0.058 (−1.23)	−0.032 (−0.98)	0.137*** (3.56)	0.146*** (5.12)	0.117*** (4.21)
	总效应	0.336*** (2.97)	0.409*** (3.13)	0.642*** (4.42)	0.567*** (5.76)	0.462*** (5.28)

*、**和***分别在10%、5%和1%时显著，标准误差在括号内

10.4 政策建议

根据上述结论，本节提出以下几点政策建议。

第一，优化区域内产业布局。各地政府应考虑产业类型、地理位置、要素禀赋等方面的不同，因地制宜地促进产业在空间上的集聚，实现各地区产业集聚差异化演进与发展，而不要"为集聚而集聚"。在产业集聚类型的选择上，各地政府应提前把握好区域功能定位和产业发展现状，充分考虑当地单一产业集聚和产业协同集聚对碳排放水平的影响。由于生产性服务业集聚对区域碳排放水平有显著的抑制作用，建议大力发展单一产业集聚中的生产性服务业集聚，以促进地区产业优化升级，降低区域的碳排放水平，从而在以碳达峰和碳中和为伟大愿景的新征程上迈出新步伐，推动国家伟大事业蓬勃发展。产业结构对城市的全面发展影响深远，以实际情况为出发点，强化战略导向和做好规划部署。由于产业结构对碳排放的影响逐渐增强，而中国西部部分省份的产业结构与碳排放有时呈现出负相关关系，表明产业结构对碳减排具有门槛效应。因此，针对西部的部分省份如新疆、青海等地，在把第三产业发展摆在突出位置和提高第三产业经济地位的同时，应重视低碳工业和现代服务业的发展，并减少对诸如钢铁、石化工业等资本密集型工业的过度依赖。而对于中部和东部地区，高科技产业应是地方政府的重点鼓励对象，还要培育信息产业等低能耗产业，摆脱制造业落后产能的局面。此外，考虑到能源强度是降低碳排放量的最大因素，因此，政府应当转变当前以

煤炭为主的能源结构，限制高耗能产业发展，鼓励企业在生产过程中使用低碳能源，并采取积极措施引进和开发新技术、搜索和应用高效的可再生能源。同时，在制定政策时，要注意尽可能地减少能源反弹效应带来的负面影响。

第二，促进城市群内各城市政府的联合行动。首先，考虑基础设施的正外部性，建议在内部建立更通畅的交通网络以便于实现不同产业间地理和技术上的"邻近"，以及避免创新要素在市场上流动的拥挤。其次，在人才战略方面，建议制定区域一体化的人才引进和人才交流政策，方便各地各行业个体间的思想碰撞，从而催生新知识、新技术、新产品。另外，在区域一体化发展方面，应充分考虑区域创新绩效在产业集聚对碳排放水平影响中起到的中介作用。由于不同城市群之间的区域经济差距较大，且不同地区的自然环境、地域文化、发展基础都不尽相同，因此，建议中央政府根据不同城市群的发展现状和未来规划，针对性地优化城市群的空间结构。各地方政府也应突破地域限制，建立政策、组织、人员、信息和行动的联动机制，实现生态共建和环境共治。政府间应做好分工协作，优化资源配置，加强城市群碳排放目标控制，实现一体化低碳发展与区域碳平衡。以长江中游城市群为例，政府可从交通和工业两个方面加强以武汉、长沙、合肥、南昌为核心的多中心结构，还可建立以四个中心为换乘枢纽的两小时交通圈，突破省级壁垒，进而促进碳减排。

第三，促进部分生产性服务业与制造业在产业链上的互补和在价值链上的共享。由于行业特征决定协同集聚是否可以对区域碳排放产生积极影响，研究结果表明本地区周边交通运输、仓储和邮政业及金融业与制造业协同集聚对本地区碳排放有抑制作用，各地政府在制定区域创新政策和区域产业政策时，应着重考虑促进以知识密集型为主要特征的生产性服务业与制造业的协同集聚，致力于形成两业双轮驱动的碳减排效应。考虑到集聚的外部性会通过规模经济、范围经济、技术经济等效应给城市群带来发展的机遇，因此，国家可通过加大力度促进城市群的建设，进而带动区域协调发展。由于经济集聚随着城市群的发展，对碳强度表现出抑制作用，因此政府应着重发展城市群经济，促进区域融合，但要注意针对不同发展阶段制定适宜的政策。例如，对正处于发展中期的城市群而言，政府可以通过建设产业园的方式加快城市间的要素流动，适当给予政策扶持，在提高经济集聚水平的同时避免过度集聚。对处于发展后期甚至是发达阶段的城市群，政府应充分发挥正空间溢出效应，建立设施共享机制，推动城市间合作集聚，带动周边区域发展。同时，政府可借助市场的力量，加速碳交易市场的建立与规范，引入市场化机制的同时完善相关法规，促使企业加大节能研发力度、加快能耗转型升级。政府还应做好宣传工作，以公益活动、知识竞赛等方式让环保意识深入人心，带动全社会节能减排，倡导全民共建低碳绿色的环境友好型社会。此外，随着城镇化率的不断攀升，也应时刻关注城镇化发展的质量，政府要坚持可持续发展的低碳道路，以质的增长而非量的增长为重点，坚持绿色发展理念，推动经济的高质量发展。

第四，因地制宜推进"两业"融合。在我国，制造业与服务业的融合程度以及碳排放效率的提升空间都比较大。各区域应根据自身情况寻找适宜的制造业与服务业融合模式。对于东部地区，应进一步推动制造业与新兴生产服务业的融合，助力制造业向高端绿色方向发展，加快升级产业结构。中西部地区的碳排放效率和制造业与服务业的融合程度都有待提高。西部地区应加快产业供应链管理平台和产业互联网的建设。政府应加快培育在细分领域中具有多种专业的新企业，并采取有效措施，持续促进企业参与该平台，激发综合发展的活力。企业应加快数字化转型，努力成为服务型的制造示范企业。例如，工业部门可以推出全寿命智能设计制造和云服务系统平台，为努力实现"保姆式"的工业服务提供支持。中心区域要加强龙头企业与中小企业的合作，共同培育和整合生态链。同时，政府应进一步加强对人力和财政资源的支持，以扩大制造业服务的边界。支持东中西部区域合作示范区的优质发展，相关省、市需要努力为示范区创建优良的法治环境和文明生态环境。在国家有关部门的帮助下，示范区将在用地政策、财税政策、产业政策和金融服务体系建设等领域获得大力支持。这将有利于推动东中西区域的协调发展，从而更有效地提高我国整体经济水平。

10.5 本章小结

本章首先对产业集聚、产业融合、区域创新和碳排放几个概念之间的理论关系进行了分析；其次，以长江三角洲城市群 26 个城市的制造业和生产性服务业作为研究对象，测度并分析了该区域 2005~2019 年产业集聚、创新绩效现状及时空演变趋势。将单一产业集聚和产业协同集聚纳入统一分析框架，运用 SDM 同时考察和对比了两者对区域碳排放水平的差异性影响，并选取制造业与生产性服务业两种产业，考察了制造业集聚、生产性服务业集聚和制造业-生产性服务业协同集聚对长江三角洲城市群碳排放水平的不同作用效果与影响机制，同时考虑了区域创新绩效在其中所起到的中介作用。在产业集聚对碳排放影响的部分，本章重点关注产业协同集聚对区域碳排放水平的直接效应和空间溢出效应，并进一步探究行业异质性视角下的产业协同集聚效应，探究何种产业协同集聚类型更适合长江三角洲城市群的功能定位，更有利于促进该区域碳排放水平降低。

最后，本章通过耦合评价模型和超效率 SBM 模型来测度整合水平及碳排放效率，并探讨两者的空间演化趋势和相关特征，研究了产业融合对碳效率的影响及其存在的空间溢出效应。产业融合对碳效率具有显著的正向直接效应和溢出效应，表明一体化不仅能带动区域内碳排放效率的提升，也能促进周边地区碳排放效率的提升。同时，研究发现产业融合对碳效率的影响存在区域和行业异质性。进出口贸易对碳效率的总影响在西部地区大于东部和中部地区，且西部地区的空间溢出效应更为显著。制造业与生产性服务业的融合可以在提高碳排放效率方面有着更大的作用，并表现出较强的空间溢出效应。

第 11 章   研究结论和研究展望

11.1   主要研究结论

11.1.1   城镇化发展对碳排放的影响

1) 在城镇化区域差异对碳排放的影响研究中,本书将中国 30 个省份以城镇化和碳排放两个标准分为了 4 个区域,以此为研究对象分析了不同区域人口和人均 GDP、能源强度和产业结构、城镇化等因素对碳排放量的影响。LU-LC 地区人口和人均 GDP 对碳排放的影响高于其他三个地区,随着经济的快速发展,该地区人口粗放增长对碳排放的影响明显高于其他地区;能源强度对碳排放有正向影响,其中 HU-HC 和 HU-LC 地区影响更大;城市化对碳排放的影响存在地区差异,城市化发展能够抑制 HU-LC 地区的碳排放,却会促进 LU-HC 地区的碳排放;第三产业比例对 HU-LC 和 LU-HC 地区的碳排放量有显著的负向影响,说明产业结构调整升级对于减少碳排放非常重要。

2) 在城镇化质量差异对碳排放的影响研究中,本书以 2005 年、2010 年、2015 年和 2020 年中国 30 个省份的截面数据作为研究对象,构建了城镇化发展质量综合评价指标体系,利用综合评价方法评估城镇化发展质量,借助地理加权回归模型分析城镇化发展质量的时空差异和对碳排放的影响。研究结果表明,城镇化质量存在显著的时空差异,且对于大多数省份碳排放量都具有显著的抑制作用,但与新疆、青海、甘肃等地区的碳排放之间呈现正相关关系,且中部地区和西部地区城镇化质量对碳排放的影响大于东部地区。其他变量中,能源强度对碳排放量的正向影响最大,是减少碳排放量的最大因素。产业结构除在 2005 年与 2010 年的部分省份中表现出对碳排放的负向影响外,在其他年份的各个省份中均表现出对二氧化碳排放的正向影响。

11.1.2   中国城市差异对碳排放的影响

1) 在城市规模差异对碳排放的影响研究中,本书根据 2019 年城市常住人口数量对中国的各地级市进行分类,探讨城市规模与人均碳排放之间的关系在不同等级城市之间是否存在差异。在分析城市规模指数的时空变化时,发现 2003~2019 年,中国城市规模出现波动增长态势,各地区城市规模指数整体呈现显著上升,到了 2019 年,中国城市绝大多数是中高层城市。以人口规模和综合经济水平为划分城市的标准,发现城市规模指数与人均碳排放量之间的关系,在中小城市呈现倒 U 型关系,在大城市和特大城市呈现 U 型关系。

2)在城市类别差异对碳排放的影响研究中,本书评估了中国各地级市在 2006~2020 年期间的碳排放效率,探讨了不同类型城市和地区碳排放效率驱动因素之间的差异,以揭示城市碳排放效率的空间分布特征和减排潜力的异质性。分析结果表明,能源消耗、地区生产总值、空间面积和人口规模是影响整体碳排放效率异质性的关键因素。在能源依赖型城市、经济发展型城市和低碳潜力型城市,能源消费的影响最大,且对中部地区城市的影响大于东部和西部地区。在低碳增长型城市中,科技创新、城市绿化和电力消费在促进绿化和低碳发展方面发挥着重要作用。

11.1.3 中国城市低碳发展质量评价

在对城市低碳发展质量进行评价时,本书从经济、社会、城市规划、能源利用和环境等角度建立了城市低碳发展质量评价指标体系,根据 TOPSIS 法计算的低碳发展质量得分,将中国各地级市分为 4 个等级。结果表明,质量较好和中等较好的城市主要集中在中部地区和东部地区,而西部地区没有质量较好的城市。这些城市低碳发展质量平均得分是 0.242,其中质量较好城市的平均得分是质量较差城市的 3 倍。此外,本书还应用障碍分析模型计算了各个城市的障碍度,识别了主要障碍因素。结果发现,低碳经济、低碳社会和低碳环境是制约城市低碳发展质量的主要障碍,而城市规划和能源利用的影响相对较弱。

11.1.4 城市群空间结构对碳排放的影响

本书从人口和经济角度,运用等级规模法则计算了中国六个主要城市群的空间结构指数,采用 GTWR 模型分析不同城市群空间结构对碳排放影响的时空差异。研究结果显示,各城市群的碳排放量和空间结构存在明显的异质性,对比各城市群的碳排放量发现,长江三角洲城市群、京津冀城市群和中原城市群的碳排放量远远高于其他三个城市群;对比各城市群的空间结构发现,2019 年成渝城市群、珠江三角洲城市群呈现单中心结构特征,其他四个城市群呈现多中心特征。随着时间的演化，城市群空间结构对于同一区域碳排放的贡献系数呈现出明显的正负和强度变化，空间结构对长江三角洲城市群和珠江三角洲城市群碳排放的影响经历了从正到负的过程，对京津冀城市群和长江中游城市群碳排放的影响经历了从负到正的过程，对成渝城市群和中原城市群碳排放一直保持负向影响。

2）以京津冀城市群、长江三角洲城市群和珠江三角洲城市群为例，分析城市群的碳排放空间关联网络结构特征。以全局网络结构的个性为出发点，京津冀城市群网络密度最小，网络效率较高，网络等级度不断波动且出现回跌现象，这意味着城市与城市的地位趋于平等化，城市群内部碳排放的相互作用得到了强化。当京津冀城市群的网络等级度呈现跌落迹象时，网络效率较高，这意味着城市群内部城市之间碳排放的相互作用不再受到城市传统行政等级的约束，因此碳排放相互作用的巩固和增强指日可待。长江三角洲城市群网络密度最大，网络效率和网络等级度却相对较小，说明其空间网络不易受到外界干扰，城市之间的碳排放非常容易相互影响；珠江三角洲城市群网络密度较小，网络效率在 0.75 附近浮动，且网络等级度较高，说明该城市群亟须一个畅通渠道实现其内部的交融沟通和合作共赢，进而强化城市群内部的碳排放联系，实现协同减排。

3）利用双向固定效应模型实证分析了 2006~2019 年中国城市群空间结构对绿色发展指数的影响，探讨了其作用机制以及对不同类型城市群的异质性影响。研究结果表明，中国多数城市群目前是多中心空间结构，但有向单中心空间结构转变的趋势；城市群空间结构指数和绿色发展指数之间呈现"N"型关系，而且这种影响存在城市群中心度特征的异质性，低中心度城市群向多中心度空间结构演变、高中心度城市群向单中心空间结构演变时更有助于降低城市群绿色发展指数，实现经济增长与碳减排协同发展。此外，在城市群空间结构对绿色发展指数的影响机制中，产业结构起到负向调节作用，科技水平和分工水平起到间接中介作用。

11.1.5 经济集聚对碳强度的影响

利用空间计量模型分析了经济集聚对碳强度的影响，在此基础上利用 IPSO-LSTM 模型结合情景分析法对六大城市群 2030 年碳强度进行了预测。研究结论表明，从时间上看，六个城市群的经济集聚水平在 2015~2019 年逐年增加；从空间上看，珠江三角洲城市群和长江三角洲城市群的核心城市对周边城市辐射作用较大，其他城市群没有那么明显。将经济集聚与碳强度联系起来发现，经济集聚对碳强度的影响存在时空异质性。各城市群的经济集聚在不同阶段对碳强度的影响不同，随着城市群的发展，经济集聚的提高有利于降低碳强度。通过情景预测发现，在三种情景下各城市群的碳强度均未达到目标值，但在低碳情景下显示出较好的减排潜力，如果加大低碳经济发展和节能减排力度，则有望在 2030 年达到既定目标。

在经济集聚、节能减排的交互关系方面，进一步对京津冀、长江三角洲和珠江三角洲三个城市群进行了分析。研究表明，能源强度对经济集聚的影响在京津冀城市群为正，在长江三角洲城市群和珠江三角洲城市群为负。经济集聚在京津冀城市群、长江三角洲城市群对能源强度具有负向影响，说明进一步加强城市集聚有助于早日实现能源强度目标。研究经济集聚与碳强度之间的关系发现，在京津冀城市群，碳强度与经济集聚之间存在双向关系；在长江三角洲城市群和珠江三角洲城市群，经济集聚对碳强度均具有负向影响，说明提高集聚程度有利于降低碳强度。长江三角洲城市群碳强度有助于促进经济集聚，而珠江三角洲城市群碳强度对经济集聚起制约作用。

11.1.6 产业集聚、产业融合与碳减排的关系

在分析城市群产业集聚、区域创新对碳排放的影响时，基于 2005～2019 年数据，以长江三角洲城市群为研究对象，分析了制造业、生产性服务业的产业集聚、创新绩效现状、时空演变趋势，以及其单一产业集聚、协同产业集聚对区域创新绩效的影响。从时空演变角度看，长江三角洲城市群的创新绩效呈现出"高–高"、"低–低"集聚态势，逐年上升。至于产业集聚水平，长江三角洲城市群制造业的集聚水平总体较高，生产性服务业的集聚总体水平较低，制造业–生产性服务业协同集聚的总体水平较高，且显著高于单一产业集聚水平。将碳排放加入研究发现，长江三角洲城市群的生产性服务业集聚对碳排放水平的提升存在显著抑制作用，比制造业集聚的外部性所产生的作用更明显，两业协同集聚对区域碳排放水平的影响存在行业异质，和单一产业集聚的作用效果存在明显差异。而地区创新绩效水平会在产业集聚对碳排放的影响路径中起到中介作用，且在生产性服务产业集聚中作用显著。而信息基础设施建设水平和交通基础设施建设水平都对本地创新绩效具有显著积极效应。

在分析产业融合对碳排放效率的影响时，以中国 30 个省份为研究对象，借助空间杜宾模型分析了 IMP 对 CEE 的影响及其空间溢出效应。研究表明，IMP 对于 CEE 呈现出显著的正向直接效应和溢出效应，这说明一体化能够促进区域内碳排放效率的提高，同时能够带动周边地区碳排放效率的提升。此外，IMP 对 CEE 的影响具有区域异质性和行业异质性。进出口贸易对 CEE 的总影响在西部地区大于东部和中部地区，且西部地区的空间溢出效应更为显著。而在制造业与

生产性服务业交融汇合后，IMP 对碳排放效率的积极作用更为明显，并具有较强的空间溢出效应。

11.2　研究展望

11.2.1　丰富城镇化下碳减排路径研究

城镇化是一个复杂的过程，涉及经济、社会、环境等多个维度。然而，目前的研究往往偏重于某个单一维度的分析，缺乏综合的视角。未来的研究需要更多地采用跨学科的方法，综合考虑各个维度的因素，以全面了解城镇化路径选择对区域碳减排的多重影响。在城镇化路径选择研究方面，可以朝着以下几个方向开展：

第一，把县域城镇化作为我国新型城镇化的关键抓手。中央经济工作会议在布置 2024 年重点工作时提出，推动以县城为重要载体的新型城镇化建设，形成城乡融合发展新格局。如今，我国到了工业反哺农业、城市支持农村的重要发展阶段，也是推动城乡融合发展、破除城乡二元结构的关键时期，县域对上连接省市，对下沟通镇村，有着承上启下的独特地位，在这个时期有着举足轻重的作用。尽管我国常住人口城镇化率已经超过 65%，但与发达国家比较，我国城镇化仍有较大发展空间。与此同时，特大城市资源承载能力趋于紧张，甚至面临各种城市病，因此，需要把目光转向以县城为重要载体的城镇化建设，让县城接起城镇化下半场的接力棒。在这个过程中，要吸取大城市高污染高排放的建设经验，在碳达峰碳中和的过程中，更多关注农业农村的生态功能，摆脱高碳城镇化的发展模式，实现低碳甚至零碳转型。

第二，紧抓新技术和智慧城市应用研究方向。技术创新变革成为驱动经济发展的重要因素，科技创新也逐渐成为城镇核心竞争力，城镇化的推动因素也从外生型向创新驱动型、功能复合型转变——科技创新推动城市发展质量更优、效率更高和潜力更大。因此，要充分借助新技术和智慧城市概念，探索创新的城镇化路径选择，注重科技创新的引领和支撑作用，助力城市功能从服务生产向服务科技创新转变，进一步推动增强城市间的联系，城镇体系从金字塔形向网络化、扁平化、协同化发展。例如，利用大数据和人工智能技术，可以更好地了解城市发展趋势和需求，从而制定更智能、可持续的城镇化路径选择。

第三，加强社会参与和治理机制研究。城镇化路径选择是政府、社会和居民的共同利益得到最大化的体现，其中的细节错综复杂。城镇化过程中社会参与和治理机制的研究具有必要性，可以促进民主参与、提高决策质量、促进碳减排和可持续发展、增强社会责任感，以及有效解决利益冲突。这将有助于建设具有公正、包容和可持续性的绿色城市发展模式。然而，目前的研究往往缺乏对参与式决策过程的深入研究，忽视了各方利益和意见的平衡。未来的研究应更多地关注决策过程中的参与机制和利益协调，以提高城镇化路径选择的决策质量和可行性。城镇化过程中社会参与和治理机制的研究需要关注机制设计、社会参与效果评估、制度创新、知识与信息传播以及社会学习与能力建设，研究应该探索如何加强社会参与和治理机制在区域碳减排中的作用。社会参与可以提供广泛的意见和建议，增加政策的接受度和可行性。同时，有效的治理机制可以确保各利益相关者的参与和协调，推动区域碳减排工作的顺利进行。通过深入研究和实践，可以为城镇化背景下的减排过程提供更加民主、公正和可持续的治理方式。

11.2.2　优化城市群碳减排效益评估体系

未来的研究可以关注城市群经济集聚对碳减排效益的评估体系。研究城市群经济集聚过程中碳减排的经济效益和环境效益，探究碳减排政策和技术创新对经济增长、能源效率和环境质量的影响。关于城市群经济集聚与碳减排效益评估的研究可以从以下几个方面展开：

第一，加强效益评估指标体系创新研究。未来的研究可以聚焦于构建更完善、更全面、准确和可操作的城市群经济集聚与碳减排效益评估指标体系。当前的评估指标主要包括碳排放量、能源消耗、经济增长等方面，但还可以进一步细化和拓展指标体系，考虑到社会、环境和可持续发展等多维度的影响。

第二，改进定量评估方法。可以聚焦于改进城市群经济集聚与碳减排效益的定量评估方法。传统的评估方法主要基于统计数据和模型推演，存在着数据不完备、模型不准确等问题。因此未来的研究可以借助新兴的数据技术和模型方法，如大数据分析、人工智能和生态经济模型等，提高评估的精度和可信度。同时，可以加强对不确定性和风险的评估，以更好地衡量城市群经济集聚与碳减排的效益。考虑到城市群的社会、经济、环境等多方面的影响因素，可以构建综合评估框架，从系统的角度评估城市群经济集聚与碳减排的效益。通过综合评估框架的应用，可以更好地了解城市群发展与碳减排之间的关系，并提供决策支持和政策建议。

第三，加强系统效应分析研究。碳减排效益评估既包括跨领域交互作用评估，也包括跨空间交互作用评估。研究可以进一步探索不同系统之间的交互作用。例如，城市发展、环境保护、社会经济等领域之间的相互作用如何影响碳减排目标的实现，以及如何通过综合考虑这些交互作用来优化碳减排措施的效益。从空间和跨区域角度，研究可以关注系统效应在不同空间尺度上的变化和跨区域影响。城市群或城市之间的碳减排措施可能会对周边地区产生溢出效应，研究可以探讨这些效应的传递机制和影响程度，并提出相应的管理策略和合作机制。同时，未来研究可以考虑不确定性和灵敏度分析对系统效应的影响。考虑到系统效应的评估受到多种因素的影响，包括数据质量、模型选择和假设设置等，研究可以开展不确定性分析和灵敏度分析，以识别主要的不确定性来源和关键参数，提高评估结果的可靠性和可解释性。

11.2.3 着力于城市群空间结构对碳减排的影响研究

未来的研究可以重点关注城市群空间结构与区域碳减排之间的关系。研究城市群内不同空间结构下的产业布局和资源配置，探究调整空间结构布局对区域碳减排的影响。通过分析城市群内城市之间的空间交互作用和合作机制，可以提出优化城市群布局和发展模式的政策建议，以减少碳排放、提升能源利用效率。研究城市群空间结构与碳减排的关系可以从以下几个方面进行深入探讨：

第一，加强空间布局优化研究。未来的研究可以关注如何通过优化城市群的空间布局来促进碳减排，探索城市群内不同城市之间的产业布局、功能分工和空间组织，以最大程度地降低碳排放和资源消耗。通过分析城市群的空间结构，包括城市间的距离、连接性和交通网络，未来研究可以提出优化城市群布局的政策建议，以实现更高效、低碳的发展。

第二，空间分析与模型研究。研究城市群内部和城市群之间的空间关系对于制定有效的碳减排布局策略至关重要。因此，需要将多个空间尺度的分析融合起来，进行跨尺度的整体规划和布局研究。未来的研究可以借助空间分析和模型研究方法，深入理解城市群空间结构与碳减排的关系。运用地理信息系统（GIS）、遥感技术和空间计量经济学等工具，分析城市群内不同地区的碳排放状况和碳减排潜力。同时，可以建立空间经济模型和复杂网络模型，研究城市群空间结构对区域碳减排的影响机制和空间传导效应。

第三，加强城市群空间规划和设计研究。目前在城市群规划和设计与碳减排研究中缺乏有效的定量评估方法来评估不同规划和设计方案对碳减排的影响。需要开发出科学可行的评估方法，以定量地评估不同规划和设计策略对碳减排目标的贡献。同时未来的研究可以关注城市群规划和设计在促进碳减排方面的空间关系，探索如何在城市群规划中融入低碳发展理念和创新设计，包括优化土地利用、建设可持续交通系统、提高能源效率等方面。通过结合城市群的空间特征和碳减排目标，提出适应性强、可操作性高的规划和设计策略，实现城市群空间布局与碳减排的协调统一发展。

11.2.4　聚焦高度协作、联动发展的多区域协同研究

城市群减污降碳协同效应具有显著的"跨时""跨界"特征，需要不同政府主体统筹治理、分工协作，构建城乡环境共建共享格局，实现城乡大气环境质量同步稳定提升。可以从产业联动视角，结合空间规划、技术创新、跨区域补偿等配套政策，针对不同的协同区域提出相应的区域减污降碳实现策略，促进城市群减污降碳、区域均衡与可持续发展。还需要关注城市群经济集聚与碳减排在区域协同及合作机制方面的空间关系，探索城市群内城市之间的合作机制和资源共享，以提高碳减排的效益。此外，通过城市群与周边地区、其他城市群之间的合作与协调，推动跨区域碳减排合作，实现更广泛的碳减排效益。

参 考 文 献

毕斗斗. 2015. 我国省域服务业创新水平的时空演变及其动力机制——基于空间计量模型的实证研究. 经济地理, 35 (10)：139-148.

卜洪运, 郭雯. 2023. 产业集聚, 产业融合对提升先进制造业产业绩效的影响——以京津冀城市群为例. 科技和产业, 23 (5)：194-201.

曹炜威, 杨斐, 官雨娴, 等. 2016. 成渝经济圈城市群的经济联系网络结构. 技术经济, 35 (7)：52-57, 128.

陈春明, 麻艳林, 陈佳馨. 2023. 先进制造业与科技服务业协同集聚对区域创新效率的影响. 经济纵横, (4)：90-98.

陈恩, 王惟. 2019. 生产性服务业的集聚能否促进区域创新能力的提高？——基于广东省 21 个地级市的计量分析. 科技管理研究, 39 (6)：79-85.

陈强. 2014. 高级计量经济学及 Stata 应用（第二版）. 北京：高等教育出版社.

陈曦, 朱建华, 李国平. 2018. 中国制造业产业间协同集聚的区域差异及其影响因素. 经济地理, 38 (12)：104-110.

陈媛媛, 李坤望. 2010. FDI 对省际工业能源效率的影响. 中国人口·资源与环境, 20 (6)：28-33.

程晨, 张毅, 陈丹玲. 2020. 城市集聚对经济发展质量的影响——以长江经济带为例. 城市问题, (4)：4-13.

程中华, 李廉水, 刘军. 2017. 产业集聚有利于能源效率提升吗. 统计与信息论坛, 32 (3)：70-76.

董昕, 张朝辉. 2023. 数字经济、城市空间结构与碳排放效率. 城市问题, (8)：15-25.

范秋芳, 王劲草, 王杰. 2021. 城市空间结构演化的减排效应：内在机制与中国经验. 城市问题, (12)：87-96.

方创琳, 张国友, 薛德升. 2021. 中国城市群高质量发展与科技协同创新共同体建设. 地理学报, 76 (12)：2898-2908.

付允, 刘怡君, 汪云林. 2010. 低碳城市的评价方法与支撑体系研究. 中国人口·资源与环境, (8)：44-47.

高康, 原毅军. 2020. 生产性服务业空间集聚如何推动制造业升级？. 经济评论, (4)：20-36.

高汝熹, 阮红. 1990. 论中国的圈域经济. 科技导报, (4)：8-12.

顾朝林. 2011. 城市群研究进展与展望. 地理研究, 30 (5)：771-784.

顾雪芹. 2020. 中国生产性服务业开放与制造业价值链升级. 世界经济研究, (3)：121-134.

郭爱君, 张永年, 杨春林. 2022. 战略性新兴产业空间结构对城市碳排放强度的影响——基于兰西城市群企业大数据的考察．城市问题，(5)：4-16.

韩峰，冯萍，阳立高．2014.中国城市的空间集聚效应与工业能源效率．中国人口·资源与环
　　境，24(5)：72-79.

韩帅帅，苗长虹，李奕灿．2023.黄河流域城市多中心空间结构对碳排放的影响研究．地理研
　　究，42(4)：936-954.

郝寿义，张永恒．2016.环境规制对经济集聚的影响研究——基于新经济地理学视角．软科学，
　　30(4)：27-30.

何文举，张华峰，陈雄超，等．2019.中国省域人口密度、产业集聚与碳排放的实证研究——
　　基于集聚经济、拥挤效应及空间效应的视角．南开经济研究，(2)：207-225.

何小钰，庄雅烨，邱穗萱，等．2023.城市三维空间结构对碳排放影响的尺度效应分析．生态
　　学报，(2)：1-13.

候勃，岳文泽，王腾飞．2020.中国大都市区碳排放时空异质性探测与影响因素——以上海市
　　为例．经济地理，40(9)：82-90.

胡霞，古钰．2021.广东服务业与制造业互动融合对制造业转型升级的促进研究．广东行政学
　　院学报，33(3)：89-96.

黄经南，陈舒怡，王国恩．2014.城市空间结构与家庭出行碳排放分析——以武汉市为例．城
　　市问题，(12)：93-100.

黄坡，陈柳钦．2006.产业集群与企业技术创新．武汉科技大学学报（社会科学版），(6)：
　　26-32.

黄庆华，时培豪，胡江峰．2020.产业集聚与经济高质量发展：长江经济带107个地级市例
　　证．改革，(1)：87-99.

黄蓉．2022.制造业集聚与碳减排空间溢出效应研究——基于技术交易视角的检验．生态经济，
　　38(2)：22-26，90.

黄莘绒，管卫华，陈明星，等．2021.长三角城市群城镇化与生态环境质量优化研究．地理科
　　学，41(1)：64-73.

黄中伟．2007.产业集群的网络创新机制和绩效．经济地理，(1)：47-51.

霍春辉，杨锐．2016.集聚外部性对产业创新绩效的影响．经济管理，38(3)：20-32.

纪祥裕，顾乃华．2020.生产性服务业与制造业协同集聚具有创新驱动效应吗？．山西财经大
　　学学报，42(7)：57-70.

贾卓，杨永春，赵锦瑶．2021.黄河流域兰西城市群工业集聚与污染集聚的空间交互影响．地
　　理研究，40(10)：2897-2913.

江曼琦．2013.对城市群及其相关概念的重新认识．城市发展研究，20(5)：30-35.

江三良，邵宇浩．2020.产业集聚是否导致"污染天堂"——基于全国239个地级市的数据分
　　析．产经评论，11(4)：109-118.

孔宪香，张钰军．2022.我国制造业与生产性服务业耦合协调度及其影响因素分析．现代管理
　　科学，(5)：22-31.

赖洁瑜．2021.粤港澳大湾区城市群经济增长空间联系及影响因素．商业经济研究，(11)：
　　156-159.

兰秀娟，张卫国 . 2020 . 经济集聚、空间溢出与区域经济发展差异——基于"中心—外围"视角分析 . 经济问题探索，(10)：68-80.

黎欣 . 2021 . 产业集聚、知识产权保护与区域创新发展 . 云南财经大学学报，37 (2)：1-12.

李佳，王丽丽，王欢明 . 2020 . 不同经济发展水平下创新要素对产业创新绩效的影响及政策启示 . 科技进步与对策，37 (7)：52-58.

李秋霞，王之禹，顾伟忠 . 2020 . 产业集聚与知识溢出、区域创新的关系研究——兼析区域知识吸收能力在知识溢出、区域创新中的作用 . 价格理论与实践，(7)：170-173.

李瑞琴，孙浦阳 . 2018 . 地理集聚与企业的自选择效应——基于上、下游关联集聚和专业化集聚的比较研究 . 财贸经济，39 (4)：114-129.

李思慧 . 2011 . 产业集聚、人力资本与企业能源效率——以高新技术企业为例 . 财贸经济，(9)：128-134.

李伟娜 . 2016 . 产业集聚、环境效率与雾霾治理——以美国制造业为例 . 现代管理科学，(1)：85-87.

李小帆，张洪潮 . 2019 . 产业集聚对碳排放的影响研究——以城镇化水平为门槛的非线性分析 . 生态经济，(10)：31-36，57.

李晓萍，李平，吕大国，等 . 2015 . 经济集聚、选择效应与企业生产率 . 管理世界，(4)：25-37，51.

李炫榆，宋海清，李碧珍 . 2015 . 集聚与二氧化碳排放的空间交互作用——基于空间联立方程的实证研究 . 山西财经大学学报，37 (5)：1-13.

李亚楠，宋昌耀 . 2021 . 信息化视角下生产性服务业集聚对制造业效率的影响研究 . 调研世界，(3)：8-15.

廖敬文，侯景新 . 2019 . 中国能源强度区域特征、空间效应与区域差异 . 内蒙古社会科学（汉文版），40 (3)：148-156.

林伯强，谭睿鹏 . 2019 . 中国经济集聚与绿色经济效率 . 经济研究，54 (2)：119-132.

林小希 . 2021 . 经济集聚对全要素能源效率的影响研究 . 技术经济与管理研究，298 (5)：13-17.

刘丙泉，刘增果，王月，等 . 2023 . 产业协同集聚对区域绿色创新效率的影响 . 华东经济管理，37 (5)：52-61.

刘岗 . 2010 . 立意高远求真务实启迪后学——读《节能减排的理论与实践》. 理论学刊，(4)：129.

刘戒骄 . 2007 . 节能减排如何从水中月变为池中鱼 . 西部论丛，(6)：12.

刘军，曹雅茹，吴昊天 . 2020 . 产业协同集聚对区域绿色创新的影响 . 中国科技论坛，(4)：42-50.

刘满凤，谢晗进 . 2016 . 碳排放约束下地区经济集聚的效率与趋同研究 . 统计与决策，(24)：122-126.

刘满凤，谢晗进 . 2017 . 我国工业化与城镇化的环境经济集聚双门槛效应分析 . 管理评论，29 (10)：21-33.

刘媛媛 . 2020 . 开放经济、产业集聚与区域碳减排效应 . 国际经济合作，(4)：72-80.

陆铭,冯皓.2014.集聚与减排:城市规模差距影响工业污染强度的经验研究.世界经济,37 (7):86-114.

吕平,袁易明.2020.产业协同集聚、技术创新与经济高质量发展——基于生产性服务业与高 技术制造业实证分析.财经理论与实践,41(6):118-125.

罗浩轩.2020.经济集聚、资源节约集约利用与区域生态文明建设——基于四川省的实践.武 汉理工大学学报(社会科学版),33(6):94-103.

马燕坤,肖金成.2020.都市区、都市圈与城市群的概念界定及其比较分析.经济与管理,34 (1):18-26.

庞庆华,李涵,杨田田.2019.长江经济带碳排放的空间关联性及其影响因素.科技管理研究, 39(15):246-251.

彭芳梅.2021.粤港澳大湾区产业融合驱动全要素生产率增长研究——以制造业与生产性服务 业融合为例.经济地理,41(11):38-47.

齐讴歌,赵勇,白永秀.2018.城市群功能分工、技术进步差异与全要素生产率分化——基于 中国城市群面板数据的实证分析.宁夏社会科学,(5):84-95.

乔海曙,胡文艳,钟为亚.2015.专业化、多样化产业集聚与能源效率——基于中国省域制造 业面板数据的实证研究.经济经纬,32(5):85-90.

任晓松,刘宇佳,赵国浩.2020.经济集聚对碳排放强度的影响及传导机制.中国人口·资源 与环境,30(4):95-106.

邵帅,张可,豆建民.2019.经济集聚的节能减排效应:理论与中国经验.管理世界,35 (1):36-60,226

单元媛,罗威.2013.服务业与制造业融合对产业结构优化升级影响的实证分析.武汉金融, (2):41-43.

生延超,周垚.2021.经济集聚能否促进黄河流域经济高质量增长与生态保护的协同发展?. 中南大学学报(社会科学版),27(6):32-44.

盛丰.2014.生产性服务业集聚与制造业升级:机制与经验——来自230个城市数据的空间计 量分析.产业经济研究,(2):32-39.

师博,沈坤荣.2012.城市化、产业集聚与EBM能源效率.产业经济研究,(6):10-16,67.

史修松.2009.产业集聚及其测度理论研究动态.科技管理研究,29(9):267-270.

宋家鹏,陈松林.2021.经济集聚对中国三大城市群土地利用生态效率的影响.自然资源学报, 36(11):2865-2877.

宋家泰.1980.城市—区域与城市区域调查研究——城市发展的区域经济基础调查研究.地理 学报,(4):277-287.

宋帅邦.2022.制造业集聚对区域创新能力的影响研究——基于行业异质性的视角.技术经济 与管理研究,(1):32-36.

宋怡茹,魏龙,潘安.2017.价值链重构与核心价值区转移研究——产业融合方式与效果的比 较.科学学研究,35(8):1179-1187.

苏丹妮,盛斌,邵朝对.2018.产业集聚与企业出口产品质量升级.中国工业经济,368 (11):117-135.

汤长安，邱佳炜，张丽家，等 . 2021. 要素流动、产业协同集聚对区域经济增长影响的空间计量分析——以制造业与生产性服务业为例 . 经济地理, 41 (7)：146-154.

陶金，罗守贵 . 2019. 基于不同区域层级的文化产业集聚研究 . 地理研究, 38 (9)：2239-2253.

田成诗，刘亚雪，范丛昕 . 2019. 中国大气环境污染与劳动生产率动态关系的实证研究 . 统计与决策, 35 (22)：89-92.

汪聪聪，王益澄，马仁锋，等 . 2019. 经济集聚对雾霾污染影响的空间计量研究——以长江三角洲地区为例 . 长江流域资源与环境, 28 (1)：1-11.

汪行，范中启，张颖 . 2017. 能源强度对碳强度的冲击效应和贡献度研究 . 干旱区地理, 40 (4)：920-924.

王兵，聂欣 . 2016. 产业集聚与环境治理：助力还是阻力——来自开发区设立准自然实验的证据 . 中国工业经济, (12)：75-89.

王桂新，武俊奎 . 2012. 城市规模与空间结构对碳排放的影响 . 城市发展研究, 19 (3)：89-95, 112.

王磊，李成丽 . 2018. 我国中部地区城市群多中心结构的增长效应 . 长江流域资源与环境, 27 (10)：2231-2240.

王生亮，刘根友 . 2021. 一种非线性动态自适应惯性权重 PSO 算法 . 计算机仿真, 38 (4)：249-253.

王薇，胡力中 . 2023. 创新要素错配对中国城市群经济高质量发展的影响研究 . 管理学刊, 36 (5)：60-75.

王文成，隋苑 . 2022. 生产性服务业和高技术产业协同集聚对区域创新效率的空间效应研究 . 管理学报, (5)：696-704.

王雅芬 . 2007. 基于产业集群生命周期的技术创新研究 . 商业经济与管理, (5)：23-28.

王雅楠，赵涛 . 2016. 基于 GWR 模型中国碳排放空间差异研究 . 中国人口·资源与环境, 26 (2)：27-34.

魏丽华 . 2018. 我国三大城市群内部经济联系对比研究 . 经济纵横, (1)：45-54.

吴建新，黄蒙蒙 . 2016. 中国城市经济的绿色转型：基于环境效率和环境全要素生产率的分析 . 产经评论, 7 (6)：98-115.

吴添祖，姚杭永 . 2004. 基于产业集群的技术创新扩散绩效研究 . 科技进步与对策, (7)：52-54.

肖枫，张俊江 . 1990. 城市群经济运行模式 . 城市问题, (4)：10-12.

谢露露 . 2019. 产业集聚和创新激励提升了区域创新效率吗？——来自长三角城市群的经验研究 . 经济学家, (8)：102-112.

徐向龙，侯经川 . 2022. 促进、加速与溢出：数字经济发展对区域创新绩效的影响 . 科技进步与对策, 39 (1)：50-59.

许露元，邬丽萍 . 2016. 北部湾城市群各城市的经济联系与地缘经济关系 . 城市问题, (10)：59-64, 96.

许露元 . 2023. 数字新基建、高技术产业集聚与区域创新绩效 . 技术经济与管理研究, (10)：

6-9.

杨孟禹，蔡之兵，张可云．2017．中国城市规模的度量及其空间竞争的来源——基于全球夜间灯光数据的研究．财贸经济，38（3）：38-51.

杨仁发．2013．产业集聚与地区工资差距——基于我国 269 个城市的实证研究．管理世界，（8）：41-52.

杨勇，吕杰．2021．国内移民创业决策的影响研究——基于社会网络和经济集聚的视角．管理工程学报，35（5）：13-25.

姚士谋，陈爽，陈振光．1998．关于城市群基本概念的新认识．现代城市研究，（6）：15-17，61.

姚士谋，陈振光，朱英明．2001．中国的城市群．合肥：中国科学技术大学出版社.

叶宝忠，代碧波．2020．农业现代化与新型城镇化协调发展：作用机理及时空演变——以我国粮食主产区为例．理论月刊，（6）：97-105.

叶玉瑶，陈伟莲，苏泳娴，等．2012．城市空间结构对碳排放影响的研究进展．热带地理，32（3）：313-320.

易艳春，高爽，关卫军．2019．产业集聚、城市人口规模与二氧化碳排放．西北人口，40（1）：50-60.

于斌斌，郭东．2021．城市群空间结构的经济效率：理论与实证．经济问题探索，（7）：148-164.

于瀚辰，周麟，沈体雁．2019．制造业企业区位选择集聚经济指向的空间效应．地理研究，38（2）：273-284.

袁开福，高阳．2008．促进我国节能减排的策略研究．宏观经济管理，（7）：64-66.

原伟鹏，高志霞．2021．西部大开发 20 年来陕西省国土空间治理对经济高质量发展的影响机制研究．河北地质大学学报，44（1）：104-111.

原毅军，高康．2020．产业协同集聚、空间知识溢出与区域创新效率．科学学研究，38（11）：1966-1975.

曾伟平，李琳，殷梓惠．2023．经济集聚对中国城市公共健康的影响．中国人口·资源与环境，33（9）：204-214.

张红霞，张语格．2022．制造业与生产性服务业协同对行业创新效率的影响研究．江西社会科学，42（2）：137-148.

张洪波，姜云，王宝君，等．2015．城市空间结构与碳排放关系研究．低温建筑技术，37（10）：146-148.

张华明，元鹏飞，朱治双．2021．中国城市人口规模、产业集聚与碳排放．中国环境科学，41（5）：2459-2470.

张军涛，朱悦，游斌．2021．产业协同集聚对城市经济绿色发展的影响．城市问题，（2）：66-74，94.

张明斗，李维露，吴庆帮．2021．制造业和生产性服务业集聚对城市经济效率的影响．财经问题研究，（9）：36-44.

张平淡，屠西伟．2021．制造业集聚对绿色经济效率的双边影响．经济理论与经济管理，41

（11）：35-53.

张炜，樊瑛. 2008. 德国节能减排的经验及启示. 国际经济合作，（3）：64-68.

张翼，卢现祥. 2015. 技术交易与产业集聚互动视角的区域二氧化碳减排研究——来自中国省域层面的经验证据. 财贸研究，26（5）：33-40.

张云辉，郝时雨. 2022. 收入差距与经济集聚对碳排放影响的时空分析. 软科学，36（3）：62-67，82.

张振，李志刚，胡璇. 2021. 城市群产业集聚、空间溢出与区域经济韧性. 华东经济管理，35（8）：59-68.

赵春燕，王世平. 2021. 经济集聚对城市经济韧性的影响. 中南财经政法大学学报，（1）：102-114.

赵青霞，夏传信，施建军. 2019. 科技人才集聚、产业集聚和区域创新能力——基于京津冀、长三角、珠三角地区的实证分析. 科技管理研究，39（24）：54-62.

赵涛，牛旭东，艾宏图. 2005. 产业集群创新系统的分析与建立. 中国地质大学学报（社会科学版），（2）：69-72.

赵勇，白永秀. 2007. 城市群国内研究文献综述. 城市问题，144（7）：6-11.

周建军，王英杰，张曼. 2021. 经济集聚、人口流动与住宅价格空间溢出效应研究. 财经理论与实践，42（1）：102-108.

周景坤，段忠贤. 2013. 区域创新环境与创新绩效的互动关系研究. 科技管理研究，33（22）：9-13.

周一星. 1991. 中国的城市地理学：评价和展望. 人文地理，（2）：54-58.

周一星. 1998. 城市地理学. 北京：商务印书馆.

朱纪广，许家伟，李小建，等. 2020. 中国土地城镇化和人口城镇化对经济增长影响效应分析. 地理科学，40（10）：1654-1662.

朱守先，梁本凡. 2012. 中国城市低碳发展评价综合指标构建与应用. 城市发展研究，19（9）：93-98.

诸竹君，黄先海，王煌. 2019. 交通基础设施改善促进了企业创新吗？——基于高铁开通的准自然实验. 金融研究，（11）：153-169.

Amaral S, Câmara G, Monteiro A M V, et al. 2005. Estimating population and energy consumption in Brazilian Amazonia using DMSP night-time satellite data. Computers, Environment and Urban Systems, 29: 179-195.

An M, Xie P, He W J, et al. 2023. Local and tele-coupling development between carbon emission and ecologic environment quality. Journal of Cleaner Production, 394: 136409.

Andersson M, Loof H. 2011. Agglomeration and productivity: Evidence from firm-level data. The Annals of Regional Science, 46 (3): 601-620.

Asheim B T. 1996. Industrial districts as learning regions: A condition for prosperity? . European Planning Studies, (4): 379-400.

Azadeh A, Kor H, Hatefi S M. 2011. A hybrid genetic algorithm-TOPSIS-computer simulation approach for optimum operator assignment in cellular manufacturing systems. Journal of the Chinese

Institute of Engineers, 34 (1): 57-74.

Bagena M, Beechetti L. 2002. Geographicalagglomeration-private R&D expenditure effect: Empirical evidence on italian data. Economies of Innovation and New Technology, 11 (3): 233-247.

Behzadian M, Khanmohammadi Otaghsara S, Yazdani M, et al. 2012. A state-of the-art survey of TOPSIS applications. Expert Systems with Applications, 39 (17): 13051-13069.

Bereitschaft B, Debbage K. 2013. Urban form, air pollution, and CO_2 emissions in large U. S. metropolitan areas. Profess Geographer, 65 (4): 612-635.

Bian H, Meng M. 2023. Carbon emission reduction potential and reduction strategy of China's manufacturing industry. Journal of Cleaner Production, 423: 138718.

Bond S R. 2002. Dynamic panel data models: A guide to micro data methods and practice. Portuguese Economic Journal, 1 (2): 141-162.

Brülhart M, Mathys N A. 2008. Sectoral agglomeration economies in a panel of European regions. Regional Science & Urban Economics, 38 (4): 348-362.

Cai C, Fan M, Yao J, et al. 2023. Spatial-temporal characteristics of carbon emissions corrected by socio-economic driving factors under land use changes in Sichuan Province, southwestern China. Ecological Informatics, 77: 102164.

Cai F, Wang D, Du Y. 2002. Regional disparity and economic growth in China: The impact of labor market distortions. China Agricultural Economic Review, 13 (2): 197-212.

Camagni R, Salone C. 1993. Networkurban structures in Northern Italy: Elements for a theoretical framework. Urban Studies, 30 (6): 1053-1064.

Chand T R K, Badarinath K V S, Elvidge C D, et al. 2009. Spatial characterization of electrical power consumption patterns over India using temporal DMSP-OLS night-time satellite data. International Journal of Remote Sensing, 30: 647-661.

Chen D L, Lu X H, Hu W B, et al. 2021b. How urban sprawl influences eco-environmental quality: Empirical research in China by using the Spatial Durbin model. Ecological Indicators, 131: 108113.

Chen D L, Lu X H, Liu X, et al. 2019. Measurement of the eco-environmental effects of urban sprawl: Theoretical mechanism and spatiotemporal differentiation. Ecological Indicators, 105: 6-15.

Chen L, He F. 2017. Measurements andfactors of carbon emission efficiency. Polish Journal of Environmental Studies, 26: 1963-1973.

Chen W X, Wang G, Xu N, et al. 2023. Promoting or inhibiting? New-type urbanization and urban carbon emissions efficiency in China. Cities, 140: 104429.

Chen W, Chen W J, Ning S Y, et al. 2019. Exploring the industrial land use efficiency of China's resource-based citics. Cities, 93: 215-223.

Chen W, Shen Y, Wang Y N. 2018. Evaluation of economic transformation and upgrading of resource-based cities in Shaanxi province based on an improved TOPSIS method. Sustainable Cities and Society, 37: 232-240.

Chen X, Lin B Q. 2021. Towards carbon neutrality by implementing carbon emissions trading scheme: Policy evaluation in China. Energy Policy, 157: 112510.

Chen YP, Nie H T, Chen J J, et al. 2021a. Regional industrial synergy: Potential and path crossing the "Environmental Mountain". Science of the Total Environment, 765: 142714.

Chenery H B, Syrquin M, Elkington H. 1975. Patterns of Development, 1950-1970. London: Oxford University Press.

Cheng Z. 2016. The spatial correlation and interaction between manufacturing agglomeration and environmental pollution. Ecological Indicators, 61: 1024-1032.

Chung Y H, Färe R, Grosskopf S. 1997. Productivity and undesirable outputs: A directional distance function approach. Journal of Environmental Management, 51: 229-240.

Dai H, Wang J, Li G, et al. 2019. A multi-criteria comprehensive evaluation method for distributed energy system. Energy Procedia, 158, 3748-3753.

Delgado A, Romero I. 2016. Environmental conflict analysis using an integrated grey clustering and entropy-weight method: A case study of a mining project in Peru. Environmental Modelling & Software, 77: 108-121.

Denison E F. 1996. Why growth rates differ: Postwar experience in nine western countries. Economics, 36 (143): 323.

Dhakal S. 2009. Urban energy use and carbon emissions from cities in China and policy implications. Energy Policy, 37 (11): 4208-4219.

Diego P D L B, Julian D M. 2014. Relationship between urbanization and CO_2 emissions depends on income level and policy. Environmental Science Technology, 48 (7): 3632-3639.

Dietz T, Rosa E A. 1997. Effects of population and affluence on CO_2 emissions. Proceedings of the National Academy of Sciences. 94 (1): 175-179.

Ding Y T, Zhang M, Chen S, et al. 2019. The environmental Kuznets curve for $PM_{2.5}$ pollution in Beijing-Tianjin-Hebei region of China: A spatial panel data approach. Journal of Cleaner Production, 220: 984-994.

Du M Z, Wu F E, Ye D F, et al. 2023. Exploring the effects of energy quota trading policy on carbon emission efficiency: Quasi-experimental evidence from China. Energy Economics, 124: 106791.

Du M, Feng R, Chen Z. 2022. Blue sky defense in low-carbon pilot cities: A spatial spillover perspective of carbon emission efficiency. Science of The Total Environment, 84: 157509.

Du W C, Xia X H. 2018. How does urbanization affect GHG emissions? A cross-country panel threshold data analysis. Applied Energy, 229: 872-883.

Duman Z, Mao X, Cai B, et al. 2023. Exploring the spatiotemporal pattern evolution of carbon emissions and air pollution in Chinese cities. Journal of Environmental Management, 345: 118870.

Dymova L, Sevastjanov P, Tikhonenko A. 2013. A direct interval extension of TOPSIS method. Expert Systems with Applications, 40 (12): 4841-4847.

Eberhart R, Kennedy J. 1995. A new optimizer using particle swarm theory. Proceedings of the Sixth International Symposium on Micro Machine and Human Science, (1): 39-43.

Ehrlich P R, Holdren J P. 1971. Impact of population growth: Complacency concerning this component of man's predicament is unjustified and counterproductive. Science, 171 (3977): 1212-1217.

Ellison G, Glaeser E L. 1997. Geographic Concentration in U.S. Manufacturing Industries: A Dartboard Approach. Journal of Political Economy, 105 (5): 889-927.

Fallah B N, Partridge M D, Olfert M R. 2011. Urban sprawl and productivity: Evidence from US metropolitan areas. Papers in Regional Science: The Journal of the Regional Science Association International, 90 (3): 351-472.

Fan J, Xiao Z. 2021. Analysis of spatial correlation network of China's green innovation. Journal of Cleaner Production, 299: 126815.

Fang G H, Gao Z Y, Tian L X, et al. 2022a. What drives urban carbon emission efficiency?: Spatial analysis based on nighttime light data. Applied Energy, 312: 118772.

Fang G H, Gao Z Y, Wang L, et al. 2022b. How does green innovation drive urban carbon emission efficiency? : Evidence from the Yangtze River Economic Belt. Journal of Cleaner Production 375: 134196.

Feng K, Hubacek K. 2016. Carbon implications of China's urbanization. Energy, Ecol, Environ, (1): 39-44.

Frank A. 2001. Urban air quality in larger conurbations in the European Union. Environmental Modelling & Software, 16 (4): 399-414.

Friedmann J. 1986. Theworld city hypothesis. Development and Change, 17 (1): 69-83.

Fukuyama H, Weber W L. 2009. A directional slacks-based measure of technical inefficiency. Socio-Economic Planning Sciences, 43: 274-287.

Furman J L, Porter M E, Stern S. 2002. The Determinants of National Innovative Capacity. Research Policy, 31 (6): 899-933.

Gambhir A, Tse Lawrence K C, Tong D L, et al. 2015. Reducing China's road transport sector CO_2 emissions to 2050: Technologies, costs and decomposition analysis. Applied Energy, 157: 905-917.

Gao N, Zhao S, Zhang X. 2009. Researchon the service-oriented manufacturing model. Hong Kong: 2009 IEEE International Conference on Industrial Engineering and Engineering Management.

Gao Z, Li L, Hao Y. 2023. Dynamic evolution and driving forces of carbon emission efficiency in China: New evidence based on the RBM-ML model. Gondwana Research, 116: 25-39.

Ge T, Ding Z, Lu X, et al. 2023. Spillover effect of energy intensity targets on renewable energy consumption in China: A spatial econometric approach. Renewable Energy, 217: 119174.

Glaeser E L, Kahn M E. 2010. The greenness of cities: Carbon dioxide emissions and urban development. Journal of Urban Economics, 67 (3): 404-418.

Gottmann J. 1957. Megalopolis: Or the urbanization of the northeastern seaboard. Economic Geography, (7): 189-200.

Guo W, Li Y X, Li P X, et al. 2022. Using a combination of nighttime light and MODIS data to estimate spatiotemporal patterns of CO_2 emissions at multiple scales. Science of the Total

Environment, 848: 157630.

Han J. 2020. Can urban sprawl be the cause of environmental deterioration? Based on the provincial panel data in China. Environmental Research, 189: 109954.

He X, Guan D, Zhou L, et al. 2023. Quantifying spatiotemporal patterns and influencing factors of urban shrinkage in China within a multidimensional framework: A case study of the Yangtze River Economic Belt. Sustainable Cities and Society, 91: 104452.

Henderson V. 2003. The urbanization process and economic growth: The so-what question. Journal of Economic Growth, 8 (1): 47-71.

Hong J K, Gu J P, Liang X, et al. 2019. Spatiotemporal investigation of energy network patterns of agglomeration economies in China: Province-level evidence. Energy, 187: 115998.

Hong S, Hui E C M, Lin Y. 2022. Relationships between carbon emissions and urban population size and density, based on geo-urban scaling analysis: A multicarbon source empirical study. Urban Climate, 46: 101337.

Hosoe M, Naito T. 2006. Trans-boundary pollution transmission and regional agglomeration effects-super. Regional Science, (1): 99-120.

Hu W, Fan Y. 2020. City size and energy conservation: Do large cities in China consume more energy?. Energy Economics, 92: 104943.

Hu Y, Wang C, Zhang X, et al. 2023. Financial agglomeration and regional green innovation efficiency from the perspective of spatial spillover. Journal of Innovation & Knowledge, 8 (4): 100434.

Huang J B, Yan Y, Kang J M, et al. 2023. Driving technology factors of carbon emissions: Theoretical framework and its policy implications for China. Science of The Total Environment, 904: 166858.

Huang Z, Du X. 2017. Strategic interaction in local governments'industrial land supply: Evidence from China. Urban Studies, 54 (6): 1328-1346.

Huang Z, Du X. 2018. Urban land expansion and air pollution: Evidence from China. Journal of Urban Planning and Development, 144 (4): 05018017.

Huo T F, Cao R J, Du H Y, et al. 2021. Nonlinear influence of urbanization on China's urban residential building carbon emissions: New evidence from panel threshold model. Science of The Total Environment, 772: 145058.

Hutchison E R. 2009. Encyclopedia of Urban Studies. London: Sage Publications Inc.

IEA. 2022. CO_2 Emissions in 2022. Global Energy, 62: 20-21.

Jeevaraj S, Gokasar I, Deveci M, et al. 2023. Adoption of energy consumption in urban mobility considering digital carbon footprint: A two-phase interval-valued Fermatean fuzzy dominance methodology. Engineering Applications of Artificial Intelligence, 126: 106836.

Ji X, Chen B. 2015. Assessing the energy-saving efect of urbanization in China based on stochastic impacts by regression on population, afuence and technology (STIRPAT) model. Journal of Cleaner Production, 24 (2): 206-209.

Jia X W, Liu B, Cui Y J, et al. 2021. Has financial development improved carbon emission efficiency? An analysis based on super efficiency UNDESIRABLE- SBM model and mulianational panel data. Environmental Engineering and Management Journal, 20: 1821-1832.

Jiang B, Xia D. 2023. Toward carbon neutrality in China: A national wide carbon flow tracing and the CO_2 emission control strategies for CO_2-intensive industries. Science of The Total Environment, 879: 163009.

Jiang J. 2016. Controlling GHG emissions from the transportation sector through an ETS: Institutional arrangements in Shenzhen, China. Climate Policy, 16 (1-4): 353-371.

Kahn M E. 2010. Urban policy effects on carbon mitigation. The Design and Implementation of US Climate Policy, 73 (1): 259-269.

Kao C, Liu S T. 2020. A slacks-based measure model for calculating cross efficiency in data envelopment analysis. OMEGA, 95: 102192.

Kaya Y, Yokobori K. 1993. Global Environment, Energy, and Economic Development Held at the United Nations University. Tokyo: United Nations University Press.

Ke N, Lu X, Kuang B, et al. 2023. Regional disparities and evolution trend of city-level carbon emission intensity in China. Sustainable Cities and Society, 88: 104288.

Keeble D, Bryson J, Wood P. 1991. Smallfirms, business service growth and regional development in the UK: Some empirical findings. Regional Studies, 25 (5): 439-457.

Krugman P. 1991. Geography and Trade. Cambridge: MIT Press.

Le Sage J P, Pace R K. 2009. Introduction to Spatial Econometrics. Leiden, Netherlands: CRC Press.

Lesage J, Pace R K. 2009. Introduction to Spatial Econometrics. Florida: CRC Press.

Li F, Zhang D L, Zhang J Y, et al. 2022. Measuring the energy production and utilization efficiency of Chinese thermal power industry with the fixed-sum carbon emission constraint. International Journal of Production Economics, 252: 108571.

Li H J, Zhang J H, Osei E, et al. 2018. Sustainable development of China's industrial economy: An empirical study of the period 2001-2011. Sustainability, 10 (3): 764.

Li J X, Zhou K, Cheng Z H. 2022. Does China's "Belt and Road" initiative promote green total factor productivity growth in countries along the route?. Journal of Cleaner Production, 367: 133004.

Li K, Lin B. 2015. Impacts of urbanization and industrialization on energy consumption CO_2 emissions: Does the level of development matter?. Renewable and Sustainable Energy Reviews, 52: 1107-1122.

Li L, Zhao H. 2021. A Study on therelationship between "the Integration of Manufacturing and Producer Service" and carbon emission efficiency. Economic Survey, 38 (5): 71-79.

Li M, Li Q, Wang Y N, et al. 2022. Spatial path and determinants of carbon transfer in the process of inter provincial industrial transfer in China. Environmental Impact Assessment Review, 95: 106810.

Li R, Han X, Wang Q. 2023. Do technical differences lead to a widening gap in China's regional carbon emissions efficiency? Evidence from a combination of LMDI and PDA approach. Renewable and Sustainable Energy Reviews, 182: 113361.

Li W W, Wang W P, Gao H G, et al. 2020. Evaluation of regional metafrontier total factor carbon emission performance in China's construction industry: Analysis based on modified non-radial directional distance function. Journal of Cleaner Production, 256: 120425.

Li X, Li D R, Xu H M, et al. 2017. Intercalibration between DMSP/OLS and VIIRS night-time light images to evaluate city light dynamics of Syria's major human settlement during Syrian Civil War. International Journal of Remote Sensing. 38 (21): 5934-5951.

Liddle B, Lung S. 2010. Age-structure, urbanization, and climate change in developed countries: Revisiting STIRPAT for disaggregated population and consumption-related environmental impacts. Population and Environment, 31 (5): 317-343.

Lin B Q, Ouyang X L. 2014. Energy demand in China: Comparison of characteristics between the US and China in rapid urbanization stage. Energy Convers Manag, 79: 128-139.

Lin J Y, Lu S Y, He X Y, et al. 2021. Analyzing the impact of three-dimensional building structure on CO_2 emissions based on random forest regression. Energy 236, 121502.

Lin J. 2014. A model for developing a target integrated low carbon city indicator system: The case of Xiamen, China. Ecological Indicators, 40: 51-57.

Liu C G, Li J Y, Sun W, et al. 2022b. Differential characteristics of carbon emission efficiency and coordinated emission reduction paths under different economic development stages: Evidence from China's Yangtze River delta. SSRN Electronic Journal, 330: 117018.

Liu H, Ling D. 2020. Value chain reconstruction and sustainable development of green manufacturing industry. Sustainable Computing: Informatics and Systems, 28: 100418.

Liu J, Song Q Y, Liu N. 2023. Threshold effect and mechanism of tourism industrial agglomeration on green innovation efficiency: Evidence from coastal urban agglomerations in China. Ocean & Coastal Management, 246: 106908.

Liu K, Xue M Y, Peng M J, et al. 2020. Impact of spatial structure of urban agglomeration on carbon emissions: An analysis of the Shandong Peninsula, China. Technological Forecasting and Social Change, 161 (4): 120313.

Liu X, Sweeney J. 2012. Modelling the impact of urban form on household energy demand and related CO_2 emissions in the Greater Dublin Region. Energy Policy, 46: 359-369.

Liu X, Zhang X Sun W. 2022a. Does the agglomeration of urban producer service promote carbon efficiency of manufacturing industry? Land Use Policy, 120: 106264.

Liu Y S, Yang M, Cui J. 2024. Urbanization, economic agglomeration and economic growth. Heliyon, 10 (1): e23772.

Liu Y S, Zhou Y, Wu W X. 2015. Assessing the impact of population, income and technology on energy consumption and industrial pollutant emissions in China. Applied Energy, 155: 904-917.

Lutz R, Patterson-Hine A, Nelson S, et al. 2007. Using obstacle analysis to identify contingency requirements on an unpiloted aerial vehicle. Requirements Engineering, 12 (1): 41-54.

Ma J J, Guo J Y, Ahmad S, et al. 2020. Constructing a new inter-calibration method for DMSP-OLS and NPP-VIIRS nighttime light. Remote Sensing, 12 (6): 937.

Marquardt D W. 1970. Generalized inverses, ridge regression, biased linear estimation, and nonlinear estimation. Technology, 12 (3): 591-612.

Marshall A. 1920. Principles of Economics. London: Macmillan.

Martin P, Ottaviano G I P. 2001. Growth and agglomeration. International Economic Review, 42 (4): 947-968.

Martin R V, de Wit C C, Hassen F. 2022. Dynamic density and flow reconstruction in large-scale urban networks using heterogeneous data sources. Transportation Research Part C: Emerging Technologies, 137: 103569.

Matsumoto H. 2004. International urban systems and air passenger and cargo flows: Some calculations. Journal of Air Transport Management, 10 (4): 239-247.

Meangbua O, Dhakal S, Kuwornu J K M. 2019. Factors influencing energy requirements and CO_2 emissions of households in Thailand: A panel data analysis. Energy Policy, 129: 521-531.

Meijers E J, Burger M J. 2010. Spatial structure and productivity in U.S. metropolitan areas. Environment and Planning A, 42 (6): 1383-1402.

Meng F Y, Su B, Thomson E, et al. 2016. Measuring China's regional energy and carbon emission efficiency with DEA models: A survey. Applied Energy, 183: 1-21.

Michail F, José L, Deborah S, et al. 2013. Does size matter? Scaling of CO_2 emissions and U.S urban areas. PLoS One, 8 (6): 64727.

Muñiz I, Galindo A. 2005. Urban form and the ecological footprint of commuting: The case of Barcelona. Ecological Economics, 55 (4): 499-514.

Nickell S. 1981. Biases in dynamic models with fixed effects. Econometrica: Journal of the Econometric Society, 49 (6): 1417-1426.

Norman J, MacLean H L, Kennedy C A. 2006. Comparing high and low residential density: Life-cycle analysis of energy use and greenhouse gas emissions. Journal of Urban Planning and Development, 132 (1): 10-21.

Ottaviano G I P, Tabuchi T, Thisse J F. 2002. Agglomeration and trade revisited. International Economic Review, (43): 409-436.

Ou J P, Liu X P, Li X, et al. 2013. Quantifying the relationship between urban forms and carbon emissions using panel data analysis. Landscape Ecology, 28 (10): 1889-1907.

Peng X, Tao X M, Zhang H, et al. 2021. CO_2 emissions from the electricity sector during China's economic transition: From the production to the consumption perspective. Sustainable Production and Consumption, 27: 1010-1020.

Perry S. 2014. The effect of urbanization on CO_2 emissions in emerging economies. Energy Econ, 41: 147-153.

Phdungsilp A. 2010. Integrated energy and carbon modeling with a decision support system: Policy scenarios for low-carbon city development in Bangkok. Energy Policy, 38 (9): 4808-4817.

Picazo-Tadeo A J, Reig-Martínez E, Hernández-Sancho F. 2005. Directional distance functions and environmental regulation. Resource and Energy Economics, 27: 131-142.

Pigou A C. 1920. The Economics of Welfare. London: Macmillan.

Poumanyvong P, Kaneko S. 2010. Does urbanization lead to less energy use and lower CO_2 emissions? A cross-country analysis. Ecological Economics, 70 (2): 434-444.

Qiang W, Lin Z W, Zhu P Y, et al. 2021. Shrinking cities, urban expansion, and air pollution in China: A spatial econometric analysis. Journal of Cleaner Production, 324: 129308.

Qiao W F, Gao J B, Guo Y Z, et al. 2019. Multi-dimensional expansion of urban space through the lens of land use: The case study of Nanjing City, China. Journal of Geographical Science, 29 (5): 749-761.

Qin B, Wu J F. 2015. Does urban concentration mitigate CO_2 emissions? Evidence from China 1998-2008. China Economic Review, 35: 220-231.

Qin Q, Yu Y, Liu Y, et al. 2023. Industrial agglomeration and energy efficiency: A new perspective from market integration. Energy Policy, 183: 113793.

Qu Y, Liu Y. 2017. Evaluating the low-carbon development of urban China. Environment, Development and Sustainability, 19: 939-953.

Radwan A, Hongyun H, Achraf A, et al. 2022. Energy use and energy-related carbon dioxide emissions drivers in Egypt's economy: Focus on the agricultural sector with a structural decomposition analysis. Energy, 258: 124821.

Sadorsky P. 2014. The efect of urbanization on CO_2, emissions in emerging economies. Energy Economics, 41 (1): 147-153.

Sassen S. 2001. The global City New York, London, Tokyo. Political Science Quarterly, 107 (2): 2152688.

Sato Y, Yamamoto K. 2005. Population concentration, urbanization, and demographic transition. Journal of Urban Economics, 58 (1): 45-61.

Scroll P, For D. 2010. International journal of remote relation between satellite observed visible-near infrared emissions, population, economic activity and electric power consumption. International Journal of Remote Sensing, 18 (6): 37-41.

Shahbaz M, Loganathan N, Muzafar A T, et al. 2016. How urbanization afects CO_2, emissions in Malaysia? The application of STIRPAT model. Renewable & Sustainable Energy Reviews, 57: 83-93.

Sharma S S. 2011. Determinants of carbon dioxide emissions: Empirical evidence from 69 countries. Applied Energy, 88 (1): 376-382.

Song Y, Liu D Y, Wang Q R, et al. 2021. Identifying characteristic changes in club convergence of China's urban pollution emission: A spatial-temporal feature analysis. Energy Economics, 98: 105243.

Su M R, Chen L, Chen B, et al. 2012. Low-carbon development patterns: Observations of typical Chinese cities. Energies, 46 (3): 1796-1803.

Su Y X, Chen X Z, Ye Y Y, et al. 2013. The characteristics and mechanisms of carbon emissions from energy consumption in China using DMSP/OLS night light imageries. Acta Geologica Sinica-english Edition, 68: 1513-1526.

Sueyoshi T, Yuan Y, Goto M. 2017. A literature study for DEA applied to energy and environment. Energy Economics, 62: 104-124.

Sun J C, Du T, Sun W Q, et al. 2019. An evaluation of greenhouse gas emission efficiency in China's industry based on SFA. Science of The Total Environment, 690: 1190-1202.

Sun W, Huang C. 2020. How does urbanization affect carbon emission efficiency? Evidence from China. Journal of Cleaner Production, 272: 122828.

Sutton P C. 2003. A scale-adjusted measure of "Urban sprawl" using nighttime satellite imagery. Remote Sensing of Environment, 86 (3): 353-369.

Tan S, Yang J, Yan J Y, et al. 2017. A holistic low carbon city indicator framework for sustainable development. Applied Energy, 185: 1919-1930.

Tang E Z, Peng C, Xu Y L. 2018. Changes of energy consumption with economic development when an economy becomes more productive. Journal of Cleaner Production, 196: 788-795.

Tang Y D, Lou Y. 2022. Input servitization, global value chain, and carbon mitigation: An input-output perspective of global manufacturing industry. Economic Modelling, 117: 106069.

Taylor P J. 2001. Specification of theworld city network. Geographical Analysis, 32 (2): 181-194.

Ullman E L. 1957. American Commodity Flow. Seattle: University of Washington Press.

Van Lamsweerde A, Letier E. 2000. Handling obstacles in goal-oriented requirements engineering. IEEE Transactions on Software Engineering, 26 (10): 978-1005.

Verhoef E T, Nijkamp P. 2002. Externalities in urban sustainability: Environmental versus localization-type agglomeration externalities in a general spatial equilibrium model of a single-sector monocentric industrial city. Ecological Economics, 40 (2): 157-179.

Wang A L, Hu S, Li J L. 2022e. Using machine learning to model technological heterogeneity in carbon emission efficiency evaluation: The case of China's cities. Energy Economics 114, 106238.

Wang A L, Hu, S, Lin B Q. 2021a. Can environmental regulation solve pollution problems? Theoretical model and empirical research based on the skill premium. Energy Economics, 94: 105068.

Wang A L, Hu S, Lin B Q. 2021b. Emission abatement cost in China with consideration of technological heterogeneity. Applied Energy, 290: 116748.

Wang B, Yu M X, Zhu Y C, et al. 2021c. Unveiling the driving factors of carbon emissions from industrial resource allocation in China: A spatial econometric perspective. Energy Policy, 158: 112557.

Wang C M, Li J. 2020. The Evaluation and Promotion Path of Green Innovation Performance in Chinese Pollution-Intensive Industry. Sustainability, 12 (10): 4198.

Wang H P, Ge Q M. 2023. Spatial correlation network of renewable energy consumption and its influencing factors: Evidence from 31 Chinese provinces. Renewable Energy, 217: 119173.

Wang Q, Wang L Y. 2021. How does trade openness impact carbon intensity? . Journal of Cleaner Production, 295: 126370.

Wang Q, Wu S D, Zeng Y E, et al. 2016. Exploring the relationship between urbanization, energy consumption, and CO_2 emissions in different provinces of China. Renewable and Sustainable Energy Reviews, 54: 1563-1579.

Wang Q, Zhang F Y. 2021. The effects of trade openness on decoupling carbon emissions from economic growth: Evidence from 182 countries. Journal of Cleaner Production, 279: 123838.

Wang Q W, Zhou P, Zhou D Q. 2012. Efficiency measurement with carbon dioxide emissions: The case of China. Applied Energy, 90: 161-166.

Wang S J, Ma Y Y. 2018. Influencing factors and regional discrepancies of the efficiency of carbon dioxide emissions in Jiangsu, China. Ecological Indicators, 90: 460-468.

Wang S J, Xie Z H, Wu R, et al. 2022d. How does urbanization affect the carbon intensity of human well-being? A global assessment. Applied Energy, 312: 118798.

Wang Y, Feng Y N, Zuo J, et al. 2019a. From "Traditional" to "Low carbon" urban land use: Evaluation and obstacle analysis. Sustainable Cities and Society, 51: 101722.

Wang Y A, Niu Y J, Li M, et. al. 2022a. Spatial structure and carbon emission of urban agglomerations: Spatiotemporal characteristics and driving forces. Sustainable Cities and Society, 78: 103600.

Wang Y A, Yin S W, Fang X L, et al. 2022c. Interaction of economic agglomeration, energy conservation and emission reduction: Evidence from three major urban agglomerations in China. Energy, 241: 122519.

Wang Y A, Zhao Z, Zhang S, et al. 2023. Research on the impact of digital inclusive finance on regional carbon emissions: Based on the sustainable green innovation of small and medium-sized enterprises. Journal of Cleaner Production, 428: 139513.

Wang Y J, Lan Q X, Jiang F, et al. 2020. Construction of China's low-carbon competitiveness evaluation system: A study based on provincial cross-section data. International Journal of Climate Change Strategies and Management, 12 (1): 74-91.

Wang Y N, Li X B, Kang Y Q, et al. 2019b. Analyzing the impact of urbanization quality on CO_2 emissions: What can geographically weighted regression tell us? . Renewable and Sustainable Energy Reviews, 104: 127-136.

Wang Y N, Niu Y , Li M, et al. 2022b. Spatial structure and carbon emission of urban agglomerations: Spatiotemporal characteristics and driving forces. Sustainable Cities and Society, 78: 103600.

Weber A. 1909. Uberden Standort der Industrien. Chicago: The University of Chicago Press.

Wen M. 2004. Relocation and agglomeration of Chinese industry. Economic Research Journal, 73 (1): 1-347.

Wu J, Lv L, Sun J S, et al. 2015. A comprehensive analysis of China's regional energy saving and emission reduction efficiency: From production and treatment perspectives. Energy Policy, 84: 166-176.

Wu K, Wang X N. 2019. Aligning pixel values of DMSP and VIIRS nighttime light images to evaluate urban dynamics. Remote Sensing, 11 (12): 1463.

Wu R X, Tan Z Z, Lin B Q. 2023. Does carbon emission trading scheme really improve the CO_2 emission efficiency? Evidence from China's iron and steel industry. Energy, 277: 127743.

Wu Y Z, Shen J H, Zhang X L, et al. 2017. Reprint of: The impact of urbanization on carbon emissions in developing countries: A Chinese study based on the U-Kaya method. Journal of Cleaner Production, 163: S284-S298.

Xia Q, Tian G L, Wu Z. 2022. Examining embodied carbon emission flow relationships among different industrial sectors in China. Sustainable Production and Consumption, 29: 100-114.

Xia W J, Apergis N, Bashir F M, et al. 2022. Investigating the role of globalization, and energy consumption for environmental externalities: Empirical evidence from developed and developing. Renewable Energy, 183: 219-228.

Xiang B W, Zhang Y L. 2017. Optimal city size from the perspective of environmental friendliness: Based on empirical evidence using DMSP/OLS nighttime light data. Journal of China University of Geosciences (Social Sciences Edition), 17 (3): 74-84.

Xiao Y, Huang H, Qian X M, et al. 2023. Can carbon emission trading pilot facilitate green development performance? Evidence from a quasi-natural experiment in China. Journal of Cleaner Production, 400: 136755.

Xu B, Lin B Q. 2015. How industrialization and urbanization process impacts on CO_2 Emissions in China: Evidence from nonparametric additive regression models. Energy Economics, 48: 188-202.

Xu B, Luo L Q, Lin B Q. 2016. A dynamic analysis of air pollution emissions in China: Evidence from nonparametric additive regression models. Ecological indicators. 63, 346-358.

Xu B, Xu L, Xu R J, et al. 2017a. Geographical analysis of CO_2 emissions in China's manufacturing industry: A geographically weighted regression model. Journal of Cleaner Production, 166: 628-640.

Xu L, Chen N C, Chen Z G. 2017b. Will China make a difference in its carbon intensity reduction targets by 2020 and 2030? . Applied Energy, 203: 874-882.

Xu M M, Tan R P, He X J. 2022. How does economic agglomeration affect energy efficiency in China? Evidence from endogenous stochastic frontier approach. Energy Economics, 108: 105901.

Xu Q, Dong Y X, Yang R. 2018. Urbanization impact on carbon emissions in the Pearl River Delta region: Kuznets curve relationships. Journal of Cleaner Production, 180: 514-523.

Xu S C, Miao Y M, Gao C, et al. 2019. Regional differences in impacts of economic growth and urbanization on air pollutants in China based on provincial panel estimation. Journal of Cleaner Production, 208: 340-352.

Yang L, Li Y N. 2013. Low-carbon city in China. Sustainable Cities and Society, 9: 62-66.

Yang S, Yang X, Gao X, et al. 2022. Spatial and temporal distribution characteristics of carbon emissions and their drivers in shrinking cities in China: Empirical evidence based on the NPP / VIIRS nighttime lighting index. Journal of Environmental Management, 322: 116082.

Yang X, Wang X C, Zhou Z Y. 2018. Development path of Chinese low-carbon cities based on index evaluation. Advances in Climate Change Research, 9 (2): 144-153.

Yu Y, Zhang N. 2021. Low-carbon city pilot and carbon emission efficiency: Quasi-experimentalevidence from China. Energy Economics, 96: 105125.

Zeng W P, Li L, Huang Y. 2021. Industrial collaborative agglomeration, marketization, and green innovation: Evidence from China's provincial panel data. Journal of Cleaner Production, 279 (2/3): 123598.

Zhang C G, Lin Y. 2012. Panel estimation for urbanization, energy consumption and CO_2 emissions: A regional analysis in China. Energy Policy, 49: 488-498.

Zhang J J, Jia R W, Yang H J, et al. 2022. Does electric vehicle promotion in the public sector contribute to urban transport carbon emissions reduction? . Transport Policy, 125: 151-163.

Zhang J R, Zeng W H N, Wang J, et al. 2017a. Regional low-carbon economy efficiency in China: Analysis based on the Super-SBM model with CO_2 emissions. Journal of Cleaner Production, 163: 202-211.

Zhang J X, Kang L, Li H, et al. 2020. The impact of environmental regulations on urban green innovation efficiency: The case of Xi'an. Sustainable Cities and Society, 57: 102123.

Zhang L J, Rong P J, Qin Y C, et al. 2018. Does industrial agglomeration mitigate fossil CO_2 emissions? An empirical study with spatial panel regression model. Energy Procedia, 152: 731-737.

Zhang X W, Wu J S, Peng J, et al. 2017b. The uncertainty of nighttime light data in estimating carbon dioxide emissions in China: A comparison between DMSP-OLS and NPP-VIIRS. Remote Sensing, (9): 1-20.

Zhao J, Dong X, Dong K, et al. . 2021. How does producer services' agglomeration promote carbon reduction? . The case of China. Economic Modelling, 104: 105624.

Zheng Q M, Weng Q H, Wang K. 2019. Developing a new cross-sensor calibration model for DMSP-OLS and Suomi-NPP VIIRS night-light imageries. ISPRS Journal of Photogrammetry and Remote Sensing, 153: 36-47.

Zhou G, Singh J, Wu J, et al. 2015a. Evaluating low-carbon city initiatives from the DPSIR framework perspective. Habitat International, 50: 289-299.

Zhou N, He G, Williams C, et al. 2015b. ELITE cities: A low-carbon eco-city evaluation tool for China. Ecological Indicators, 48: 448-456.

Zhou X, Zhang M, Zhou M H, et al. 2017. A comparative study on decoupling relationship and influence factors between China's regional economic development and industrial energy-related carbon emissions. Journal of Cleaner Production, 142: 783-800.

Zhou Y, Kong Y, Wang H K, et al. 2020. The impact of population urbanization lag on eco-efficiency: A panel quantile approach. Journal of Cleaner Production, 244: 118664.

Zhou Y, Liu Y S. 2016. Does population have a larger impact on carbon dioxide emissions than income? Evidence from a cross-regional panel analysis in China. Applied Energy, 180: 800-809.

Zhou Y, Zhuo C F, Deng F. 2021. Can the rise of the manufacturing value chain be the driving force of energy conservation and emission reduction in China? Energy Policy, 156: 112408.

Zhu D J, Chen F. 2013. Theoretical research on low-carbon city and empirical study of Shanghai. Habitat International, 37: 33-42.

Zong Y, Gu G D. 2022. The threshold effect of manufacturing servitization on carbon emission: An empirical analysis based on multinational panel data. Structural Change and Economic Dynamics, 60: 353-364.